Andreas Bruck

Eifersucht bewältigen

Andreas Bruck

Eifersucht bewältigen

Wege aus einem Interessenkonflikt

Westdeutscher Verlag

Der Westdeutsche Verlag ist ein Unternehmen der Verlagsgruppe Bertelsmann International.

Umschlaggestaltung: Horst Dieter Bürkle, Darmstadt
Umschlagbild: Rudolf Jahns (1896-1983): Akte im Raum/Komposition 24 (1924)
Druck und buchbinderische Verarbeitung: Lengericher Handelsdruckerei, Lengerich
Gedruckt auf säurefreiem Papier
Printed in Germany

ISBN 3-531-12275-4

Ich danke

meiner Frau *Annette Bruck* für ihre bedingungslose Unterstützung auch dieser Arbeit; meinen Kindern *Johanna* und *Philipp Bruck* für ihre nicht immer freiwillige Geduld mit mir; *Günther Winterhalder*, den andere (auch lukrativere) Aufgaben leider davon abhielten, Ko-Autor zu werden, für seine laufenden Hinweise, Fall- und Materialsendungen und für seine präzisen Verbesserungen; *Burkhard Fenner* für seine unübertroffen plastischen, substantiellen, treffsicheren und konstruktiven Anmerkungen, die fast schon das Ausmaß einer Mitarbeit erreicht haben; *Bernd Schäbler* für seine (durchaus nicht selbstverständliche) gründliche und verständnisvolle redaktionelle Betreuung; meinem Bruder *Jan Bruck* für seine Kunst des so neugierig-offenen wie aufschlüssigen Fragens und für seine visionäre Kritik des Textes; *Gabriele Schmid* für ihre große Mühe und Hilfe, nicht nur die Sprache und Lesbarkeit des Buches zu verbessern; *Katja Pfleger* für ihre nun zwar doch nicht sichtbare, aber keinesfalls vergebliche Kreativität; *Paul Meier* für seine so perfekte Gestaltung aller schematischen Abbildungen; *Gerhild* und *Martin Witte* für ihre drucktechnische Hilfe selbst dann, wenn es eigentlich weder Zeit noch Platz gab; *Erich Rauschenbach* für das freundliche Überlassen und die Abdruckgenehmigung zweier Karikaturen; *Erhard Schlesier*, *Rolf Wilhelm Brednich* und *Peter Tschohl* für ihre unentbehrlichen Hilfen im Vorfeld dieses Buches sowie den *Teilnehmerinnen* und *Teilnehmern* meiner Kurse, Seminare und Vorträge zur Eifersuchtsthematik für die vielen konkreten Beispiele, Theoriebausteine, nützlichen Provokationen und unverzichtbaren Anregungen, die sie mir mitgaben.

Andreas Bruck

Inhalt

Viertes Kapitel: Eifersuchtsoptimierung

Worum geht's?

Abb. 1: «Na Gott sei dank - wie ich draußen den Klempnerwagen sah, dachte ich schon, hier sei der Teufel los!»[1]

Haben Sie auch gelacht? Wahrscheinlich, denn in bestimmten Situationen eifersüchtig zu reagieren, erscheint uns als natürlich. So natürlich, daß uns eine gleichgültige bzw. souveräne Haltung angesichts eines Seitensprungs reichlich unwahrscheinlich oder sogar verrückt vorkommt.

Aber ist Eifersucht wirklich so selbstverständlich? «Die Eifersucht beim Menschen ist das Resultat von 2000 Jahren christlich-abendländischer Kultur»[2]. «In mutterrechtlichen Kulturen und in Gesellschaftsformen, in denen weder die Frau als Eigentum des Mannes noch der Mann als Eigentum der Frau aufgefaßt wird, gibt es auch keine Eifersucht»[3]. «Die Eifersucht kann nur in Gesellschaften auftreten, die in ihrem Denken besitzorientiert sind, die ihr Leben nach dem Haben-Modus einrichten»[4]. Hätte uns des erleichterten Mannes Reaktion also vielleicht gar nicht überrascht (und damit belustigt), wenn wir in einer anderen, "eifersuchtsfreien" Gesellschaft bzw. Kultur lebten? Und gibt es solche Gesellschaften überhaupt?

Thema. In diesem Buch geht es um solche Fragen nach dem Zusammenhang zwischen Gesellschaftsordnung oder Kultur und "normaler" (also nicht "wahnhafter" oder "krankhafter") Eifersucht. Vor allem jedoch geht es um die prinzipiellen und praktischen Möglichkeiten und Grenzen ihrer Bewältigung durch die Veränderung von gesellschaftlicher wie individueller Kultur. Denn Eifersucht gehört zwar nicht zu den wirklich existentiellen Problemen, bereitet aber vielen Menschen mitunter außerordentliche Schwierigkeiten - nicht nur durch ihre oft fatalen Auswirkungen, sondern auch wegen der falschen Annahme, sie sei selbst dann zu überwinden, wenn sie durchaus angebracht ist.

Der Schwerpunkt wird dabei auf die *sexuelle* Eifersucht gelegt, also auf Eifersucht, die z.B. durch Flirts, Liebesbeziehungen oder Geschlechtsverkehr eines Partners mit einer dritten Person außerhalb einer Freundschaft, Ehe oder anderen Form von Partnerschaft ausgelöst wird. Erstens ist dies die geläufigste und beispielgebende Art von Eifersucht, zweitens gibt es für andere Grundarten, z.B. die Eifersucht zwischen Geschwistern, nicht so viele Daten und drittens kann ein Großteil der Einsichten über sexuelle Eifersucht und ihre Bewältigungsmöglichkeiten direkt und problemlos auch auf andere Varianten übertragen werden.

Nun ist ein Buch über Eifersucht immer auch ein Buch über Beziehungen, über Konflikte, über den Umgang zwischen Menschen, über Moral und über vieles andere. Das sind hier aber alles nur Nebenthemen, die zu behandeln sind, um Eifersucht erörtern zu können. Ich bemühe mich, diesen engen Bezug immer zu berücksichtigen und nicht den Verlockungen der Nebenthemen zu erliegen.

Ansatz. Das Thema Eifersucht und ihre Bewältigung kann auf äußerst unterschiedliche Weise angegangen werden - nicht nur innerhalb der Wissenschaften. Ich präsentiere hier keinen Überblick über diese Ansätze[5], sondern eine Synthese, die auf einer *kulturanthropologischen*[6] Herangehensweise basiert[7]. Daher betone ich zwar die kulturelle Seite von Eifersucht, aber in allen ihren Aspekten und eingebettet in ein gesamtanthropologisches Fundament. Nur eine solche umfassende Betrachtungsweise ist angemessen. Denn Eifersucht besteht aus Gefühlen *und* Verhaltensweisen *und* Einstellungen *und* Kenntnissen, sie ist ein persönliches *und* ein gesellschaftliches *und* ein Beziehungsproblem, und sie wird kulturell *und* genetisch bestimmt. Deshalb beschränke ich mich auch nicht auf unsere Gesellschaft und Kultur, obwohl der Fokus trotz des globalen Hintergrunds regional bleibt. Vor allem die Bewältigungsproblematik behandele ich nur aus der Sicht unserer christlich-abendländisch geprägten und individualistischen "westlichen" Industrie- und Dienstleistungskultur, für die die Lösungsvorschläge gelten sollen. Dabei vertrete ich ein rationales Therapiekonzept, in dem kognitive und verhaltenstherapeutische Elemente überwiegen. Trotzdem oder vielleicht sogar gerade deshalb sollte das Buch aber auch für Vertreter ganz anderer Denk-, Forschungs- und Therapieansätze von Nutzen sein.

Grundlage. Dieses Buch basiert auf einer kulturenvergleichenden Untersuchung der Erscheinungsformen und Bewältigungsmöglichkeiten sexueller Eifersucht[8]. In dieser habe ich die in Ethnologie, Soziologie und Psychologie verfügbaren Falldaten über Eifersucht in den unterschiedlichsten Menschengruppen mit den vorhandenen Eifersuchtstheorien verglichen und mittels allgemeiner Theorien der Realität und des Menschen zu einer systematischen Theorie der Eifersucht und der Eifersuchtsbewältigung verknüpft[9]. Die Erkenntnisse dieser Untersuchung sind hier verbessert und ergänzt um die Einsichten und Erfahrungen, die ich in weiteren Gesprächen mit mehr oder weniger Eifersüchtigen sowie in von mir angebotenen Vorträgen und Seminaren zum Thema gewinnen konnte. Zudem haben mir der Diplom-Psychologe Günther Winterhalder und der Ethnologe Burkhard Fenner inhaltlich wie textlich viele entscheidende Hilfen gegeben.

Vorgehen. Eifersucht kann selbst schmerzend, irritierend und erregend genug sein. Da ist es nicht verkehrt, ihre Betrachtung und insbesondere die Erörterung ihrer Bewältigungsmöglichkeiten betont *rational, nüchtern* und möglichst *wertneutral* vorzunehmen (zumal es essayistische, literarische, künstlerische, spekulative und intuitive Auseinandersetzungen mit dem Thema zur Genüge gibt).

Eifersucht wird aber häufig auch zu einfach erklärt: "Ihr Seitensprung hat ihm das Herz gebrochen", ist zu oft nicht Teil einer langen Auflistung von Faktoren, Wirkungen und Effekten, sondern die ganze Erklärung. Solche simplifizierenden Sichtweisen verstellen den Blick: Eifersucht ist nicht nur ein viele Lebensbereiche übergreifendes, sondern auch ein komplexes und kompliziertes Phänomen, für dessen Beschreibung, Erklärung und Therapie entsprechend differenzierte Theorien erforderlich sind. Deshalb *verzichte ich auf unangemessene Vereinfachungen.*

Außerdem erörtere ich die Eifersucht hier *systematisch*. Eifersucht ist ja nicht nur genetisch und gesellschaftlich beeinflußt, sondern auch stark persönlichkeits-, beziehungs- und situationsgeprägt. Wer die Vielfalt der dadurch entstehenden Varianten erfassen will, kann deshalb nicht fallbezogen oder historisch vorgehen: es wären einfach zu viele individuell verschiedene Geschichten zu berücksichtigen. Statt ihre Entstehung und Erscheinungsformen in bestimmten Gesellschaften, (Sub-)Kulturen, Beziehungsarten oder Geschlechtern zu verfolgen, erstelle ich daher eine Art Matrix der Merkmale, Ursachen und Bewältigungsmöglichkeiten, in der *jeder beliebige* Einzelfall verortet, beschrieben, erklärt und zu lösen versucht werden kann.

Mit diesem nüchternen, differenzierenden und systematischen Vorgehen soll das Buch zugleich ein Modell für eine pragmatisch orientierte Kulturanthropologie sein. Es soll den Vorteil einer auch die Gegebenheiten der eigenen Gesellschaft reflektierenden kulturwissenschaftlichen Perspektive verdeutlichen, die Unverzichtbarkeit wie Nützlichkeit anthropologischer Theorien bei der Suche nach realistischen Lösungen für lebenspraktische Probleme belegen und zeigen, daß die Erörterung eines in Teilen moralischen Problems offen und relativistisch im Detail sein kann, obwohl sie wertend und geschlossen in ihren Grundannahmen sein muß.

Zielgruppe. Das Buch ist als wissenschaftliches *Sachbuch* geschrieben: Ich beschränke mich allein auf die Sachverhalte Eifersucht und Eifersuchtsbewältigung, ohne Publikationen zu diskutieren oder die zum Teil gravierenden erkenntnistheoretischen und methodischen Probleme ihrer Erforschung zu thematisieren[10]. Es wendet sich an Eifersüchtige und von Eifersucht Betroffene, die mehr über Eifersucht und deren Bewältigungsmöglichkeiten wissen wollen, sowie an alle, die Eifersüchtigen helfen wollen, also vor allem an professionelle Berater und Therapeuten, aber auch an Partner, Angehörige oder Freunde von Eifersüchtigen, an Pfarrer oder Priester, an Politiker und Juristen. Es bietet ihnen grundlegende kulturanthropologische Erkenntnisse über Eifersucht und über die Chancen, Wege und Grenzen, sie auszuhalten, sie zu reduzieren oder sie zu überwinden. Und obwohl es kein Rezeptbuch ist und für den Umgang mit Eifersucht keine allseits verbindlichen und einfach übertragbaren Lösungen anbieten kann, ist das Buch trotz der eher reflektierenden als anleitenden Anlage auch ein praktischer Ratgeber. Denn nur auf der Grundlage genauer Kenntnisse können unzutreffende Vorstellungen neu überdacht, unerfüllbare Ideale realistischer formuliert, andere Einstellungen gewonnen und neue Verhaltensweisen erwogen und erprobt werden, sei es allein oder mit therapeutischer

Hilfe. "Eifersucht bewältigen" bietet Betroffenen und Helfern also die *Theorie* für eine bessere Praxis. Nicht mehr, aber auch nicht weniger.

Inhalt. Im ersten Kapitel (*Eifersucht*) zeige ich, daß Eifersucht eine Überlegungen, Empfindungen, Körperreaktionen und Verhalten umfassende Reflexion *und* Reaktion und nicht etwa (nur) ein Gefühl, eine Reaktion oder eine Situation ist. Sie tritt in Beziehungen zwischen Männern und Männern, Frauen und Frauen sowie Männern und Frauen auf, wenn eine(r) der Partner(innen) eine sexuelle Beziehung mit einer Dritten/einem Dritten eingeht und der/die andere Partner(in) diese mißbilligt, weil sie die Erfüllung wichtiger eigener Interessen gefährdet oder behindert. (Dieser Satz illustriert, warum ich im folgenden meist nur die gewohnte männliche Formulierung gebrauche, auch wenn Männer *und* Frauen gemeint sind.)

Eifersucht, die immer als Prozeß verläuft, ist nur in wenigen Sonderfällen ein rein persönliches Problem oder gar eine Krankheit. Sie ist die erwartbare Konsequenz des Wunsches nach absoluter Treue auf der einen und der Lust auf Untreue auf der anderen Seite, d.h. die Folge eines ganz konkreten Interessenkonflikts zwischen Partnern und damit ein genauso alltägliches wie normales Beziehungsproblem. Daß sie trotzdem oft als etwas Besonderes empfunden wird, liegt an unseren Auffassungen über Sexualität, Beziehungen, Treue, Untreue und Eifersucht. Diese sind auch mitverantwortlich für die durch starken Kontrollverlust gekennzeichnete negative Emotionalisierung und damit den verbreiteten Streß des Eifersuchtsprozesses, die in falschen Erwartungen und mangelnder Kompetenz begründet sind.

Eifersucht tritt zwar weltweit auf, ist dabei aber durch eine große Vielfalt der Erscheinungsformen gekennzeichnet (trotz mancher gegenteiliger Bekundungen oder Vermutungen übrigens auch bei einem selbst, z.B. alters-, situations- oder partnerspezifisch). Direkte Ursachen sind nicht so sehr übertriebenes "Besitzdenken" oder mangelndes Selbstwertgefühl, sondern zahlreiche verschiedene Bedürfnisse und Begehren (Motive), z.B. nach Erhalt der Beziehung, nach Einzigartigkeit, Gebrauchtwerden, Zuwendung, Unversehrtheit und sozialer Anerkennung. Diese sind ihrerseits (wie Eifersucht insgesamt) durch ein weites Netz biotischer und kultureller Faktoren bestimmt.

Im zweiten Kapitel (*Eifersuchtsbewältigung*) geht es um die Möglichkeiten und Wege, Eifersucht zu bewältigen. Eifersucht kann als "bewältigt" gelten, wenn sie die Betroffenen vernachlässigbar oder gar nicht mehr stört. Um dies zu erreichen, kann sie innerhalb gewisser Grenzen ausgehalten, reduziert oder überwunden werden. Völlig überwindbar (also immer beseitigbar) ist sie aber nicht, weil zumindest rücksichtsloses Fremdgehen tatsächlich unverzichtbare Interessen gefährdet und verletzen kann. Eifersucht muß auch nicht unbedingt und um jedem Preis bewältigt werden, zumal sie positive und nützliche Seiten hat. Sie sollte es aber, wenn sie die Befriedigung wichtiger Bedürfnisse und Begehren behindert oder gar verhindert. Dabei sind die entscheidenden Aufgaben, einen optimierenden und gleichberechtigten Interessenausgleich zwischen den Beteiligten herzustellen, alle Formen auch versteckter Gewalt zu ersetzen und die negative Emotionalisierung zu verhindern oder wenigstens zu vermindern.

Wenn Eifersucht als Problem empfunden wird, dann verlangt ihre Bewältigung einen Problemlösungsprozeß, in dem eifersuchtsförderliche Ursachen durch eifersuchtshinderliche zu ersetzen sind. Dies geht nur durch Neu- oder Umlernen, also kulturell: Erforderlich ist eine Veränderung der kulturellen Theorien und Gepflogenheiten, und zwar nicht nur durch die Eifersüchtigen, sondern genauso durch die Partner, Rivalen, Angehörigen usw. bis hin zur Kirche, zu den Medien und zum Staat. Diese Veränderungen sind allerdings, z.B. aufgrund der Beharrlichkeit gerade der eifersuchtsrelevanten Kulturelemente, nicht immer ganz einfach. Sie können wirkliche Arbeit bedeuten.

Im dritten Kapitel (*Eifersuchtsprävention*) werden die wichtigsten Möglichkeiten behandelt, unzweckmäßiger und ungeschickter Eifersucht vorzubeugen. Erforderlich dafür sind Veränderungen der eigenen Kenntnisse, Einstellungen und Gewohnheiten. Zur Vorbeugung gegen unangemessene Eifersucht hilft insbesondere das Reflektieren und Verändern der gedanklichen und praktischen Umgangsweisen mit den eigenen wie fremden Bedürfnissen und Begehren, mit Sexualität, mit Problemen und Konflikten, mit Beziehungen, mit Untreue und mit Eifersucht.

Wie Eifersucht seltener, klüger und verantwortbarer praktiziert werden kann, zeige ich im vierten Kapitel (*Eifersuchtsoptimierung*). Grundbedingung ist eine bewältigungswirksame Verbesserung der Überlegungen, Bewertungen und Entscheidungen sowie der Umstände, unter denen diese stattfinden. In vielen Fällen erlauben sie eine Überwindung der Eifersucht, ansonsten ihre Reduzierung. Dazu steht eine Vielzahl geeigneter und erprobter Reaktionsweisen zur Verfügung. Außerdem kann Eifersucht auch ausgehalten werden. Dazu ist vor allem zu prüfen, ob sie wirklich so störend und belastend ist, wie zunächst angenommen.

Am Schluß des Buches (*Was tun?*) gehe ich dann noch kurz auf die Schwierigkeiten und Strategien beim Umsetzen der hier erörterten Bewältigungsmöglichkeiten ein.

Erstes Kapitel: Eifersucht

'Eifersüchtig' nennen wir gemeinhin eine Person, die nicht damit einverstanden ist, wenn sie durch eine besondere Beziehung eines Verwandten (z.B. eines Geschwisters), Freundes, Partners oder Gatten mit Dritten vernachlässigt, "betrogen" oder bedroht wird - vermeintlich oder tatsächlich und nicht nur sexuell. Das ist ein recht brauchbares Alltagskonzept. Doch um die Möglichkeiten und Grenzen seiner Bewältigung bestimmen zu können, muß nicht nur das Phänomen Eifersucht selbst genauer geklärt, sondern müssen auch seine Ursachen bestimmt sein. Deshalb geht es in diesem Kapitel um die kennzeichnenden Merkmale, die direkten und indirekten Ursachen, die Folgen, die Arten und die Verbreitung von (sexueller) Eifersucht.

Gestalt: Was ist und wie verläuft Eifersucht?

Es gibt viele Auffassungen über Eifersucht. Sie sei eine Emotion[11], ein Affekt oder Gefühl (sogar das quälendste im menschlichen Leben)[12], ein mentales Unbehagen[13], ein normaler Affektzustand[14], ein passiver Affekt[15], eine der primitivsten Leidenschaften[16], eine Reaktion[17], eine Mischung schmerzhafter Emotionen[18], ein Gefühls-Cocktail aus Angst, Selbstzweifel, Haß, Wut und einem Spritzer Neid[19], eine emotionale Reaktion[20], eine soziale Situation[21], ein Komplex von Gedanken, Gefühlen und Handlungen[22], ein Denk- und Gefühlszustand[23], eine Sucht oder Gier[24], ein Erfahrungszustand und kein Verhaltensmuster[25], eine Emotion *und* ein Verhalten[26], ein Prozeß[27], ein interpersonales Problem[28], eine Zivilneurose[29], eine irrationale, krankhafte Reaktion[30] usw. Welche Auffassung ist zutreffend?

Das Schrifttum kann uns bei der Frage nach dem, was Eifersucht ist, also nicht auf Anhieb weiterhelfen. Ein Blick in die Wirklichkeit bringt da vielleicht mehr.

Im Dobegebiet des nordwestlichen Botswana (Afrika) leben die !Kung San, die zu den letzten Vertretern der einst über weite Teile Afrikas verbreiteten Steppenjäger gehören. Zur Lebensgeschichte der !Kung-Frau Nisa (der Name ist ein Pseudonym) gehören auch Erfahrungen, die sie Ende der 1940er Jahre, ca. siebzehn- bis neunzehnjährig, in einer Mehrfrauenehe (Polygynie) machte. «Bevor ich mit Tashay Kinder hatte, brachte er eine andere Frau in unsere Ehe. Ich war noch ein junges Mädchen, und die andere Frau, Tiknay, war auch ein junges Mädchen. Er heiratete uns beide und sorgte für uns. Zuerst fragte er mich, und ich lehnte ab. Er fragte mich immer wieder. Immer und immer wieder. Schließlich sagte ich: 'Also gut, heirate sie und bringe sie hierher.' Aber als er mit ihr kam, wollte ich sie nicht haben. Ich begrüßte sie noch nicht einmal. Wir drei lebten weniger als ein Jahr zusammen. In dieser Zeit hielt ich mir Tashay vom Leib, und ich hatte keinen Sex mit ihm. Ich sagte, er würde ihren Schmutz bei mir lassen, er würde noch feucht von ihrer Vagina zu mir kommen. Und das wollte ich nicht. Wir stritten viel, besonders nachts. Mitten in der Nacht, wenn alle anderen schliefen, hatte Tashay Sex mit ihr, und wenn er sie liebte, stießen sie gegen mich und weckten mich auf. Einmal dachte ich: 'Wer stößt mich so und läßt mich nicht schlafen?' Ich stand auf, nahm ihre Decke und warf sie ins Feuer. Ich schrie: 'Steht auf, ihr zwei! Geht in den Busch und vögelt dort. Ich möchte hier ruhig schlafen.' Tiknay stand auf, und wir kämpften miteinander. Wir kämpften, bis Tashay uns trennte. Später legten wir uns alle wieder hin und versuchten zu schlafen. Am nächsten Morgen nahm ich ein Messer und versuchte, Tashay zu erstechen. Tiknay nahm es mir weg. Da brach es aus mir heraus: 'Tiknay, verschwinde! Steh auf und geh in dein Dorf zurück. Wie kommt es, daß es so viele Männer gibt und du keinen geheiratet hast? Warum hast du meinen Mann geheiratet?' Tiknay antwortete: 'So war es nicht ... dein Mann hat mich hierhergebracht. Ich bin nicht von mir aus gekommen.' Ich sagte: 'Es ist mir gleichgültig, wie du hergekommen bist. Es gibt viele andere Männer, und ich muß meinen Mann nicht mit dir teilen! Hat nur er einen Penis? Haben nicht alle Männer einen Penis? Den hier soll ich haben, und danach sollst du ihn haben? Also steh auf und gehe in dein Dorf zurück!' Schließlich jagte ich sie davon, und sie kehrte zu ihren Eltern zurück. Erst nachdem sie gegangen war, durfte Tashay mich wieder berühren. Erst nachdem ich sie weggejagt hatte, lebten wir wieder zusammen und liebten uns»[31].

Nisa war eifersüchtig. Was aber ist in diesem Fall passiert? Eine Frau (Nisa) lebt mit einem Mann (Tashay) zusammen. Dieser bedrängt Nisa immer wieder und nimmt sich, nachdem sie schließlich halbherzig zustimmt, ganz legal eine weitere Ehefrau (Tiknay). Doch mit deren Eintreffen verändert Nisa ihr Verhalten: Sie meidet Tashay, streitet mit ihm, weil sie nicht möchte, daß er mit Tiknay Sex hat. Sie kämpft mit Tiknay und versucht Tashay umzubringen, weil sie ihn nicht mit Tiknay teilen möchte. Schließlich verjagt Nisa Tiknay erfolgreich und versöhnt sich dann wieder mit Tashay.

Eifersucht verläuft als Prozeß

Nisas Fall verdeutlicht, daß das, was wir 'Eifersucht' nennen, nichts Statisches sein kann, sondern als Prozeß abläuft. Es nimmt seinen Ausgang von einer *Situation* (hier die Beziehung zwischen Nisa und Tashay), in der sich etwas *ereignet* (die Aufnahme Tiknays als zweiter Ehefrau), was die "eifersüchtige" Person (Nisa) aufgrund bestimmter *Interessen* (Treueverlangen, Nichtteilenwollen) *stört* und deshalb zu verschiedenen *Reaktionen* und *Gegenreaktionen* führt (Meidung, Schuldzuschreibung, Streit, Wut, Kampf), die ihrerseits *Folgen* haben (Vertreibung von Tiknay, Versöhnung mit Tashay) und letztlich in einer neuen *Situation* enden.

Die Dynamik von Eifersucht entspricht also dem allgemeinen Ablauf aller menschlichen Aktivitäten. Denn egal, was auch immer wir tun: es findet stets nach dem gleichen elementaren Prinzip statt, dem *Reiz-Wahrnehmungs-Abwägungs-Reaktions-Schema* (siehe Abb. 2, S. 18):

- Anstoß ist jeweils ein bestimmtes Ereignis innerhalb der Psyche (des Gehirns), des eigenen Körpers und/oder außerhalb der eigenen Person, bei Eifersucht also z.B. der Verdacht einer Affäre, das Flirten des Freundes oder ein Lippenstiftrest am Hemdkragen.
- Damit ein solches Ereignis zum *Eifersuchtsreiz* werden kann, muß es *wahrgenommen* werden, müssen also die mittels unserer Sinnesorgane erfaßten Stimuli in Nervenimpulse umgewandelt und dem Zentralnervensystem (vor allem dem Gehirn) zur weiteren Verarbeitung zugeführt werden.
- Ein solcher *Eifersuchtsauslöser* (Reiz und Wahrnehmung) bewirkt dann grundsätzlich verschiedene *Abwägungen* (Einschätzungen, Prüfungen oder Bewertungen), in denen mehr oder weniger bewußt entschieden wird, ob, wann und wie eifersüchtig reagiert werden soll.
- Erst auf dieser Basis (und nicht etwa als "instinktive" oder automatische Konsequenz der Reizwahrnehmung) folgt dann ggf. die Ausführung wei-

terer psychischer und/oder somatischer Aktivitäten, d.h. die *Reaktion* auf den Reiz bzw. die Reizwahrnehmung.

Das Ganze beginnt jeweils in einer spezifischen *Ausgangssituation* und führt nach Abschluß zu einem neuen Zustand, der zugleich die Ausgangssituation für die nächsten Aktivitäten ist. Die Reaktionen sind außerdem zumeist ihrerseits Auslöser für *Gegenreaktionen* der von Eifersucht Betroffenen, so daß bei mehreren Beteiligten schnell recht komplexe Netze entstehen können (siehe Abb. 2).

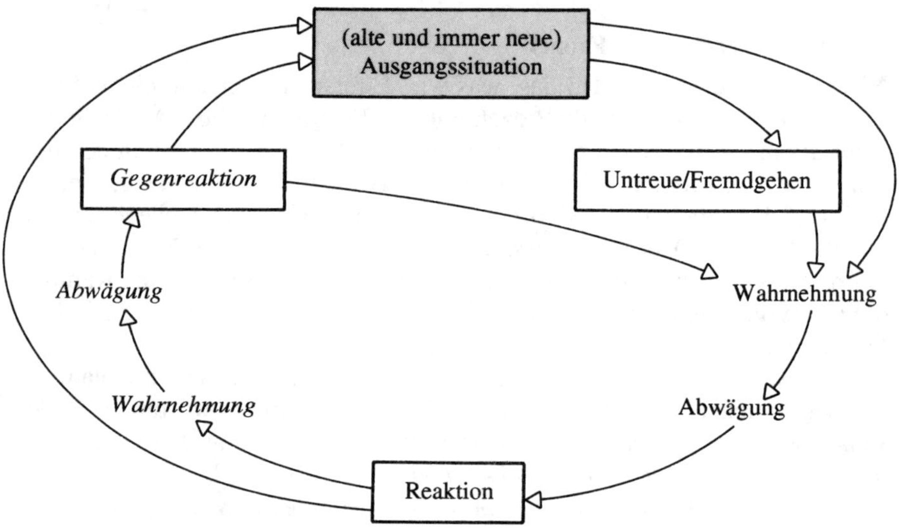

Abb. 2: Das Grundschema des Verlaufs von Eifersucht

Was ist die "Eifersucht" in diesem Prozeß?

Daß Eifersucht als Prozeß oder in einem Prozeß abläuft, läßt sich durch die Betrachtung beliebiger Fälle bestätigen. Was aber ist dann die "eigentliche" *Eifersucht* in diesem Prozeß?

Es ist das, was Eifersüchtige tun, also die *Reaktion*[32] und nicht etwa der Reiz oder gar, wie gelegentlich behaupt wird[33], die Situation, in der dieser auftritt bzw. auftreten kann. Es sind die Wut und Verzweiflung, das Nachspionieren oder die Schlaflosigkeit der Eifersüchtigen und nicht die Flirts oder Seitensprünge ihrer Partner. Die Frage ist nur, ob nicht auch die unumgänglichen *Abwägungen* mit zur Eifersucht gezählt werden müssen. Dafür spricht vor allem die vielfach äußerst enge und daher bestenfalls analytisch trennbare Verknüpfung zwischen Abwägungen und Reaktionen. Etwa wenn wir nach dem Entdecken verdächtiger Aussagen oder Gesten unseres Partners in eine diffus-hektische Abfolge von Überlegungen oder Überlegungsrudimenten, wechselnden Empfindungen und unterschiedlichsten Verhaltensweisen geraten. Da eine ähnlich enge Verknüpfung auch zu den Wahrnehmungen besteht, kann es sogar sinnvoll sein, selbst diese mit zur "eigentlichen" Eifersucht zu rechnen.

Die Frage ist allerdings mehr von konzeptioneller als von faktischer Bedeutung. Deshalb bleibt auch ihre Beantwortung beliebig: Ich plädiere aufgrund der weitgehenden Verknüpfung dafür, Eifersuchtswahrnehmungen, Eifersuchtsabwägungen *und* Eifersuchtsreaktionen als die 'Eifersucht' zu bezeichnen. Genauso gut können aber auch nur die Abwägungen und Reaktionen oder sogar nur die Reaktionen 'Eifersucht' genannt werden, wenn dabei immer die faktische Verbundenheit mit den anderen Dimensionen berücksichtigt wird (s.a.S. 48f.).

Warum stört uns das Fremdgehen eines Partners?

Ein Flirt, Seitensprung oder eine Geliebte können nur zum *Eifersuchts*reiz werden, wenn sie stören, mißbilligt werden oder unerwünscht sind. Und stören können sie nur, wenn sie irgendwelche Interessen verletzen, z.B. den Wunsch nach absoluter sexueller Treue. Eifersucht ist also nicht möglich ohne irgendwelche Entscheidungskriterien. Diese sind, wie immer beim Menschen, bestimmte *Motive* bzw. die dahinter steckenden *Bedürfnisse* und *Begehren*[34].

Eifersuchtsmotive als Entscheidungskriterien. Um gesund und zufrieden zu sein, muß jeder Mensch verschiedene Aufgaben und Wünsche erfüllen (z.B. Essen, Trinken, Ruhen, Arbeit, Unterhaltung, Anerkennung oder Geborgenheit). Von diesen gibt es zwei grundlegende Arten: Erstens *Bedürfnisse*, deren Erfüllung für nacktes Überleben (primäre) bzw. für gute Gesundheit (sekundäre) erforderlich ist und die eher somatisch bezogen, angeboren, neuronal und/oder hormonal gesteuert sowie relativ invariabel sind. Und zweitens *Begehren* (Wünsche, Interessen), deren Erfüllung Voraussetzung für Glücklichsein ist und die eher psychisch bezogen, erlernt/erworben sowie relativ variabel sind. Diese (vielfach unbewußten) Bedürfnisse und Begehren werden psychisch in *Motiven* "artikuliert" und nur durch Aktualisierung und Aktivierung als *Motivation* verhaltenswirksam. Motive sind uns (grundsätzlich oder situationsspezifisch) unterschiedlich wichtig, wir ordnen ihnen verschiedene Werte zu. Sie sind häufig nicht miteinander vereinbar. Deshalb bedeutet Motivation immer auch eine situationsspezifische Auswahl zwischen unterschiedlichen und oft konkurrierenden Motiven.

Nun haben Menschen die verschiedenartigsten Motive, die sie erfüllt bekommen möchten. Und sie ärgern sich oder verzweifeln keinesfalls nur aus Eifersucht, wenn wichtige Motive nicht erfüllt werden. Worin unterscheiden sich deshalb solche, die sexuelle Eifersuchtsmotive sind oder sein können, von anderen, den Nichteifersuchtsmotiven? Allein durch die *Gefährdbarkeit* oder *Bedrohbarkeit ihrer Erfüllung* durch eine *sexuelle Beziehung* des Partners mit einer anderer Person (durch *sexuelle Untreue*). Denn wir werden ja *sexuell* eifersüchtig, weil unser Partner uns *sexuell* "betrügt". Nicht weil er Zähne putzt, Sport treibt, Geld verdient oder ausschläft.

Dabei müssen die Kriterien für die Bedrohlichkeit einer Außenbeziehung nicht unbedingt von allen Beteiligten (oder auch Unbeteiligten) in gleicher Weise festgelegt werden. Während die Partnerin z.B. einen Flirt auf einer Party als völlig harmlos einschätzen würde, weil sie weiß, daß sie diesen zeitlich begrenzt, kann sich der Partner auch durch einen solchen "kontrollierten" Flirt (ein *Flirtspiel*[35]) bereits bedroht fühlen. Entscheidend ist hier allein die *subjektive* Perspektive der die jeweiligen Motive vertretenden Person. Es geht auch nicht immer nur um die vollständige Erfüllung bzw. Nichterfüllung der Motive. Gelegentliche Besuche bei Prostitutierten oder schwärmerische Affären im Urlaub berühren aufgrund ihrer begrenzten Dauer und Intensität die Motiverfüllung normalerweise weniger als eine intensive Dauerbeziehung mit einem "Geliebten". Trotzdem können sie Eifersucht auslösen, wenn auch vielleicht weniger heftige. Wir versehen unsere Motive also mit Spielräumen der *Qualität* ihrer Erfüllung (zwischen pessimal und optimal) und der *Häufigkeit* ihrer Erfüllung (zwischen maximal und minimal). Zudem geht es nicht immer nur um die Bedrohung durch den *sexuellen* Anteil der Außenbeziehung. Auch ein damit verknüpfter gedanklicher, finanzieller, zeitlicher oder sonstiger Aufwand kann mit entscheidend sein.

Deshalb ist zu präzisieren: Damit Motive als *sexuelle Eifersuchtsmotive* wirken können, müssen sie durch eine sexuelle Außenbeziehung eines Partners wenigstens aus subjektiver Sicht in mindestens der Qualität oder der Häufigkeit ihrer Erfüllung gefährdbar, gefährdet oder verhindert sein. Dies ist das *einzige* Kriterium. Von welcher Art die Motive sind, auf welche Bereiche oder Eigenschaften sie sich beziehen, ist irrelevant.

Die wichtigsten Eifersuchtsmotive. Eifersucht wird gerne auf mangelnde Autonomie, mangelndes Selbstwertgefühl und auf übertriebenes Besitzdenken reduziert: Das sind aber keineswegs die einzigen oder auch nur wichtigsten Motive, für die Untreue bewußt oder unbewußt als Bedrohung angesehen und erlebt wird (siehe Tabelle 1, S. 27).

Beziehungserhalt. Viele Menschen fürchten, durch eine Außenbeziehung ihres Partners (bei einer unterstellten größeren Attraktivität des Rivalen bzw. der Außenbeziehung) diesen und damit ihre Beziehung zu ihm zu verlieren. Oft wird diese Angst vor dem (endgültigen) Verlust des Partners an den Rivalen bzw. die Rivalin sogar als das entscheidende Charakteristikum von Eifersucht angesehen. Der Partner und damit die Ausgangsbeziehung zu ihm soll erhalten, ein totaler Verlust des Partners vermieden werden - evtl. sogar unter Inkaufnahme einer qualitativen Veränderung der Beziehung. Die Grundform dieser in ihrer Intensität eng und entscheidend mit der subjektiven Wichtigkeit der Beziehung verknüpften *Bestandsmotive* ist: "Ich möchte meinen Partner be- und damit meine Beziehung zu ihm erhalten". Dabei geht es (und dies ist sehr wichtig) keinesfalls immer nur darum, einen Partner allein oder vor allem als *Sexual*partner erhalten zu wollen. Es kann auch oder sogar vor allem darum gehen, einen Ernährer, Finanzier, Status- und/oder Prestigegeber, Beschützer oder einfach nur guten Freund nicht verlieren zu wollen. Und zwar nicht immer nur für sich selbst, sondern auch für andere, z.B. für die gemeinsamen Kinder. Es muß auch nicht *nur* um den Verlust des Partners gehen: Auch die Beziehungen zu gemeinsamen Kindern, zu (Schwieger-)Eltern oder anderen Verwandten und zu Freunden können durch eine aus einer Außenbeziehung resultierende Trennung gefährdet werden[36]. Das Bestandsmotiv ist also u.U. sehr weit gefaßt.

Einzigartigkeit. «Ich möchte meinen Freund ganz allein für mich selbst»[37]. Was eine 19jährige Frau zu Anfang des Jahrhunderts in den USA auf den Punkt brachte, wird rund um die Welt auch heute noch vielfach gewünscht. Der Partner soll nur einen selbst lieben und sonst niemanden, soll nur mit einem selbst schmusen und schlafen und sonst mit keinem, soll Kinder nur mit einem selbst und nicht mit anderen haben. Solche Motive sind durch das gemeinsame Element "Nicht und niemals teilen wollen" oder "Ausschließlichkeit" gekennzeichnet, sie dokumentieren den Wunsch nach *Einzigartikeit* der Beziehung. Auffallend ist, daß diese Exklusivität in Beziehungen vorwiegend für die physische wie psychische Sexualität gefordert wird, nicht jedoch in gleichem Maße für andere wenigstens partiell geteilte Lebensbereiche wie Beruf, Freizeit, politische Betätigung, Sport oder Ernährung. Weswegen "Eifersucht" oft auch einfach mit "sexueller Eifersucht" gleichgesetzt wird. Das hängt u.a. mit der Besonderheit zusammen, die Menschen dem Sexuellen zuschreiben. Es reflektiert aber auch die Tatsache, daß das Sexuelle als der einzige Bereich angesehen wird, in dem die gewünschte Einzigartigkeit erreichbar und eine besondere Intimität auf die Partnerschaft beschränkbar zu sein scheint: "Mein Partner redet, arbeitet, ißt oder vergnügt sich zwar mit anderen, aber er liebt *nur mich* und schmust und schläft *nur mit mir*!".

Zuwendung. Das Einzigartigkeitsmotiv ist pauschal und uneingeschränkt. Es wird auch nicht von allen Menschen vertreten. Allerdings gibt es ein ähnliches, aufgrund der Einschränkung auf bestimmte Momente jedoch nicht identisches Motiv: den Wunsch nach aktiver *Zuwendung* durch den Partner. Dabei muß es keinesfalls immer oder nur um die sexuelle Zuwendung durch den Partner gehen. Mindestens auch sexuell muß nur die die Zuwendung be- oder verhindernde Außenbeziehung sein. Der Eifersüchtige stört sich nicht unbedingt oder grundsätzlich an der Untreue, er akzeptiert grundsätzlich die Außenaktivitäten seines Partners, aber er vermißt ihn heute, während dieser bei seinem Geliebten ist, z.B. weil er den Abend nicht alleine verbringen möchte, selbst mit dem Partner ins Theater oder Essen gehen wollte, selbst mit ihm schmusen will oder mit ihm über ein akutes Problem sprechen möchte. Erwünscht ist des Partners direkte und konkrete Zuwendung oder Zuneigung - körperlich, affektiv und/oder kognitiv.

Ansprüche oder Privilegien. Bei den Blackfoot in den nördlichen Plains in Nordamerika war die Untreue der Frau ein Affront gegen die häusliche Autorität, gegen den Bereich, in dem der Mann dominierte[38]. Die Frau galt als rechtmäßiger Besitz des Mannes[39]. Bei den Salomonen der Buka-Passage in Ozeanien wurden ein Diebstahl der zeremoniellen Währung und unerlaubter Geschlechtsverkehr mit eines anderen Mannes Frau mit dem gleichen Wort (*gun amot*, 'Stehlen') bezeichnet[40]. Global betrachtet (Basis: 92 Ethnien) erweist sich bei Männern eine Zunahme der Stärke der Reaktion auf eine Eifersuchtssituation mit der Wichtigkeit und Bewertung von Besitzansprüchen: Eigentum hatte mit 0.73 die stärkste Korrelation zur Reaktion von Männern auf Eifersuchtsreize[41]. In polygynen Ehen sind Mitfrauen eifersüchtiger, wenn sie um den Zugang zum Ehemann, d.h. zur Macht im Haus konkurrieren müssen[42]. Bei uns sieht die Kirche sexuelle Treue als ein Rechtsgut (im Neuen Testament gilt bereits ein begehrlicher Blick als Ehebruch[43]); also gilt Eifersucht als ein Versuch, dieses Rechtsgut zu verteidigen, als ein durch dieses Rechtsempfinden geschützter Affekt[44]. Eine weitere mögliche Ursache für Eifersucht sind daher irgendwelche Ansprüche, Vor- oder Sonderrechte, die ein Partner in bezug auf den oder die anderen hat oder haben möchte. Die Grundform solcher *Privilegien-* oder *Anspruchsmotive* ist: "Ich möchte, daß mein Vor-/Sonderrecht (z.B. ein mit einer Eheschließung erworbener Rechtsanspruch auf die Arbeitskraft oder exklusive Sexualität des Partners) nicht verletzt wird".

Selbstwert. Vielfach ist bei Eifersucht ein direkt kompetitiver Aspekt im Spiel, ein bewertender Vergleich mit anderen Personen, vor allem den Rivalen. Eifersüchtige vergleichen ihr Ich aus eigener Sicht mit ihrer Einschätzung des (potentiellen) Rivalen und möchten dabei selbst nicht die Schlechteren, Unterlegenen sein. Es geht also um die Selbsteinschätzung, das Selbstwertgefühl, um das Selbstbewußtsein, insoweit es durch eine Außenbeziehung des Partners berührt werden kann. Das allgemeine Schema solcher *Selbstwertmotive* ist: "Ich möchte nicht weniger wert sein als andere, vor allem als mein Rivale". Wobei der Wert vielfältig gemessen werden kann: "Ich möchte nicht schlechter, nicht weniger attraktiv, gut im Bett, erotisch, lustig, zärtlich, hübsch, ernsthaft, intelligent, schön, verführerisch, witzig oder anziehend sein als andere"[45]. Das Selbstwertmotiv wird oft als *das* Eifersuchtsmotiv angesehen: «Eifersucht ist eine unreife Haltung; sie zeigt vor allem, daß der oder die Eifersüchtige unsicher ist, sich selber nicht sehr hoch einschätzt»[46]. «Die tiefste Ursache, weshalb Eifersucht so quälend ist, ist in dieser Enttäuschung am eigenen Ich-Ideal begründet. Es ist somit immer die eigene Person getroffen. Die Enttäuschung, die der Eifersüchtige am eigenen Ich-Ideal erlebt, ist aber zugleich auch eine Enttäuschung am eigenen Narzißmus»[47]. Angst um den eigenen Wert muß aber keineswegs immer beteiligt sein. Selbst äußerst Selbstbewußte werden z.B. Zuwendung verlangen - und bereits dieses eine Motiv reicht aus, um eifersüchtig werden zu können. Schon deshalb, und nicht nur, weil Untreue gar nichts mit dem "Betrogenen" zu tun haben muß (s.S. 82ff.), ist die pauschale Feststellung «Ohne Verletzung des eigenen Selbstwertgefühls gibt es keine Eifersucht»[48] falsch[49].

Gebrauchtwerden. Ein anderer, wegen seiner Wichtigkeit für Eifersucht jedoch vielleicht besonders herauszuhebender Aspekt des Selbstwertmotivs ist der Wunsch, für jemand anderen, vor allem für den Partner, wichtig, ja sogar unersetzbar zu sein[50]. Wir vergleichen uns nicht nur mit anderen, sondern wir *brauchen andere*, um überhaupt attraktiv, gut im Bett, erotisch, lustig usw. (s.o.) sein zu können. Und unser Partner soll dabei meist die herausragende Rolle spielen: Er vor allem soll uns attraktiv usw. finden, er soll auf uns und unsere Liebe nicht verzichten können und uns deswegen als nicht beliebig austauschbar betrachten: “Ich möchte, daß mein Partner (nur) mich braucht und mich nicht beliebig ersetzbar (vielleicht sogar unersetzbar) findet!”. Hier geht es also weniger um den eigenen Wert "an sich", sondern um den *relationalen* Wert, den eigenen Wert innerhalb der Beziehung und bezogen auf den Partner.

Sozialwert. Eine andere sehr wichtige Gruppe von Motiven bezieht sich auf den Ruf, die Ehre, das Prestige oder das Ansehen, das jemand in seiner sozialen Umgebung, also in der Familie, Nachbarschaft, am Arbeitsplatz, im Verein oder am Ort hat. Auch dieses kann sich ja tatsächlich oder wenigstens nach subjektiver Einschätzung durch eine Außenbeziehung des Partners in unerwünschter Weise verändern. So vertreten beispielsweise arabische Muslims im Sudan einen eifersuchtsförderlichen Sittsamkeitskodex. Dieser enthält bestimmte Vorstellungen und Werte, die auf den familialen Komplex bezogen sind. Würde (*sharaf*) und persönliche familiäre Ehre (*karama*) werden vor allem mit der Sexualität der Frau verbunden: Eine Familie kann ihre Würde und Ehre verlieren oder beschädigen durch den Verlust des sexuellen Anstands, der sexuellen Schicklichkeit (*ird*) der Frau. Der Verlust von *ird* kann gravierende Konsequenzen haben. So wurde in einem Fall eine ehebrechende Frau mit ihrem Liebhaber von ihren männlichen Verwandten getötet. Erweist sich in der Hochzeitsnacht, daß eine Frau nicht Jungfrau ist, kann der Mann sich von ihr scheiden lassen. Der Verlust von *ird* bedeutet, daß die Familie nicht länger respektiert ist, weshalb betroffene Familien durch Umzug dieser Schande zu entgehen versuchen[51]. Aber wir brauchen gar nicht so weit zu blicken. Ähnliche Koppelungen von "Betrogenwerden" und Prestige/Ehre/Ansehen/Stolz kennen wir selbst, nicht nur von Stammtischen oder aus der Verwandtschaft. Auch bei uns möchte kein Mann als Hahnrei verspottet werden. Einer der Gründe für das Beenden von Partnertausch ist die Angst vor dem Entdecktwerden durch die eigenen Kinder oder die Gemeinschaft[52]. Genauso wie bei den eben genannten personalen und relationalen Selbstwertmotiven geht es bei diesen *Sozialwertmotiven* um den eigenen Wert des Eifersüchtigen, allerdings weniger unter kompetitiven Gesichtspunkten auf der personalen Ebene, sondern vielmehr um den tatsächlichen oder vermeintlichen Wert innerhalb der jeweiligen Mitwelten. Es geht um das soziale Prestige: “Ich möchte von anderen (z.B. meinen Nachbarn, Kollegen, Freunden oder Verwandten) anerkannt sein”.

Unversehrtheit. Untreue kann auch deshalb quälend sein, weil sie zu Einsamkeit und Verlassenheitsempfindungen oder zu vorübergehender Arbeitsunfähigkeit führt, weil sie bestimmte Eigenschaften oder Zustände bedrohen könnte, die erhalten bleiben sollen. Beispielsweise die Harmonie, Zuverlässigkeit und Stabilität der Ausgangsbeziehung[53], die in der Beziehung gewonnene persönliche Sicherheit[54], Zufriedenheit und Ausgeglichenheit oder (angesichts von HIV und AIDS wieder aktueller) die eigene Gesundheit. Dabei müssen Eifersüchtige nicht nur an sich denken. Sie können sich z.B. auch um das gesundheitliche Wohlergehen des *Partners* sorgen, das erhalten bleiben soll[55]. Oder es geht um die Unversehrtheit von Eigenschaften oder Interessen von *Angehörigen* oder der *Gruppe*, der sie zugehören (eheliche Beziehungen werden nicht überall vor allem oder nur als personale Beziehungen zwischen Individuen, sondern als familiäre oder andere soziale Beziehungen zwischen Gruppen verstanden). Etwa bei den Igbo [Ibo] im Südosten Nigerias (Afrika), bei denen jeder Ehebruch als direkte Bedrohung der Ahnen galt[56], oder bei den zu den östlichen Tukano gehörenden Cubeo (Kolumbien/Brasilien), wo eine außereheliche Beziehung des Mannes als gefährlich für die eigenen Kinder angesehen wurde, solange diese noch Säuglinge waren[57]. Weil Eifersüchtige mit betroffen sein können, gehört hierher zumindest zum Teil auch das Bestreben, mögliche oder drohende "übernatürliche" oder "nichtmenschliche" Sanktionen verschiedener Art zu verhindern. Alle diese Motive, in denen der Erhalt von eigenen oder von Eigenschaften der Gruppe oder Angehörigen oder von anderen Personen bzw. Institutionen im Vordergrund steht, sind *Unversehrtheitsmotive*: “Ich möchte Eigenschaft *z* (z.B. psychische Stabilität, Investitionsrendite, Funktionieren von sozialen Institutionen oder körperliche Gesundheit) unversehrt erhalten”.

Neid. Oftmals geht es bei Eifersucht unter anderem oder vor allem um Gleichbehandlung, Gleichstellung oder Gleichberechtigung mit dem eigenen Partner bzw. dem Rivalen, also um Neid (falls diese Gleichheitsansprüche nicht erfüllt werden). Etwa dann, wenn - wie weit verbreitet - Männer alle Möglichkeiten auch sexueller Außenkontakte haben und ein freieres Leben führen können, während ihre Frauen durch Kinder, Haushaltsarbeit und die gesellschaftlichen Erwartungen an Küche und Kinderzimmer gebunden sind[58]; oder wenn in Mehrehen die älteren Frauen vom Mann mehr und mehr zugunsten der jüngeren vernachlässigt werden[59]; oder wenn ein Partner sich dem Rivalen gegenüber anders verhält (ihm z.B. mehr Zeit widmet oder aufmerksamer, verständnisvoller und zärtlicher zu ihm ist); oder wenn er einen selbst von seinen Unternehmungen ausschließt[60]. Eifersüchtige möchten in solchen Fällen nicht anders (vor allem nicht schlechter) behandelt werden als der Rivale, möchten die gleichen Rechte, Nutzen oder Vorteile haben wie der Partner, auch z.B. was Außenbeziehungen angeht.

Macht. Bisher handelte es sich um Werte, Eigenschaften, Rechte usw., die Eifersüchtige nicht entbehren möchten, ging es vor allem um sie selbst. Eifersucht kann aber auch auf einem Streben nach aktiver Kontrolle, nach mehr oder weniger totalem Beherrschen des Partners basieren. In manchen Eifersuchtsdefinitionen wird dieses Machtstreben besonders betont: Sexuelle Eifersucht von Männern sei der Versuch, durch Gebrauch oder Androhung von Gewalt sexuelle Exklusivität und Kontrolle über die Partnerin zu erreichen bzw. zu erhalten[61]. Als solcher Herrschafts- oder Kontrollanspruch läßt sich etwa das verbreitete plötzliche Umschwenken von Liebe zu Haß interpretieren: «Merkwürdig ist, daß der Eifersüchtige lieber von einem Menschen, den er doch brennend zu lieben meint, sich trennt, als daß er ihm noch andere erotische Beziehungen zugesteht. Das bestätigt, daß solche Unduldsamkeit weniger Liebe ausdrückt als einen Macht- und Besitzwillen. Der Eifersüchtige, dem es mißlungen ist, sich eines anderen Menschen ganz zu bemächtigen, wechselt den Kampfplatz. Wo er nicht ausschließlich über einen Menschen verfügt, da zieht er sich zurück»[62]. Das Schema dieser *Machtmotive* ist: "Ich möchte die Kontrolle (Herrschaft) über meinen Partner haben" oder "Ich möchte, daß mein Partner nur Dinge tut, die ich ihm erlaube". Allerdings handelt es sich nur dann um reine Machtmotive, wenn wirklich *aktiv* und ausschließlich versucht wird, den Partner nur um des Beherrschens willen zu manipulieren, zu kontrollieren oder zu besitzen. Wenn Kontrolle und Machtausübung den Zweck haben, die Erfüllung der anderen Eifersuchtsmotive zu gewährleisten, handelt es sich nicht um eine eigene/andere Motivart, sondern um ein (Macht-)*Mittel*, diese Motive zu erfüllen.

Besitzstreben ist kein eigenes Eifersuchtsmotiv. An dieser Stelle ist eine Relativierung und Präzisierung der verbreiteten Auffassung angebracht, Eifersucht habe immer etwas mit *Besitz(denken)* zu tun, welches dann zum Teil auch noch negativ bewertet wird[63]. Dieses "Besitzenwollen" oder "Eigentumsdenken" ist tatsächlich in allen Eifersuchtsmotiven enthalten: Es *muß* sogar enthalten sein. Ausgangspunkt von Eifersucht ist ja immer ein Status quo, der nicht aufgegeben werden soll, z.B. eine Beziehung oder ein damit verknüpfter Wert, eine damit verbundene Eigenschaft. Dieser Status quo ist (ganz neutral) "Besitz" oder "Eigentum" des/der Eifersüchtigen, dessen Erhalt angestrebt wird, das verteidigt werden soll. Diese Art von nicht juristischem "Besitz-" oder "Eigentumsdenken" ist aber *immer* im Spiel, wenn beliebige eigene Interessen verfolgt werden sollen, also nicht nur im Zusammenhang mit Außenbeziehungen bzw. mit Eifersucht. Erst und nur dann, wenn nicht allein das Erhaltenwollen tatsächlicher oder vermeintlicher Eigenschaften ("die Verteidigung vorhandenen Besitzes") Ausgangspunkt von Eifersucht ist, sondern wenn (auch) der Versuch unternommen wird, aktiv andere Eigenschaften wie etwa einseitige Partnerkontrolle, -unterdrückung oder -abhängigkeit zu erreichen, bekommt das Besitz- oder Eigentumsdenken als Machtdenken eine andere Wertigkeit. Dann sollte es auch negativ bewertet werden.

Tabelle 1: Die Vielfalt der Eifersuchtsmotive

Motivaspekte	*Kennzeichen/Ausprägungsmöglichkeiten*
Beziehungserhalt:	"Ich möchte meinen Partner behalten und so meine Beziehung zu ihm (und zu anderen mir wichtigen Personen) erhalten".
Einzigartigkeit:	"Ich möchte, daß mein Partner ausschließlich *mich* liebt und nur mit *mir* schläft, schmust oder flirtet, sonst mit niemandem".
Zuwendung:	"Ich möchte, daß mein Partner sich mir zuwendet, mit mir *x* macht (z.B. in Urlaub fährt oder ins Kino geht) - und nicht mit dem Rivalen".
Privilegien:	"Ich möchte, daß mein Vor- oder Sonderrecht, mein Anspruch (z.B. auf Intimität) nicht verletzt wird".
Selbstwert:	"Ich möchte nicht weniger wert sein als andere (z.B. als mein Rivale)".
Gebrauchtwerden:	"Ich möchte, daß mein Partner (nur) mich braucht und mich nicht beliebig ersetzbar (ja sogar unersetzbar) findet!".
Sozialwert:	"Ich möchte sozial anerkannt sein".
Unversehrtheit:	"Ich möchte Eigenschaft *z* (z.B. Zufriedenheit, Gesundheit) unversehrt erhalten".
Neid:	"Ich möchte das Gleiche tun bzw. bekommen wie mein Partner bzw. Rivale".
Macht:	"Ich möchte, daß mein Partner nur das tut, was ich ihm ausdrücklich erlaube".

Das Treuegebot. Die Auflistung der Eifersuchtsmotive (siehe Tabelle 1) hat gezeigt: Wer eifersüchtig wird, der sorgt sich nicht um den Partner oder den Rivalen und um deren Begehren, sondern um die Erfüllung *eigener*

Motive, um die *eigene* Person. "*Ich* möchte einen gesunden und keinen z.B. HIV-infizierten Partner, daß unsere Kinder ihren Vater nicht verlieren, daß *ich* von Dir nicht vernachlässigt werde!" Eifersucht ist ein egoistischer, kein altruistischer Akt. Es geht um das Vermeiden von direktem oder indirektem Schmerz und von Bedrohungssituationen für die eigene Person und um das Erfüllen der eigenen Bedürfnisse und Begehren vor denen aller anderen, auch vor denen der engsten Partner und/oder Angehörigen[64]. Eifersuchtsmotive sind daher selbstbezogene Motive. Zudem ist keines von ihnen nur oder ausschließlich durch sexuelle Außenbeziehungen gefährdet: Auch ein Beruf oder ein Hobby können ihre Erfüllung be- oder verhindern.

Damit sie wirklich eifersuchtswirksam werden können, muß deshalb ein Bezug hergestellt werden zwischen diesen Motiven und den (möglichen) sexuellen Außenbeziehungen des Partners. Außerdem müssen sie als Vorschrift oder Anweisung auf den Partner bezogen und damit aktiviert werden. Etwa nach dem Schema: "Ich möchte Dein einziger Sexualpartner, zufrieden, gesund und sozial anerkannt sein!", "Das kann ich aber nicht oder nur schlecht, wenn Du sexuelle Beziehungen mit anderen hast." "Deshalb darfst Du keine solchen sexuellen Außenbeziehungen haben." In Ergänzung jedes der genannten Eifersuchtsmotive muß eine eifersüchtige Person also immer noch eine ausdrücklich *partner-* und *sexuell* bezogene *Norm* vertreten, welche dem Freund oder Gatten sexuelle Beziehungen mit anderen untersagt. Dieses *Treuegebot* ist formal ein gesetztes und an den oder die Partner gerichtetes Verbot sexueller Außenbeziehungen, ein *Autonomieverbot*[65]. Es kann total/absolut sein, wird de facto meist aber wenigstens für bestimmte Situationen, Personen oder Beziehungsarten eingeschränkt, weil nicht alle Menschen immer alle Motive gleichermaßen erfüllt haben möchten bzw. in jedem Fall als durch sexuelle Untreue bedrohbar ansehen (s.S. 145-51). Die allgemeine Form dieses Treuegebots ist: "Damit meine Eifersuchtsmotive befriedigt werden können, darfst/sollst Du keine oder nur bestimmte sexuelle(n) Beziehungen mit anderen eingehen oder unterhalten!". So wie die Eifersuchtsmotive unabhängig davon wirken, ob sie dem/der Eifersüchtigen bewußt sind, so muß auch dieses Verbot weder bewußt sein noch dem Partner verbindlich mitgeteilt werden. Es gehört meist einfach zum unausgesprochenen kulturellen Repertoire, was Beziehungen angeht, obwohl es beispielsweise während kirchlicher Trauungen auch ausdrücklich vereinbart wird.

Wo tritt Eifersucht auf?

Sexuelle Eifersucht ist nur in zwischenmenschlichen *Beziehungen* möglich: Wer beispielsweise nicht verheiratet ist, kann auch nicht durch "Ehebruch" "betrogen", gestört, beunruhigt oder verletzt werden. Die Frage ist nur: Was zeichnet eifersuchtsträchtige Beziehungen aus?

Ist Eifersucht in jeder Beziehung möglich? Auf den ersten Blick scheint Eifersucht nur in bestimmten Beziehungen auftreten zu können, nämlich in solchen, in denen einer der Partner eines der eben aufgelisteten Motive mit der sexuellen Treue des oder der anderen verknüpft. Das allerdings sind alle. Zwar verlangt längst nicht jeder z.B. Exklusivität. Es gibt aber niemanden, der nicht wenigstens den vorübergehenden Erhalt einer von ihm wertgeschätzten Beziehung wünscht. Weil aber selbst die kurzfristigste Affäre zumindest durch bestimmte Arten von Verhältnissen mit Dritten gefährdbar ist, *kann* Eifersucht prinzipiell in allen Beziehungen auftreten: in heterosexuellen wie homosexuellen, in legitimen (z.B. ehelichen) wie illegitimen (z.B. außerehelichen), in sexuellen wie nichtsexuellen, in eigenständigen (z.B. Einehe) wie Teilbeziehungen innerhalb umfassenderer Beziehungen (z.B. Mehrehe) usw. Allerdings sind nicht alle Beziehungen gleichermaßen eifersuchtsfördernd, weil sie uns nicht alle gleich wichtig sind und weil wir mit verschiedenen Partnern unterschiedliche Interessen verbinden.

Ob auch *fiktive*, d.h. noch nicht oder nicht mehr von allen Beteiligten als bestehend angesehene Beziehungen Ausgangssituation für Eifersucht sein können, ist eine Definitionsfrage (und Stoff der Diskussion um Neid und Eifersucht). Wegen der Übereinstimmungen in den sonstigen Dimensionen und weil die Vorstellungen des Eifersüchtigen entscheidender sind als die von außen erkennbare Beziehungsqualität, finde ich das Einbeziehen auch nur *einseitig* von einem "Partner" postulierter Beziehungen sinnvoll. Wie etwa die Erfahrungen von Getrennten oder Geschiedenen belegen, die argwöhnisch neue Freundschaften ihrer Expartner bzw. Exgatten verfolgen, ist Eifersucht in solchen nicht mehr bestehenden Beziehungen gar nicht so selten.

Können auch Partner und Rivalen eifersüchtig sein? In fast allen Gesellschaften wird der gekränkte Gatte unterstützt und der Übertreter des sozialen Kodes verdammt[66]. Es ist aber nachdrücklich darauf hinzuweisen, daß *alle* Beteiligten, also auch die "betrügenden" Partner und die Rivalen, in einer potentiellen Eifersuchtsbeziehung stehen und ihrerseits eifersüchtig werden können: «In Eifersuchtssituationen sind der Ehebrecher, der sich dazwischen Drängende und das zum Hahnrei gemachte Individuum gleichermaßen frustiert, was das Erreichen ihrer Ziele angeht. Alle drei befinden sich in einer Konfliktsituation und ihre Position des Betrügers bzw. des Betrogenen ist willkürlich und kann in der nächsten Konfliktsituation umgekehrt sein»[67]. Deshalb müssen wir zunächst einmal immer an *alle* in einer Eifersuchtssituation Beteiligten denken, wenn wir von '*Eifersüchtigen*' reden, also an die "betrogenen" Ehegatten, deren Partner *und* ihre Rivalen. Dies wird auch von Wissenschaftlern viel zu häufig vergessen, weil mehr oder weniger automatisch aus der Sicht der zuerst bestehenden bzw. der offiziell legitimierten Beziehung geschaut wird und dem "Betrüger" wie dem Rivalen (vielleicht sogar aus unreflektierten moralischen Gründen) nicht die gleichen Rechte und die gleiche Aufmerksamkeit zugebilligt werden.

Diese Ungleichbehandlung der Eifersuchtsprobleme der Partner bzw. Rivalen schlägt sich auch in der therapeutischen Praxis nieder: «Eine auffallende Lücke zeigt das Material: In keinem einzigen ausgewählten Fall war jemand in die Beratung gekommen, der die Außenposition im Dreieck einnahm. Dabei kommt es zweifellos häufig vor, daß die 'dritte Person' verzweifelt ist, weil man der Beziehung zu ihr die Ehe oder eine andere Liebe vorgezogen hat oder sich entschied, daß beides unvereinbar sei. In unseren Beispielen taucht diese Problematik nicht auf. Das mag an der Auswahl der Berater liegen, sicher auch daran, daß man solche Leiden noch immer als 'nicht so schlimm' ansieht, als etwas, das man 'schon allein schafft'; dagegen wird es als gefährlicher und kränkender, aber auch größerer Anstrengungen wert betrachtet, wenn man damit fertig werden muß, daß jemand in eine Ehe eingebrochen ist. Die Eifersucht in der Ehe erscheint im Wortsinne berechtigter - durch mehr Rechte geschützt und erklärbar»[68].

Wann kommt es zu sexueller Eifersucht?

Wir müssen unseren Partner nicht in flagranti erwischen, um eifersüchtig werden zu können. Es reicht z.B. auch die bloße Anwesenheit eines potentiellen Rivalen am Ort[69], also eine Befürchtung oder ein Verdacht. Entscheidend sind das *Unerwünschtsein* der unterstellten oder beobachteten Außenbeziehung und die *eigenen Wahrnehmungen.*

Unerwünschte Verhältnisse. Mißbilligt und damit eifersuchtsauslösend werden nicht nur leidenschaftliche und empathie- und zeitintensive Amouren. Das Spektrum der sexuellen Außenbeziehungen, die als Eifersuchtsreiz bewertet werden, ist genauso breit wie vielfältig. Es reicht vom etwas zu langen Blick in die "falschen" Augen bis zum Auszug aus der gemeinsamen in die Wohnung des Geliebten, vom eher gewöhnlichen Vernachlässigt- bis zum besonderen (und deshalb verdächtigen) Umsorgtwerden, vom verschämten Kuß bis zur lustvoll genossenen Nacht (siehe zusammenfassend Tabelle 2).

Tabelle 2: Die Vielfalt der Erscheinungsformen der Eifersuchtsauslöser

Aspekte	*Ausprägungsmöglichkeiten*
***Außenpartner(in)*:**	
Person:	Partner selbst (bei Masturbation), andere
Anzahl:	eine(r), mehrere (gleichzeitig und gleichräumlich, gleichzeitig und getrennträumlich, nacheinander)
Geschlecht:	gleich, anders
Verwandtschaft:	nah (z.B. Geschwister des Partners) bis entfernt; nicht verwandt
dessen Status:	ledig, befreundet, verheiratet, geschieden
***Sexuelle Außenbeziehung*:**	
Verwirklichung:	fiktiv (vermutet, unterstellt), möglich (zu befürchten), realisiert
Sex:	ohne ("platonisch"), Schmusen/Petting usw. ohne Penetration, mit Penetration
Liebe:	keine, geringe, wechselnde, starke
Entscheidung:	freiwillig; von Ausgangspartner(in), von anderen (offiziell, inoffiziell) erzwungen
Häufigkeit:	einmalig, sporadisch, wiederholt, oft
Beginn:	sofort, bald, erst nach längerer Dauer der Ausgangsbeziehung
Dauer:	mehr bis weniger kurz/lang
Offenheit:	heimlich, offen (nur ggü. Partner), öffentlich
Funktion:	Fortpflanzung, Lustgewinn, Geldverdienen, Neugierbefriedigung, Erfüllung religiöser Aufgaben, Karrieremachen
Legitimation:	mehr bis weniger erlaubt/geduldet; nicht legitimiert
Sanktionierung:	keine, schwache bis starke (durch verschiedene Instanzen)
Bezug zur Ausgangsbeziehung:	innerhalb (z.B. bei Polygamie), außerhalb
***Wahrnehmung*:**	
Wahrnehmende(r):	Eifersüchtige(r) selbst, andere Personen/Institutionen
Direktheit:	Zeuge, Interpretation von Indikatoren, Hörensagen
Richtigkeit:	mehr bis weniger zutreffend, nicht zutreffend

Nun sind die meisten von uns ganz selbstverständlich an Zweierbeziehungen gewöhnt. Deshalb assoziieren wir mit "Eifersuchtsreiz" vor allem *außer*eheliche bzw. *außer*partnerschaftliche Beziehungen. Wie jedoch beispielsweise der Fall Nisa zeigt (s.S. 16), kann Eifersucht aber auch durch *inner*eheliche oder (etwa in Kommunen) *inner*partnerschaftliche Beziehungen ausgelöst werden. Immerhin erlaubte die große Mehrheit der bekannten Ethnien Männern (und sehr selten auch Frauen) mehr als einen Ehepartner, auch wenn de facto Einehen vorherrschten, u.a. aufgrund der tatsächlichen Geschlechterproportion. Es bedarf noch nicht einmal unbedingt einer dritten Person. Auch ein masturbierender, sich an erotischen bzw. pornografischen Texten, Bildern oder Filmen erfreuender oder stimulierender Partner kann andere eifersüchtig und diese Medien bzw. sich als Partner zugleich zum Rivalen machen[70]. Eifersuchtsreiz können also offensichtlich alle sexuellen Beziehungen zu einer beliebigen Person (oder sogar Sache) sein, *die nicht identisch mit der/dem Eifersüchtigen* selbst ist, d.h. alle *sexuellen Außenbeziehung aus dessen/deren Sicht*. Wobei "sexuell" im weitesten Sinne zu verstehen ist und sich wie Sexualität allgemein auf zwei Ebenen bezieht: die *physische* ("Sex", "Geschlechtsverkehr") und die *psychisch-affektive* ("Liebe", "Erotik"). Diese Ebenen oder Aspekte von Sexualität sind zwar oft auf das Engste verknüpft, können aber auch völlig oder weitgehend getrennt bleiben (etwa bei Prostituierten, die eine rein körperliche, keine Liebesbeziehung mit ihren Kunden haben, oder in den sog. Kameradschaftsehen, die keinen Sex beinhalten [sollen]).

Daß sexuelle Außenbeziehungen nicht tatsächlich verwirklicht sein müssen, um Eifersucht erregen zu können, ist klar. Wir wissen zu gut, daß eine Unterstellung, daß der bloße *Verdacht* ausreichen kann. Sogar antizipierend, denn auch ein *mögliches* oder zu *befürchtendes* Verhältnis kann zu Eifersucht führen. Daß selbst die Legitimierung der Außenbeziehung nicht immer schützen kann, belegen z.B. die Erfahrungen von Swingern (partnertauschenden Paaren)[71].

Zur Wahrnehmung der Eifersuchtsreize. Die wenigsten sind dabei, wenn ihr Partner mit anderen schmust oder schläft. Trotzdem werden sie eifersüchtig. Denn Eifersüchtige sind nicht auf eine direkte Wahrnehmung als Zeuge angewiesen. Ihnen reichen das Hörensagen oder interpretierbare Anzeichen (z.B. zuviel Leidenschaft und Interesse an Oral- oder Analverkehr frisch verheirateter Frauen, der von Wayú-Männern auf der Guajira-Halbinsel (Kolumbien/Venezuela) als erfahrungsbedingt gedeutet wird[72]; oder das Nennen des Namens dessen, der vor der Ehe geliebt worden war[73]). Aber irgendwie mitbekommen müssen sie die sexuelle Außenbeziehung schon, denn ohne wenigstens indirekte oder vermittelte Wahrnehmung können sie auch keine Bedrohung erkennen. Entscheidend für die Auslösung von Eifersucht ist dann aber *allein* das Wahrnehmungsergebnis, nicht das tatsächliche Ereignis. Deshalb können sogar Verhalten und Handlungen, denen von Dritten oder von Eifersüchtigen selbst in anderen Situationen keine besondere oder mindestens nicht diese Bedeutung beigemessen wird, als Eifersuchtsreiz *interpretiert* werden.

Nicht alles von unseren Sinnen Wahrnehmbare wird auch tatsächlich von uns wahrgenommen. Unser Gehirn filtert. Bedingt durch biotische, kulturelle und situative Faktoren ergeben unsere Wahrnehmungen immer nur ein mehr oder weniger zutreffendes Bild der Wirklichkeit - unabhängig von weiteren Interpretationen. Stimmen die Wahrnehmungen mit den Ereignissen außerhalb der Psyche weitgehend überein, ist die Außenbeziehung also auch für andere nachweisbar, ist die Eifersucht *fundiert*, ansonsten *unfundiert*. Sind die Wahrnehmungsergebnisse regelmäßig unzutreffend, können wir es mit den Formen "pathologischer" oder "wahnhafter" Eifersucht zu tun haben, die allein auf bestimmte intrapsychische Reize oder Bewertungen zurückzuführen sind (siehe S. 70ff.).

Wie kommt es zu Eifersuchtsreaktionen?

Weil Eifersuchtswahrnehmungen nicht direkt und unveränderlich, also instinktiv oder reflexartig an bestimmte Reaktionsmuster gekoppelt sind, müssen selbst die scheinbar unüberlegtesten, widersprüchlichsten und spontansten Eifersuchtsreaktionen auf *Abwägungen* basieren, in bzw. mit denen entschieden wird, *ob* und *wie* auf einen wahrgenommenen Eifersuchtsreiz reagiert werden soll oder nicht[74].

Die Abwägungsaktivitäten. Eifersuchtsabwägungen bestehen aus drei Grundverfahren:

- dem präventiven oder reaktiven *Vergleichen*, z.B. zwischen den Reizwahrnehmungen und den Motiven oder zwischen den möglichen bzw. bereits praktizierten Reaktionen und ihren Effekten,
- dem *Bewerten* oder Einschätzen, z.B. der Bedrohlichkeit, der Reaktionsalternativen, der zu erwartenden Gegenreaktionen oder der Eifersuchtsfolgen und
- dem *Entscheiden*, z.B. der Reaktionsaktivitäten.

Meist sind die Abwägungen recht ungenau und grob und werden von uns mehr oder weniger unbewußt, spontan, automatisch, ungezielt und unkontrolliert eingesetzt, vor allem bei negativer Emotionalisierung (s.S. 37ff.).

Trotzdem folgen sie dabei vielfach einstudierten kulturellen Schemata, die wir im Laufe des Lebens erlernt und entwickelt haben[75]. Es gibt aber auch weitergehende bzw. gründlichere Einschätzungen, in denen sogar eine, wenn auch vielleicht nur rudimentäre, Kosten-Nutzen-Analyse angestellt wird: Der Wert einer Motiv(nicht)erfüllung wird mit dem abschätzbaren Ertrag der verschiedenen Reaktionsmöglichkeiten verglichen. Es werden also die möglichen oder erwartbaren Folgen der in Frage kommenden Eifersuchtsreaktionen und damit deren Eignung durchdacht und abgewogen. Diese mögliche Folgen berücksichtigenden, gezielten und zweckhaften (also *rationalen*) Abwägungen sind sogar verbreiteter, als es auf den ersten Blick scheint. Denn nur auf solche wenigstens teilweise rationalen Abwägungen ist etwa zurückzuführen, daß die meisten Menschen ihre spontane Wut so im Zaume halten und ihre Verzweiflung so ertragen können, daß sie nicht die zunächst auch erwogenen und vielleicht sogar angekündigten allerhärtesten Maßnahmen ergreifen ("Wenn Du mich auch nur ein einziges Mal betrügst, bringe ich Dich/mich um!" oder "verlasse ich Dich!" oder "schmeiße ich Dich raus!").

Die Abwägungselemente. Ganz egal, wie unbewußt, schnell, diffus oder unkontrolliert die Abwägungen ablaufen: Wenn der phantasierte oder erlebte Anblick meines nackten Partners im Arm einer anderen mich eifersüchtig machen soll, dann muß ich erstens Eifersuchtsmotive und Kriterien für deren Bedrohbarkeit durch sexuelle Außenbeziehungen haben, zweitens eine Entscheidung über die tatsächliche Bedrohung des Wahrgenommenen treffen und drittens, innerhalb der mir verfügbaren Reaktionsalternativen, die Reaktionen festlegen. Diese Elemente werden immer in mehrmaligen Abwägungsphasen durchlaufen und führen, von den ersten spontanen Entscheidungen ("primary appraisal"[76]) an, zu immer neuen und dabei oft gänzlich anderen Überlegungen und Ergebnissen, bei denen dann bereits die Folgen der eigenen Reaktionen und der Gegenreaktionen, aber auch z.B. Empfehlungen anderer mit berücksichtigt werden.

Aktualisierung und Aktivierung der Motive und Bedrohbarkeitskriterien. Die Eifersuchtsmotive selbst und die Kriterien ihrer Gefährdung durch Untreue gehören zu ihren Voraussetzungen, nicht zur Eifersucht selbst. Für den Verlauf von Eifersuchtsprozessen ist aber wichtig, daß diese Motive und Bedrohbarkeitskriterien situationsspezifisch aktualisiert und als Motivationen aktiviert werden müssen. Dabei können, unabhängig vom auch stattfindenden Wandel der Motive und Kriterien selbst, jeweils ganz andere Motive und Erfüllungsbedingungen als vordringlich herausgegriffen werden. Das kann dann abweichende Abwägungsresultate selbst für identische Reize zur Folge haben. Auch deshalb kann ein Flirt, der gestern noch als "sehr bedrohlich" erschien, heute trotz eines gleich gebliebenen Motivbestandes als "nicht bedrohlich" eingeschätzt werden, z.B. weil ich heute selbst flirte und nicht - wie gestern noch - zusehen muß.

Entscheiden der Eifersucht. Erst auf dieser Basis kann entschieden werden, ob das wahrgenommene Ereignis eine *Bedrohung* für die Qualität und/ oder die Häufigkeit der Erfüllung eines oder mehrerer der Eifersuchtsmotive ist oder nicht. Dabei wird immer zugleich entschieden, ob diese Bedrohung im Vergleich zu anderen Bedrohungen, aber auch im Vergleich zu möglichen Gratifikationen wie z.B. mehr Aufmerksamkeit, ausreichend wichtig ist. Die Einzelbedrohung durch die Außenbeziehung wird also nach Wichtigkeit eingeordnet in das Gesamtsystem aller aktuellen Motive und ihren jeweiligen Erfüllungsgrad. Dabei kommt es ausschließlich auf den *subjektiven* Eindruck der Eifersüchtigen und nicht darauf an, ob der wahrgenommene Reiz überhaupt die Erfüllung eines der Eifersuchtsmotive gefährden oder verhindern kann. Selbst wenn z.B. ein intensiv-vertrauliches Gespräch des Partners mit einem Dritten von allen anderen als harmlos und für die Motiverfüllung völlig ungefährlich angesehen wird, können Eifersüchtige zu dem Ergebnis "gefährlich" und "wichtig" kommen.

Eine Eifersuchtsentscheidung kann nur zwei Ergebnisse haben: "Die Erfüllung meiner Eifersuchtsmotive ist nicht bedroht!" bzw. "Daß meine Eifersuchtsmotive nicht oder nur unzureichend erfüllt sind, ist vergleichsweise nicht so schlimm und stört mich derzeit nicht weiter!" und damit "*Eifersucht nein!*"; oder: "Die Erfüllung meiner Eifersuchtsmotive ist mehr oder weniger stark gefährdet!" und damit "*Eifersucht ja!*" (bzw. "ja, aber ...").

Entscheiden der Reaktionen. Nur bei "Eifersucht ja!" wird auch darüber entschieden, ob, zu welchem Zweck, wie, von wem und wann reagiert werden soll. Also ob und wie die Eifersucht ausgedrückt oder empfunden werden soll, wer reagieren soll, welche Ziele mit der Eifersucht verfolgt und erreicht werden sollen, welche Reaktionsaktivitäten mit welcher Intensität und in welche Richtung ausgeführt werden sollen (s.S. 40-47).

Wer wägt ab? Meist entscheidet über "Eifersucht ja oder nein" und über die Reaktionen diejenige Person, die auch die Wahrnehmungen und die Eifersuchtsmotive hat bzw. verfolgt, und das muß nicht nur der Gatte eines "Betrügenden" sein. Es können aber auch andere Personen, etwa Freunde, oder Familienangehörige hinzugezogen werden. Deshalb ist immer zu beachten, ob beispielsweise ein Vater als selbst Eifersüchtiger abwägt, weil die Außenbeziehung die Erfüllung *seiner* eigenen Motive bedroht, oder ob er (selbst nicht eifersüchtig) sein Kind unterstützt und berät, *dessen* Interessen gefährdet sind. Denn selbst eifersüchtig zu sein oder Eifersüchtigen zu helfen, kann nicht nur unterschiedliches Engagement, sondern auch ganz andere Entscheidungen zur Folge haben.

Wozu Eifersucht? Wir werden eifersüchtig, weil wir eine Gefährdung eigener Interessen feststellen. Daraus könnte der Schluß gezogen werden, daß Eifersucht immer ein bewußtes Ziel habe, nämlich die Erfüllung der Eifersuchtsmotive zu gewährleisten, also zum Beispiel den Erhalt der Beziehung. Diese Schlußfolgerung ist aber voreilig: «Die Erfahrung lehrt [zumindest in einigen Fällen], daß der Eifersüchtige lieber die Beziehung zu einem geliebten Menschen abbricht, bevor er ihm andere Partner zugesteht, auch wenn er vorher in dem Glauben war, ohne ihn nicht leben zu können. Plötzlich wählt er sogar freiwillig das Leben ohne den vorher so unersetzlich scheinenden und so innig geliebten Partner»[77]. Das ist nur scheinbar widersprüchlich. Denn erstens haben Menschen neben Eifersuchtsmotiven auch noch andere Begehren wie etwa Stolz oder Konsequenz, die ganz anders gelagert sein können. Deswegen wollen sie Beziehungen auch nicht um *jeden* Preis erhalten. Zweitens können sich auch die Eifersuchtsmotive gegenseitig behindern, zumal es auf die unter Umständen rasch wechselnden Motivationen und nicht auf die eher längerfristigen Motive ankommt. Und drittens gehen zumindest den ersten spontanen Eifersuchtsreaktionen eher selten wirklich bewußte, abgewogene und eindeutige Zielfestlegungen voraus.

Deshalb gibt es bei Eifersucht auch nicht immer eine eindeutige, klare Linie: «Typisch für den Eifersüchtigen ist, daß er nicht selten zwischen Vergötterung und Verteuflung seines Partners hin- und herschwankt»[78]. So reagierte ein Mann nach Bekanntwerden der außerehelichen Beziehung seiner Frau mit starker, aber ambivalenter Eifersucht: «*Einerseits* fühlte er sich hintergangen und entwickelte ihr gegenüber Haßgefühle, *andererseits* empfand er intensive Liebesgefühle und versuchte, auf jede nur erdenkliche Art und Weise die Zuneigung seiner Frau zurückzugewinnen»[79] (siehe auch "Reaktionsweisen" im nächsten Abschnitt).

Die wichtigsten Eifersuchtsziele sind: erstens der Versuch, durch die Eifersucht die Erfüllung der eigenen Interessen zu gewährleisten bzw. deren durch die Außenbeziehung verschlechterte Erfüllungsqualität zu verbessern (*Motiverfüllung*); zweitens das Bemühen, eine Entschädigung bzw. Kompensation etwa in Form von Geld, einer öffentlichen Entschuldigung oder eines wertvollen Gutes zu erhalten (*Genugtuung*); drittens das vielfach mehr resignative als machtbewußte Bestreben, nicht oder nicht nur zur Motiverfüllung beizutragen, sondern den Partner, Rivalen und/oder eine andere Person für ihre Interessenmißachtung zu strafen (*Bestrafung*); viertens der für emotionalisierte Eifersucht kennzeichnende und oft verzweifelte Versuch, nur irgendwie aus der ganzen Situation und Problematik herauszukommen, die Sache schnellstmöglich zu beenden (*Terminierung*). Dabei ist häufig mit einer Kombination oder einem mehr oder weniger schnellen Wechsel der Eifersuchtsziele auch innerhalb eines Eifersuchtsprozesses zu rechnen sowie mit einer Zunahme der bewußteren Anteile der Zielentscheidungen mit der Dauer des Eifersuchtsprozesses.

Warum treibt Eifersucht uns so oft zur Verzweiflung?

Das hier präsentierte Modell der Eifersuchtsabwägungen hat Sie vielleicht überrascht, womöglich sogar etwas irritiert. Denn es scheint so gar nicht mit unseren Erfahrungen übereinzustimmen, nach denen Eifersucht mit allen psychosomatischen Begleiterscheinungen über einen hereinbricht und einen aufwühlt, ohne irgendwelche klaren Gedanken ("Abwägungen", womöglich rationale "Entscheidungen") zuzulassen. Dieser Widerspruch zwischen dem eigenen Erleben und der anthropologischen Rekonstruktion liegt zum einen daran, daß uns die allermeisten der oft blitzschnellen und automatisierten Abwägungen gar nicht oder höchstens in Ausschnitten bewußt werden, daß uns selbst längerdauernde und dabei oft chaotische Einschätzungen weniger auffallen als z.B. die Reaktionen. Und er ist zum anderen darauf zurückzuführen, daß Eifersucht häufig *emotionalisiert* abläuft.

Zur Emotionalisierung psychisch gesteuerter Prozesse[80]. Für die meisten der auf sie zukommenden Aufgaben schätzen Menschen ihre Fähigkeiten wenigstens unbewußt ein, und sie beurteilen, nicht immer realistisch oder zutreffend, ihre für die Lösung der anstehenden Aufgabe vorhandene *Kompetenz*. Dabei ist zu unterscheiden zwischen der *antizipierenden* Kompetenz als einer grundlegenden Voreinschätzung und der *aktuellen* Kompetenz, d.h. der in einer bestimmten Situation tatsächlich vorhandenen. Auf der Basis der eigenen Bedürfnisse und Begehren und der daraus aktualisierten Motivationen führt die Selbsteinschätzung der eigenen Kompetenz zu *Erwartungen* über das Erreichenkönnen der angestrebten Ziele.

Nun entspricht motiviertes Verhalten nicht immer den Erwartungen, ist es nicht immer im gewünschten Maße kontrollierbar oder kontrolliert. Auch Ereignisse sind nicht immer vorhergesehen. Wenn aber für eine Aufgabe die eigene Kompetenz als besonders *gering* bzw. *hoch bewertet* wird, wenn bisher empfundene *Kontrolle verlorengeht* oder *wiedergewonnen wird* oder wenn etwas *Unerwartetes* geschieht, dann (und nur dann, d.h. *nicht*, wenn die eigene Kompetenz nicht problematisiert wird, wenn Kontrolle routinemäßig gelingt oder wenn die Erwartungen erfüllt werden) kommt es zur *Emotionalisierung*, die durch subjektive Empfindungen (Lust, Unlust, Furcht usw.), somatische Veränderungen (Herzklopfen, Blutdruckveränderung, Muskelspannung, Schweißabsonderung usw.) und/oder weitere Verhaltensänderungen (Fliehen, Verändern des Gesichtsausdrucks usw.) gekennzeichnet sein kann. Der Grad der Emotionalisierung ist dabei auch von der Wichtigkeit des zu lösenden Problems und damit von der Stärke und Bedeutung der verantwortlichen Bedürfnisse und Begehren abhängig (siehe Abb. 3, S. 39).

Verlust von Kontrolle, unangenehme Überraschungen und geringe Kompetenz lösen üblicherweise *Streß* und *negative* Emotionalisierung aus, die durch Flucht-, Beendigungs- und Verzweiflungsaktivitäten charakterisiert ist. Gewinn oder Wiedergewinn von Kontrolle, erwünschte Überraschungen und hohe Kompetenz lösen *positive* Emotionalisierung aus. Wir können das sehr gut an uns selbst beobachten, z.B. bei einem besonders beglückenden Liebesakt oder bei einer total enttäuschenden Prüfungsleistung. Dabei gibt es charakteristische Verläufe: Ist keiner der affektauslösenden Faktoren im Spiel, z.B. bei Routinetätigkeiten oder automatisierten Abläufen, oder ist der Reiz *positiv* emotionalisierend, dann kommt es als Reaktion meist zu kognitiv mehr bis weniger gut kontrollierten oder begleiteten weiteren Aktivitäten. Ist der Reiz dagegen *negativ* emotionalisierend (wie häufig bei Eifersucht), dann werden meist in der Reaktion die Kognitionen wenn nicht ausgelassen so doch stark verkürzt und wird direkt eine *Notfallreaktion* (irgendwas tun) oder *Terminierungsreaktion* (möglichst schnell beenden, damit fertig werden) ausgeführt. Dabei können sich auch innerhalb ein- und desselben Prozesses Veränderungen ergeben, wenn beispielsweise die Ausgangskompetenz als hoch angesehen wurde, sich beim Lösen der Aufgabe jedoch überraschende Schwierigkeiten einstellen und die Kompetenz in Frage gestellt wird. Dann kann es noch in einem dritten oder vierten oder späteren Durchlauf zu Notfall- oder Terminierungsreaktionen kommen.

Die Emotionalisierung der Eifersucht. Weil uneingeschränkte sexuelle Treue für sehr viele Menschen ein sehr hoher und wichtiger Wert ist, weil sie trotz des Wissens um die weite Verbreitung sexueller Außenbeziehungen üblicherweise nicht damit rechnen, daß ausgerechnet *ihr* Partner untreu wird, weil sie geeignete Verhaltensweisen für solche Fälle deshalb nicht geübt und parat haben (ihnen also die Kompetenz für den Umgang mit Eifersuchtssituationen fehlt) und weil sie bei diesen schlechten Voraussetzungen dann auch schnell die Kontrolle verlieren, bereitet Eifersucht häufig Streß, ist sie durch die eben allgemein beschriebene Emotionalisierung charakterisiert (siehe Abb. 3).

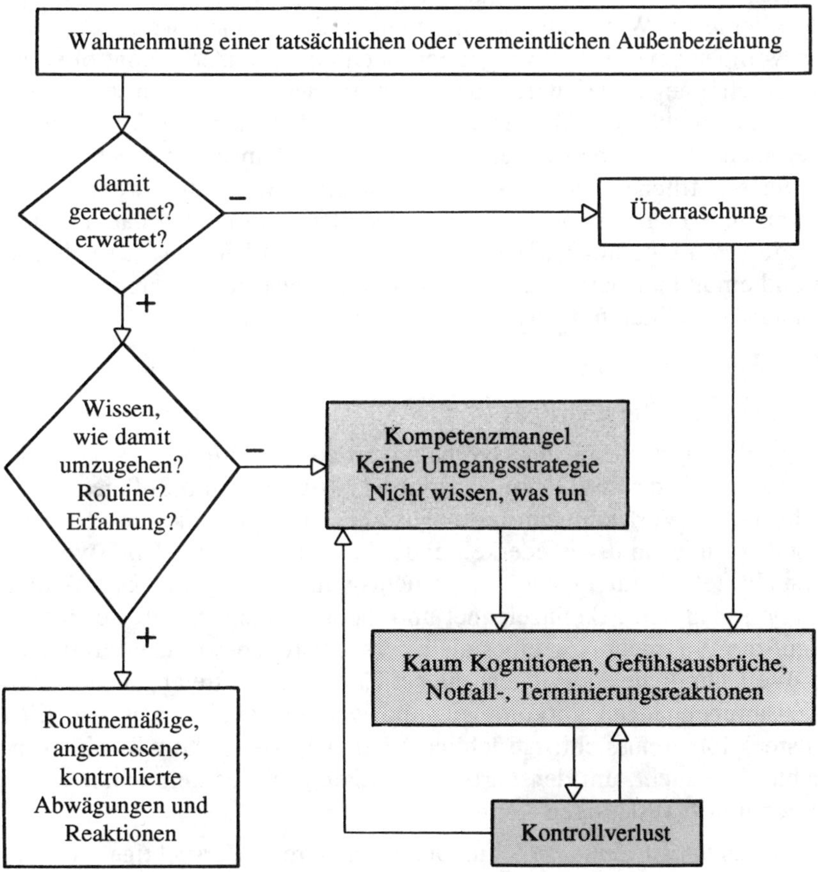

Abb. 3: Die Emotionalisierung von Eifersucht

Vielleicht ist das auch einer der Gründe, warum Eifersucht bis heute oft auf die an ihr beteiligten "Emotionen" reduziert wird[81]. Das ist aber in zweifacher Hinsicht unzureichend. Denn wenn mit 'Emotionen' Empfindungen oder Affekte (Gefühle wie Angst, Lust, Freude oder Trauer und ihre somatischen Begleiterscheinungen) gemeint sind, dann ist diese Eifersuchtsbestimmung unvollständig, weil bei Eifersucht auch Kognitionen und Verhalten beteiligt sind. Und wenn damit die erläuterte Emotionalisierung als Ablaufmerkmal von psychisch-somatischen Prozessen gemeint ist, dann trifft auch dies nicht immer zu. Es gibt nämlich durchaus eine nichtemotionalisierte Eifersucht: Wenn die Außenbeziehung des Partners weder als besonderer Kompetenzverlust bzw. -gewinn noch als besonderer Kontrollverlust bzw. -gewinn angesehen wird, auch nicht unerwartet ist und trotzdem kognitiv und/oder durch Verhalten mißbilligt wird. Sehr viele der bekannten präventiven Maßnahmen gegen Untreue (vor allem psychischer, sozialer und wirtschaftlicher Druck sowie Kontaktverhinderung) werden ohne Emotionalisierung, oft sogar in automatisierter Routine und damit weitgehend affektfrei ("gefühlslos") eingesetzt. Eifersucht kann also zwar stressig sein und emotionalisiert ablaufen und enthält meist Empfindungen, muß es aber nicht unbedingt und wird es selten ausschließlich.

Wie reagieren Eifersüchtige?

«Das Spektrum der Eifersuchtsverhalten ist so vielfältig wie es die Kulturen auf dieser Erde sind. Es reicht vom Nichtstun bis zum Zufügen schwerer physischer Verletzungen und sogar zur Tötung»[82]. Es gibt also keine einzigartige und immer wiederkehrende Ausdrucks- und Erlebnisweise für Eifersucht (etwa ein eigenes Eifersuchtsgefühl)[83]. *Eifersuchts*reaktionen sind allein dadurch gekennzeichnet und daran erkennbar, daß sie Reaktionen auf die Wahrnehmung eines als Eifersuchtsreiz bewerteten Ereignisses sind. Weil sämtliche Aktivitäten, die bei Eifersucht auftreten, auch in anderen Zusammenhängen vorkommen, und weil nicht alles, was wie Eifersuchtsreaktionen aussieht, tatsächlich Eifersucht ist (siehe z.B. die vorgetäuschte Eifersucht, um den Partner zu testen), gibt es keine anderen eindeutigen und zuverlässigen Kennzeichen.

Was passiert bei Eifersucht? Im Detail reagieren Eifersüchtige zwar sehr unterschiedlich, formal andererseits aber doch auch sehr ähnlich: nämlich unter Einsatz aller menschenmöglichen Aktivitätsarten (und keinesfalls nur fühlend/empfindend), wie beispielsweise der folgende Fall belegt:

«Im 'Tatort' vernahm irgendein Fernsehkommissar in einer schummrigen Bar eine Mordzeugin: eine attraktive Frau mit langer roter Mähne, tief dekolletiertem schwarzen Kleid und einer leicht vulgären Ausstrahlung. Mein Mann kroch förmlich ins Gerät, und in mir begann es zu brodeln. 'Die ist doch ordinär', sagte ich. Micha, ohne den Blick zu wenden: 'Ordinär? Ich find' sie ganz sexy ...' Genausogut hätte er mir einen Eimer Wasser über den Kopf gießen können. 'Ich bin dir wohl zu bieder?' Er sah mich gar nicht an. 'Meine Güte! Könnte ich jetzt bitte in Ruhe den Film zu Ende gucken?' Ich rastete total aus und warf eine Apfelsine nach der Rothaarigen auf dem Bildschirm. Micha sagte entgeistert: 'Was ist denn plötzlich mit dir los? Spinnst du?' Ich stürzte ins Bad. Aus dem Spiegel starrte mich eine Irre an. Mein Zorn schlug augenblicklich um in Selbstmitleid: Du liebe Zeit - das war ich? Ungeschminkt und unattraktiv, auf dem Kopf die praktische 'Ich-geh'-höchstens-zweimal-im-Jahr-zum-Friseur'-Frisur. Ein schlabberndes Sweatshirt voller Karottenflecke (unser Sohn war damals erst vier Monate alt); die Füße in zerlatschten Hüttenschuhen. Während meine Augen vom Heulen immer dicker wurden, wuchs mein Haß auf diese Welt voller schöner Frauen und auf meinen Mann, der sie alle begehrte - während er mich zu dem gemacht hatte, was ich war: zu einem nahezu geschlechtslosen Wesen, hin- und herpendelnd zwischen Küche und Kinderzimmer. Irgendwann klopfte es an der Tür; Micha sagte: 'Ich geh' jetzt ein Bier trinken. Bis ich zurück bin, hast du dich ja vielleicht beruhigt.' Er besaß die Frechheit, auch noch die Wohnungstür hinter sich zuzuknallen. In dieser Nacht habe ich keine Minute geschlafen. Zuerst war ich nur wütend auf meinen Mann. Dann war ich entsetzt über mich - wie hatte ich mich so benehmen können? Und schließlich überlegte ich, warum es wohl zu dieser Szene gekommen war. Was wirklich dahinter steckte»[84].

Diese Schilderung eines in vielen Aspekten ganz alltäglichen Eifersuchtserlebnisses zeigt, daß Eifersucht durch alle Grundformen menschlicher Aktivitäten charakterisiert ist: *affektive* (Haß, Wut), *kognitive* (Nachdenken über Ursachen der Szene), *somatische* (geschwollene Augen, Schlaflosigkeit) und *Verhalten* (ins Bad stürzen).

Affektive Reaktionen. Ohne hier die Diskussion des Problems der angemessenen Unterscheidung und Einteilung der (Eifersuchts-)Empfindungen weiterführen zu wollen, sei nur betont, daß offensichtlich das gesamte Spektrum "negativer", aber auch ein paar "positive" Affekte in Eifersuchtsreaktionen vorkommen können und daß es keine spezifischen, *nur* bei Eifersucht auftretenden, oder einheitlichen, in *allen* Eifersuchtsfällen vorkommenden "Eifersuchtsempfindungen" gibt[85]. Die sechs grundlegenden affektiven Reaktionsweisen, die ihrerseits jeweils aus verschiedenen Emotionen, Gefühlen und Stimmungen kombiniert sind und die sich immer wieder beobachten lassen, sind: «*Ärger* (Haß, Ekel, Rachsucht, Verachtung, Verdruß, Wut), *Furcht* (Angst, Anspannung, Sorge, Kummer), *Traurigkeit* (Niedergeschlagenheit, Depression, Hoffnungslosigkeit, Leiden, Schwermut), *Neid* (Empörung, Habsucht, Mißgunst), *sexuelle Erregung* (Lust, Verlangen, Leidenschaft), *Schuld* (Reue, Scham, Gewissensbisse, Verlegenheit)»[86].

Kognitive Reaktionen. "Ich bin schuld!" "Warum muß mir das passieren!" "Das lasse ich mir von dem nicht gefallen!" "Wie kommt die eigentlich dazu, meinen Mann zu verführen?" Eifersüchtige reagieren nicht nur mit Empfindungen, sondern auch mit Vergleichen, Vorwürfen, Fragen, Bewertungen, Ironisierungen, Phantasien und anderen Arten von Überlegungen, d.h. mit Kognitionen. Auch wenn diese nicht unbedingt mit Verhalten bzw. Handlungen verknüpft sein müssen, bereiten sie diese doch oft vor, begründen oder untermauern sie. Allerdings sind uns die Kognitionen nicht so bewußt und bekannt wie die auffälligeren Affekte (vor allem die davon subjektiv erlebten Gefühle und Stimmungen), die Körperreaktionen und die Verhalten. Sie werden, ähnlich den Abwägungen, wohl auch deshalb in der Wissenschaft weitgehend ignoriert. (Die Kognitionen, die Eifersuchtsreaktionen sind, dürfen übrigens nicht verwechselt werden mit den Kognitionen, die ein Teil der Abwägungen sind. Auch wenn hier de facto enge Verschränkungen und schnell wechselnde Folgen vorkommen können [weil nach Eifersuchtsreaktionen auch immer wieder neu nachgedacht wird] handelt es sich doch um zwei grundlegend unterschiedliche Teile eines Eifersuchtsprozesses.)

Somatische Reaktionen. Vor allem affektive Reaktionen sind meist mit somatischen Veränderungen kombiniert. Eifersüchtige berichten zumindest bei uns mehrheitlich über Magenschmerzen, Schlaflosigkeit, Appetitlosigkeit, Kribbeln im ganzen Körper, Stiche überall oder Konzentrationsschwäche, seltener kommt es auch zu Schwindelgefühl, Übelkeit, Erbrechen oder Durchfall[87]. Auch hier also eine breite Palette unterschiedlicher, aber meist eher unangenehmer und deshalb unerwünschter Reaktionen.

Verhaltensreaktionen. Die bisher zu konstatierende Variationsbreite gilt schließlich auch für die Eifersuchtsverhalten, die, wie erwähnt, vom Nichtstun bzw. der ganz ruhigen und sachlich-nüchternen Artikulierung der eigenen Interessen ("Ich möchte nicht, daß Du noch einmal mit Annemarie flirtest/tanzt/schläfst!") bis zur Selbst- oder Fremdtötung reichen. Neben eher alltäglichen Reaktionen wie zur Rede stellen, Beschimpfen, Fluchen, Liebesentzug, Kommunikationsverweigerung, mit Gegenständen werfen, Tablettennehmen zur Beruhigung, sich Betrinken, sich Zurückziehen, eigenen Außenbeziehungen als Vergeltung, sich irgendwie an Dritten (z.B. den gemeinsamen Kindern) rächen oder auch Geschlechtsverkehr mit dem Partner (von dem z.B. Swinger berichten[88]) gibt es eher ungewöhnliche, "exotische" Aktivitäten. Die besonders spektakulären Fälle (Keuschheitsgürtel!) werden nicht nur von den Medien gierig aufgegriffen, sondern auch von Forschern gerne weitergegeben: So das Abschneiden der Nase, etwa bei den Mescalero Apache[89] oder den Blackfoot[90] in Nordamerika, das Übergießen mit kochendem Wasser bei den zu den Mongo zählenden Nkundu in Nord-Zaïre (Afrika)[91], das Heimzerren des untreuen Gatten an seinen langen Haaren bei den zu den Mataco-Maca gehörenden Chorotí im Gran Chaco (Südamerika)[92], das über 50 Jahre lang durchgehaltene Einsperren der Ehefrau in den Kohlenkeller bei jedem Verlassen des Hauses durch einen Mann in Manchester (England)[93], ein grenzüberschreitendes Nachspionieren per Auto, obwohl der Führerschein entzogen war (Deutschland)[94], oder das Ansägen des stählernen Hochseils eines Trapezkünstlers (Deutschland)[95].

Die Dominanz aggressiv-gewalttätiger Eifersuchtsreaktionen in den Medien mag den Eindruck erwecken, Eifersucht sei allgemein ein durch besonders aggressives Verhalten gekennzeichnetes Phänomen oder gar eine der Hauptursachen für Gewalt. Das aber stimmt so nicht[96]. Zwar ist Eifersucht oft *ein* wichtiger Faktor für die häusliche Gewalt zwischen Paaren (Ehebruch wird beispielsweise in 45 [55%] von 77 Ethnien, in denen Gewalt gegen Frauen selten oder häufig vorkommt, als der Hauptgrund für die Aggressionen gegen die Frauen angegeben[97]), aber sie ist niemals der einzige. Dies gilt insbesondere für Tötungsdelikte: In den USA sind seit 1976 immer nur zwischen 2.0 und 2.8 Prozent aller Morde (pro Jahr) auf Eifersucht zurückzuführen[98]. Besonders gewalttätige Eifersucht, die übrigens interessanterweise meist gegen den Partner und nur selten gegen den Rivalen gerichtet wird[99], ist zudem oft nur die Spitze eines besonders konfliktreichen und aggressiven Beziehungseisbergs, sie tritt bei uns vor allem in Fällen "pathologischer" Eifersucht auf oder ist ansonsten kulturell sanktioniert bzw. auf die Lockerung gewaltverhindernder kultureller Kodes zurückzuführen. Eifersucht ist also mehr das Symptom oder der letzte Anstoß der Gewalt.

Erfahren und Ausdrücken von Eifersucht. Bei den bereits erwähnten Ibo [Igbo] im Südosten Nigerias wurde von den Kofrauen in einer Mehrehe friedliches Zusammenleben erwartet. Deshalb behielten sie ihren eifersüchtigen Groll für sich, ohne ihn anderen zu zeigen. Sie sagten vielleicht heimlich untereinander Unfreundliches über eine neue Gattin, hätten ihre Empfindungen aber nicht außerhalb der Familie gezeigt[100]. Nicht jeder reagiert also außengerichtet und von Dritten erkennbar eifersüchtig. Eifersucht kann (und muß vielfach wegen soziokultureller Vorgaben) auch so erlebt und empfunden werden, daß es andere nicht oder nicht so deutlich merken. Viele Menschen «kehren bei Eifersucht ihre Aggressionen gegen sich selbst. Sie leiden still, und zwar seelisch *und* körperlich; oft, ohne daß der Partner etwas davon merkt»[101]. Deshalb darf aus einem scheinbaren Ausbleiben von Reaktionen (weil wir zumindest auf den erstem Blick keine erkennen können - oder wollen) nicht auf deren Fehlen geschlossen werden. Denn neben der Möglichkeit, Eifersucht *auszudrücken*, gibt es auch die Reaktionsweise *Erfahren*[102].

Wer reagiert? In den meisten Fällen werden die *Eifersüchtigen* selbst reagieren, also diejenigen, die die Reize wahrgenommen und dann die Entscheidungen gefällt haben. Das müssen keineswegs nur Individuen sein, auch Kirchen, Regierungen oder andere Institutionen können sich an sexuellen Außenbeziehungen stören und nicht nur präventiv eifersüchtig reagieren. Ein Beispiel für staatliche Eifersuchtsreaktionen ist das nach deutschem Recht vorgesehene Erlassen, Herabsetzen oder zeitliche Begrenzen der Unterhaltspflicht nach Scheidungen für "betrogene" Ehegatten in folgenden Fällen: «Der Unterhalt begehrende Ehegatte hat sich von dem anderen Ehegatten gegen dessen Willen abgewandt und lebt, obwohl die Ehe noch besteht, mit einem Dritten in eheähnlicher Gemeinschaft. Der Unterhalt begehrende Ehegatte nimmt gegen den Willen des anderen während der Ehe ein nachhaltiges, auf längere Dauer angelegtes intimes Verhältnis zu einem anderen auf. Der Unterhalt begehrende Ehegatte nimmt während der Ehe intime Beziehungen zu wechselnden Partnern auf»[103]. Ein anderes Beispiel ist das offizielle Bewerten eines "ehebrecherischen" Verhältnisses eines Spitzenbeamten mit einer verheirateten Kollegin als Dienstvergehen und die damit verbundene 15monatige Kürzung der Bezüge um zehn Prozent[104]. Doch obwohl der Staat hier als eifersüchtige Institution auftritt und wir uns durch dieses Beispiel die prinzipielle Unabhängigkeit der Eifersucht vom Individuum klarmachen können, ist es sicher zweckmäßiger, Institutionen als Helfer (oder auch Gegner) von Eifersüchtigen zu begreifen. Denn so, wie Abwägungen unter Umständen auch von selbst nicht Betroffenen (nicht "Betrogenen") durchgeführt werden, müssen nicht immer nur die Eifersüchtigen selbst handeln. Insbesondere Familienangehörige und

Verwandte sind vielfach beteiligt, vor allem dort, wo Ehe nicht als Beziehung zwischen einzelnen Personen, sondern als Allianz zwischen Gruppen verstanden wird. Und bei uns werden Eifersüchtige eben nicht nur von Freunden, Angehörigen oder Arbeitskollegen unterstützt, z.B. durch Gespräche mit dem Partner, wenn dem/der Eifersüchtigen dazu die Kraft fehlt, sondern auch von Beratungseinrichtungen, Kirchen oder dem Staat.

Wen betrifft Eifersucht? In den allermeisten Ethnien bestrafen Männer sowohl die ehebrechende Frau als auch ihren Liebhaber, wenn auch nicht immer gleich stark[105]. Aggressiv-gewalttätige Eifersuchtsreaktionen sind aber, global kulturenvergleichend betrachtet, meistens und vor allem auf den Partner gerichtet[106]. Doch Eifersüchtige treffen genauso sich selbst und sogar Unbeteiligte: Kinder, Eltern, Arbeitskollegen, Untergebene, Haustiere oder Verkehrsteilnehmer[107], und zwar nicht nur absichtlich, sondern auch versehentlich. Die *Reaktionsobjekte*, also die Personen oder Sachen, auf die eine Eifersuchtsreaktion eigentlich gerichtet ist, stimmen deshalb nicht unbedingt mit den *Reaktionsbetroffenen* überein, d.h. mit denen, die dann tatsächlich getroffen werden.

Reaktion und Gegenreaktion. Wer von einem Eifersüchtigen angeschrien wird, bleibt nicht immer ruhig. Wer auf Verweigerung stößt, mag versuchen, diese aufzubrechen. Wer mit ungerechtfertigten Untreuevorwürfen konfrontiert wird, wird sich wehren. Eifersuchtsreaktionen provozieren normalerweise Gegenreaktionen. Sehr schön ist dies in der «*Eifersuchts-Untreue-Kollusion*» verdeutlicht: «Es stellt sich in ihr der Konflikt zwischen Autonomiebestrebungen und Trennungsängsten in besonderer Klarheit dar. Der eine agiert Autonomie zum Beispiel in einer außerehelichen Beziehung. Er drängt damit den Partner in die Defensive, weil dieser sich jetzt allein verantwortlich für die Aufrechterhaltung der Beziehung fühlt. Dieser agiert Trennungsängste in Form von Eifersucht, verfolgt den Partner in seiner Untreue, kontrolliert ihn und versucht ihn zur Treue zu verpflichten. Je mehr er nun den Partner eifersüchtig verfolgt, um so mehr fühlt sich dieser gedrängt, Autonomie zu beweisen, indem er wegstrebt und sich nicht mehr verpflichten läßt. Je mehr der andere wegstrebt, um so mehr sucht der Eifersüchtige ihn als Besitz zu beanspruchen und ganz in Beschlag zu nehmen. So verstärken die Partner gegenseitig ihre Verhaltensweisen. Der eine sagt: 'Ich bin nur so eifersüchtig, weil du so untreu bist', der andere: 'Ich bin nur so untreu, weil du so eifersüchtig bist'»[108]. Zwischen Reaktionen und Gegenreaktionen kann also ein verwobenes Gefüge entstehen, welches häufig durch gegenseitiges Aufschaukeln und Erreichen einer unlösbar erscheinenden Situation gekennzeichnet ist, aber auch zur Eifersuchtsbewältigung genutzt werden kann, z.B. durch die Besänftigung von Wut durch eine Entschuldigung. Ansonsten trifft für die Gegenreaktionen zu, was auch für die Reaktionen selbst gilt (s.S. 40ff.): Sie umfassen das gesamte Spektrum denkbarer Aktivitäten und sind nur daran erkennbar, daß sie Reaktionen auf Eifersuchtsreaktionen sind. Allerdings ist auch hier, wie in Konflikten allgemein, zu erwarten, daß das Prinzip der Reziprozität gilt, daß also Reagierende und Gegenreagierende dazu neigen, dieselbe Strategie (z.B. Zugeständnisse oder Druck) zu wählen[109].

Umgangsweisen. Auch wenn Eifersüchtige mit Außenbeziehungen, mit ihren eigenen Reaktionen und mit den Gegenreaktionen der Betroffenen im Detail äußerst unterschiedlich umgehen: Es gibt doch grundlegende Arten von charakteristischen Bemühungen, um mit den Herausforderungen und Beanspruchungen zurecht zu kommen, die immer wieder zu beobachten sind. Diese Umgangsweisen ("Coping"-Stile) gehören als meist "sekundäre" Reaktionen (zeitlich wie von der Reflexionsebene her) noch zur Eifersucht selbst und reichen doch zugleich auch in ihre Folgen hinein. Sie kombinieren bestimmte Zielvorgaben (auch konkreter als die allgemeinen Eifersuchtsziele Motiverfüllung, Bestrafung, Genugtuung oder Terminierung) mit entsprechenden und für geeignet gehaltenen Aktivitäten. Beispiele für solche (nicht immer bewältigungswirksamen) Umgangsweisen sind[110]: das Verbessern der Ausgangsbeziehung (um sie attraktiver als die Außenbeziehung zu machen), das Einmischen in die Außenbeziehung (mit dem gleichen Ziel), das Verlangen eindeutiger und sozial verpflichtender Bindungssignale (um das Verlassen der Ausgangsbeziehung zu erschweren), das Herabsetzen des Partners und/oder des Rivalen (um den Verlust der Ausgangsbeziehung weniger schmerzlich zu machen), das Entwickeln von alternativen Möglichkeiten der Erfüllung der Eifersuchtsmotive (um vom Partner unabhängig zu werden), das Verleugnen und Vermeiden (um unerwünschten Konsequenzen aus dem Weg zu gehen), die Selbstreflexion und -veränderung (um geeignetere Kenntnisse und Einstellungen zu gewinnen und negative Emotionalisierungen zu verhindern), das Mitteilen und Helfenlassen (um vor allem affektiv besser mit der Eifersucht fertig zu werden) und das Abschätzen der Herausforderung durch die Eifersuchtssituation (um ggf. erforderliche Änderungen durchführen zu können). Welche Umgangsweisen geeignet sind, um Eifersucht aushalten, überwinden oder reduzieren zu können, wird ausführlich im dritten und vierten Kapitel erörtert.

Wie lange dauert Eifersucht? Eifersucht besteht nicht nur aus den spontanen Reaktionen nach dem Entdecken z.B. eines Flirts, sondern schließt die Gegenreaktionen und mittelfristigen Umgangsweisen wenigstens teilweise mit ein. Ähnlich wie z.B. katastrophenbedingte Streßprozesse verlaufen zudem auch Eifersuchtsprozesse in verschiedenen *Phasen*: Vor-, Antizipations- oder Warnphase, Phase des Auftretens der Außenbeziehung bzw. ihrer Wahrnehmung, Phase des Abwägens, Reagierens und Gegenreagierens (Eifersuchtsphase), Nachschwing- oder Rückschlagphase sowie Nach-Eifersuchtsphase[111]. Damit stellt sich die Frage: Wann ist Eifersucht bzw. ein Eifersuchtsprozeß beendet? Die formale Antwort ist einfach: wenn eine Außenbeziehung nicht mehr als bedrohlich bewertet wird und deshalb alle Eifersuchtsreaktionen eingestellt werden. Das aber kann lange dauern, womöglich lebenslang. So hat etwa ein Mann seinen Rivalen auch acht Jahre nach dem Seitensprung seiner Frau noch belästigt[112].

Wozu führt Eifersucht?

Als eine Frau Geranien von ihrem Balkonfenster räumte, interpretierte der unbegründet eifersüchtige Ehemann dies als Freimachen des Weges für den Nebenbuhler. Er würgte die Frau und kam ins Gefängnis. Von dort aus schrieb er Briefe an alle Nachbarn und u.a. an den Bürgermeister, in denen er seine Frau des mehrfachen Ehebruchs beschuldigte. Dann brachte er sich um. Auch heute, nach zehn Jahren, redet keiner mit dieser Frau[113]. Eifersucht hat zwar eher selten so gravierende Auswirkungen, bleibt aber in den meisten Fällen nicht völlig ohne Folgen; nicht nur, weil Partner, Rivalen und andere Betroffene auf Eifersuchtsreaktionen meist ihrerseits antworten. Doch ähnlich wie die Reaktionen und Gegenreaktionen sind auch beider Auswirkungen durch äußerste Vielfalt und Variation gekennzeichnet. So kann Eifersucht die Scheidung bzw. Trennung nicht nur vom Partner, sondern u.U. damit auch von dessen Angehörigen oder von gemeinsamen Kindern und Freunden zur Folge haben, zum Ausbleiben der Lubrikation beim dadurch unangenehmen bis qualvollen Geschlechtsverkehr mit dem eigenen Mann führen[114], Männer aus Angst vor eifersuchtsbedingt schlechter Behandlung impotent machen[115], Gruppenkonflikte auslösen und die Stabilität einer Dorfgemeinschaft gefährden[116], die sexuelle Lust zwischen den Partnern steigern[117], Widerstand gegen chemische und mechanische Methoden der Empfängnisverhütung bewirken (um nicht vom Mann der Untreue verdächtigt und eifersüchtig behandelt zu werden)[118] oder zum Verzicht auf eine Festteilnahme führen[119]. Deshalb sind auch *Eifersuchts*folgen allein daran erkennbar, daß sie Folgen von *Eifersuchts*reaktionen und damit von *Eifersuchts*abwägungen sind, nicht jedoch an der Art der Auswirkungen selbst.

Eifersuchtsschäden und Eifersuchtsnutzen. Eifersucht kann Folgen haben, die für die davon Betroffenen (einschließlich den Eifersüchtigen selbst) negativ sind und/oder von diesen als “unerwünscht” bewertet werden. Ein solcher Eifersuchtsschaden kann etwa «eine sich langsam einschleichende wechselseitige Vernachlässigung und eine zunehmende emotionale Distanzierung zwischen den beiden Partnern»[120] sein. Es gibt aber auch Folgen, die für die Betroffenen positiv sind und/oder von diesen als “erwünscht” bewertet werden. Beispielsweise, wenn die Eifersucht die wechselseitige Anziehung und Lust erhöhte oder wenn ein Partner aufgrund der eifersüchtigen Reaktion über sein Verhalten nachdenkt und daraus die Konsequenz zieht, zukünftig auch die Interessen des anderen mehr zu respektieren und besser zu erfüllen. Eifersucht kann also nicht nur *schädlich* (disfunktional), sondern auch *nützlich* (funktional) sein.

Erfolgreiche und erfolglose Eifersucht. Mit Eifersucht können unterschiedliche Ziele verfolgt werden (siehe S. 36f.). Deshalb lassen sich Eifersuchtsfolgen mit diesen vergleichen: Sie können, bezogen auf die jeweiligen Eifersuchtsziele und die dahinter stehenden Motive, mehr bis weniger *erfolgreich* sein. Für das Reaktionsziel Motiverfüllung und das Motiv Zuwendung sind etwa ausdauernd aggressiv-vorwurfsvolle Beschimpfungen des Partners keine besonders erfolgversprechende Reaktion. Auch das Eingehen vorher gar nicht bestehender Außenbeziehungen *aufgrund* von (unbegründeter) Eifersucht[121] ist nicht unbedingt als besonderer Erfolg von Eifersucht bewertbar. Allerdings gibt es viele Motive und Ziele, die auch unvereinbar sein können. Deshalb ist Erfolg oder Mißerfolg immer eine relative Angelegenheit (vgl. S. 76ff.).

Reversibilität der Folgen. Wichtig aus therapeutischer Sicht ist schließlich noch die mögliche Aufhaltbarkeit und Umkehrbarkeit der Folgen von Eifersucht. Wer z.B. seine Partnerin tötet, hat keine Chance mehr, seine Beziehung zu ihr weiterhin zu erhalten, sich mit ihr zu arrangieren.

Eine systematische Definition sexueller Eifersucht

Mit der Kenntnis des allgemeinen Verlaufs und der vielfältigen Ausprägungsmöglichkeiten läßt sich sexuelle Eifersucht als menschliches Phänomen einheitlich und eindeutig definieren, ohne bestimmte ihrer u.a. auch kulturspezifischen Varianten präjudizieren oder ausgrenzen zu müssen. Eine Person ist dann *sexuell eifersüchtig*, wenn sie

- erstens in einer tatsächlichen oder eingebildeten Beziehung beliebiger Art mit mindestens einer anderen Person steht,
- zweitens mit dieser Beziehung bzw. dem Partner Motive (Bedürfnisse, Begehren) verbindet, deren Erfüllung durch eine sexuelle Beziehung des Partners mit anderen als ihr selbst tatsächlich oder vermeintlich gefährdbar oder verhinderbar ist,
- drittens (ob zutreffend oder nicht) eine drohende oder realisierte sexuelle Außenbeziehung des Partners wahrnimmt und
- viertens diese wahrgenommene vermeintliche oder tatsächliche Außenbeziehung subjektiv in irgendeiner Form als bedrohlich für die Qualität oder Häufigkeit der Erfüllung wenigstens eines der eigenen Eifersuchtsmotive bewertet.

Das Ausführen weiterer Kognitionen oder zusätzlicher Empfindungen, Körperreaktionen oder Verhalten über diese Bewertung hinaus (als Eifersuchtsreaktion) ist also *keine* zwingende Voraussetzung dafür, eine Person als 'sexuell eifersüchtig' bezeichnen zu können. Allerdings ist eine Person nur dann *sexuell eifersüchtig agierend* oder *reagierend*, wenn sie, fünftens, in Reaktion auf die Bedrohlichkeitsbewertung weitere Empfindungen, Kognitionen, Körperreaktionen, Verhalten und/oder Handlungen beliebiger Art ausführt, unabhängig davon, wie emotionalisiert, bewußt usw. dies geschieht.

Sexuelle Eifersucht ist demnach die Menge aller Aktivitäten einer im spezifizierten Sinne sexuell eifersüchtigen bzw. sexuell eifersüchtig (re-)agierenden Person.

Umgekehrt ist eine Person dann *nicht sexuell eifersüchtig*, wenn sie in der gleichen Ausgangslage mit der Eifersuchtsbeziehung (bzw. dem Partner oder den Partnern) *keine* Eifersuchtsmotive verknüpft *oder* (wenn sie doch sexuelle Eifersuchtsmotive hat) eine wahrgenommene sexuelle Außenbeziehung eines Partners *nicht* als in irgendeiner Form bedrohlich für die Erfüllung, Erfüllungsqualität oder -quantität von wenigstens einem der Motive bewertet (s.a.S. 76-82).

Diese Definition läßt sich problemlos auch auf Gruppen und Institutionen (z.B. Familien, Staaten oder Kirchen; s.S. 44) übertragen, die als *eifersüchtig* gelten können, wenn sie Außenbeziehungen als bedrohlich für die Erfüllung von Eifersuchtsmotiven *ihrer Mitglieder* bewerten und entsprechend reagieren.

Fazit

Eifersucht ist kein Dämon[122], kein instinktiver oder reflexartiger Reiz-Reaktions-Mechanismus, keine Situation, nicht immer und nur ein Gefühl, nicht unbedingt eine defensive oder protektive Reaktion und auch nicht jedesmal negativ emotionalisiert. Sie entsteht durch den auf mehrere verschiedene Motive (Bedürfnisse und Begehren) zurückzuführenden Wunsch nach sexueller Treue auf der einen und die Lust auf sexuelle Außenbeziehungen auf der anderen Seite und ist eine durch diese tatsächlichen oder vermeintlichen Interessenwidersprüche zwischen Partnern bedingte und immer auch psychisch gesteuerte Reaktion. Deshalb ist Eifersucht zwar auch Ausdruck eines *personalen* Problems, zugleich aber immer genauso eines *Beziehungs*problems. Sie verläuft als zum Teil äußerst komplexer und komplizierter Prozeß, genauer gesagt als ein motivierter Reiz-Wahrnehmungs-Abwägungs-Reaktions-Ablauf mit Folgen (siehe die alle Rückkoppelungen und externen Ursachen weglassende Tabelle 3).

Tabelle 3: Der Ablauf von Eifersuchtsprozessen

Akteur/Instanz	*Aktivität*	*Resultat*
Eifersüchtige(r)	verfolgt/hat	Eifersuchtsmotive
	und formuliert für diese,	
	weil sie erfüllt werden sollen	Treuegebot
Partner(in)	hat/wird verdächtigt	Außenbeziehung
Eifersüchtige(r)/andere(r)	nimmt wahr/stellt fest	Außenbeziehung
	und diagnostiziert diese,	
	weil unerwünscht, als	Bedrohung für die Erfüllung der Eifersuchtsmotive
	und als	Bruch des Treuegebots
Eifersüchtige(r)/andere(r)	entscheidet deshalb	Eifersucht ja
	und klärt (u.U.)	Reaktionsmöglichkeiten
	und entscheidet	Eifersuchtsreaktionen
Eifersüchtige(r)/andere(r)	veranlaßt/führt aus	Eifersuchtsreaktionen
	und bewirkt damit	Gegenreaktionen
	sowie als beider Effekt	Eifersuchtsfolgen
Eifersüchtige(r)/andere(r)	beurteilt	Eifersuchtsfolgen
	und entscheidet über	Fortsetzung oder Ende des Eifersuchtsprozesses

Sexuelle Eifersucht kann in allen zwischenmenschlichen Beziehungen auftreten und durch jegliche Art körperlicher und/oder psychischer sexueller Beziehungen mit anderen Personen als mit dem/der Eifersüchtigen selbst ausgelöst werden. Entscheidend ist nur, daß die Außenbeziehung als Bedrohung für die Erfüllung eigener Motive wahrgenommen und bewertet wird. Die wichtigsten dieser durch ein sexuelles Treuegebot auf den Partner bezogenen Eifersuchtsmotive sind die Wünsche nach Erhalt der Beziehung, nach Einzigartikeit, direkter Zuwendung, positivem Selbst- und Sozialwert, Gebrauchtwerden, körperlicher und psychischer Unversehrtheit, Gleichbehandlung und Machtausübung. Es gibt keine charakteristischen ("typischen") Eifersuchtsreaktionen und dementsprechend auch keine einzigartigen Eifersuchtsfolgen: Beide sind nur daran erkennbar, daß sie durch eine tatsächliche oder vermeintliche Bedrohung von Eifersuchtsmotiven durch eine sexuelle Außenbeziehung ausgelöst wurden.

Ursachen: Warum werden wir eifersüchtig?

Wie alles in der Realität ist auch Eifersucht durch irgendetwas verursacht. Immer wenn jemand eifersüchtig wird, muß es also auch *Faktoren* gegeben haben, die über *Wirkungen* den *Effekt* Eifersucht herbeigeführt haben. Da diese *Verursachung* immer gilt, können wir (wenigstens prinzipiell) für jede einzelne Phase im Eifersuchtsprozeß zurückverfolgen, welche Faktoren sie bewirkt haben, welche Faktoren ihrerseits diese Faktoren verursachten usw.; wir können umgekehrt auch betrachten, welche *Folgen* ein bestimmter Zustand wie z.B. ein Eifersuchtsreiz hat; und wir können klären, welche Faktoren und Wirkungen *erforderlich* sind, um z.B. den Effekt "bewältigte Eifersucht" zu erzielen (siehe dazu das zweite bis vierte Kapitel).

Das Netz der Eifersuchtsursachen

Warum also werden Menschen eifersüchtig? Weil sie eine Außenbeziehung ihres Partners wahrnehmen und diese als Bedrohung für die Erfüllung eigener Motive bewerten. Die *direkten* Ursachen von Eifersucht sind mit der Erörterung ihres Ablaufs bereits vollständig erfaßt (siehe dort). Warum aber bewertet eine Person einen Flirt, eine Affäre oder eine Liebschaft ihres Partners mit einer anderen Person als "bedrohlich" und damit "unerwünscht"? Um die Integrität der Gesellschaft zu sichern[123]. Weil sie betrunken ist[124]. Weil sie einen «argwöhnischen und falschen Charakter» hat[125]. Weil sie wegen des Ödipuskomplexes bereits als Kind eifersüchtig war[126]. Weil sie alkoholabhängig ist[127]. Weil sie ein geringes Selbstbewußtsein/ Selbstwertgefühl hat[128]. Weil sie eine traditionelle Auffassung der Geschlechterrollen hat[129]. Weil sie Besitzansprüche an ihren Partner stellt[130]. Weil sie die eigenen Antriebe zur Untreue auf den Partner projiziert, dem sie treu zu sein hat[131]. Weil sie auf dem Land lebt und keine Kinder hat[132]. Weil sie Angst vor übernatürlichen Sanktionen für sich selbst und ihr ganzes Dorf hat[133]. Weil Eifersucht allgemein als angemessene Antwort auf Untreue angesehen wird[134]. Weil Eifersucht angeboren ist[135]. Weil unsere kulturellen Normen Eifersucht rechtfertigen, "Betrogene" zum "Hahnrei" machen und Verbrechen aus Leidenschaft entschuldigen[136]. Weil Eifersucht zwingend für die erfolgreiche Selektion von Männern ist[137]. Es gibt noch viele andere Faktoren, die Forscher entdeckt haben und die für das Auftreten von Eifersucht mit verantwortlich sind bzw. sein sollen.

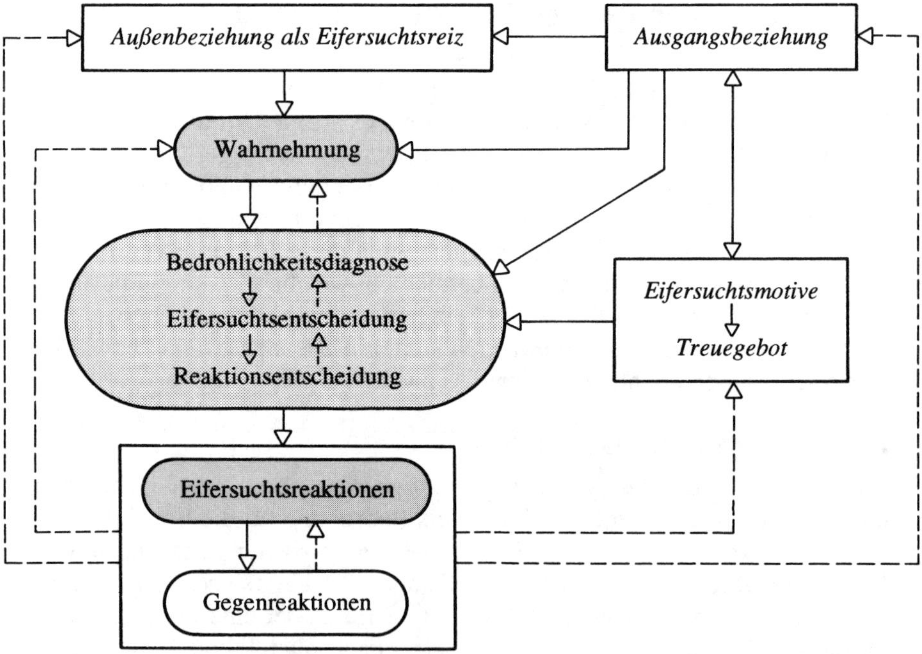

Abb. 4: Die Bedingungen und Voraussetzungen von Eifersucht

Die unergründbare Tiefe der Verursachung. Die eben angedeutete Vielfalt von Gründen, die für Eifersucht angegeben werden, sind nicht nur eine Folge der Vielfalt unterschiedlicher Herangehens- oder Betrachtungsweisen. Sie dokumentieren vielmehr die durchgängig komplizierte und komplexe *Vernetzung* der Ursachen, Folgen bzw. Erfordernisse sexueller Eifersucht. Eine solche Vernetzung wird beispielsweise in der Eifersuchts-Untreue-Kollusion erkennbar (siehe S. 45): Wenn wir dort etwa die Ursachen der Autonomiebestrebungen und der Trennungsängste weiterverfolgten, fänden wir immer *indirektere/mittelbarere* Ursachen der Eifersucht. Theoretisch ließe sich auch die Entstehung von Eifersucht in einer lückenlosen Verursachungskette sogar bis zu den Anfängen der Welt zurückverfolgen. Es gibt also ein viel zu großes Ursachennetz mit einer viel zu großen "Tiefe". Um dieses hantieren zu können, ist es unumgänglich, es zu strukturieren. Ich unterscheide dafür drei Ursachen- bzw. Erfordernisbereiche: die *Bedingungen*, die *Voraussetzungen* und den *Kontext*, in dem beide auftreten (siehe unten und Abb. 5, S. 56).

Verursachungstiefe hat aber noch einen weiteren, internen Aspekt: Wenn ich aus Eifersucht wütend werde, dann geschieht dies u.a. durch psychische Vorgänge, die ihrerseits auf biochemischen Prozessen in meinem Gehirn basieren. Diese zweite Tiefendimension der Verursachung entsteht durch die Strukturierung der Realität in zwar unterschiedliche, aber verknüpfte *Ebenen*: die physische, die chemische, die biochemische, die biotische, die biokulturelle und die kulturelle. Auch die müßten wir bei einer vollständigen Erklärung alle mit betrachten.

Weder das Netz der externen noch die Ebenen der internen Verursachung sind von uns aber auch nur annähernd ergründbar, geschweige denn hantierbar. Wir stecken also in einem Dilemma: Wir dürfen uns einerseits nicht nur auf die direkten Faktoren und nur auf eine der Wirklichkeitsebenen beschränken, wenn wir fundierte Erklärungen für Eifersucht gewinnen wollen, können aber andererseits aufgrund fehlender Kenntnisse in weiten Bereichen (z.B. der Neurophysiologie), aber auch aus rein arbeits- und denkpraktischen Gründen, diesem Anspruch gar nicht gerecht werden. Ich kann beispielsweise die zweite Tiefendimension nicht berücksichtigen, werde Eifersucht diesbezüglich also nur "phänomenologisch" (in einem engeren Sinne) betrachten und nicht bis in die verschiedenen Realitätsebenen (z.B. die biochemische) hinein verfolgen. Ein gravierendes, aber derzeit nicht aufzuhebendes Defizit.

Die direkteren Ursachen oder die Voraussetzungen und Bedingungen von Eifersucht. Wer eifersüchtig reagiert, muß Eifersuchts- und Reaktionsentscheidungen getroffen haben. Und dazu muß er eine Außenbeziehung wahrgenommen und als bedrohlich für die Erfüllung eigener Motive bewertet haben. Und dazu wiederum muß er Eifersuchtsmotive haben und einen Partner, der Außenbeziehungen eingehen kann. Bei der Erörterung ihres Verlaufs haben wir die *direkteren* der Ursachen von Eifersucht also bereits ausführlicher kennengelernt: Ihre *Bedingungen* sind Eifersuchtswahrnehmungen, Eifersuchtsabwägungen und Eifersuchtsreaktionen. Und ihre *Voraussetzungen* sind Eifersuchtsreize, Eifersuchtsmotive und eine Eifersuchtssituation (siehe zu Einzelheiten S. 15-51 und zusammenfassend Abb. 4, S. 52).

Die indirekteren Ursachen oder der Kontext von Eifersucht. Mit der Kenntnis ihrer Voraussetzungen und Bedingungen können wir Eifersucht nur "oberflächlich" erklären. Um mehr Erklärungstiefe zu erreichen, müssen wir beispielsweise wissen, warum Menschen mit ihren Beziehungen die genannten Eifersuchtsmotive verknüpfen, warum sie sexuelle Außenbeziehungen als bedrohlich für deren Erfüllung bewerten oder warum sie sich von Untreue so häufig und dabei oft so heftig emotionalisieren lassen. Und dazu müssen wir klären, was alles in eifersuchtsrelevanter Weise auf die Eifersuchtsbedingungen und/oder Eifersuchtsvoraussetzungen einwirkt; wir müssen also die *indirekteren* Ursachen bzw. Erfordernisse von Eifersucht kennen.

Nun muß Eifersucht eingebunden sein in das differenzierte Gefüge der Verursachung aller Aspekte menschlicher Existenz. Zum *Eifersuchtskontext* gehören deshalb neben den Kenntnissen, Einstellungen und Empfindungen der Eifersüchtigen beispielsweise auch die Eigenschaften ihrer verschiedenen Umwelten. Mehrere grundlegende Faktorenarten und Verursachungsstränge sind dabei nicht nur für Eifersucht von besonderer Bedeutung (siehe Abb. 5, S. 56):[138]

- Erstens die Eigenschaften und damit die Geschichte unserer Spezies Homo sapiens sapiens (die *Phylogenese*), die durch die Weitergabe von Erbinformation in Form der DNA auf uns einwirken.
- Zweitens die sozialen Umwelten, d.h. die *Familien*, *Gruppen* und *Ge sellschaften*, in denen wir aufwachsen und leben, und deren Geschichten (die *Soziogenesen*). Diese bestimmen durch die Schaffung und Vermittlung von Kenntnissen, Einstellungen, Gewohnheiten, Fertigkeiten und Artefakten (durch ihre *Kultur*) unsere Persönlichkeit und unsere sozialen Beziehungen mit, also z.B. unsere Ehevorstellungen, unsere Sexualmoral oder unsere Verhütungstechniken und -mittel.
- Drittens unsere eigenen Lebensgeschichten (die *Ontogenesen*), in denen

die genetisch ererbten und soziokulturell erlernten Informationen und sonstigen Vorgaben mit dem Erfahrenen und Erlebten zu einem jeweils personenspezifischen oder individuellen Muster zusammengefügt werden, welches dann auch unsere Eifersucht mit bewirkt.

– Viertens die *Partnerschaften* oder anderen Arten von zwischenmenschlichen *Beziehungen*, in denen wir leben und in denen unsere Eifersucht stattfindet, die mit ihren Geschichten (den *Beziehungsgenesen*) ebenfalls zum Eifersuchtskontext gehören.

Wir haben es also auch bei Eifersucht immer mit *biotischen und kulturellen* Faktoren zu tun, die in allen Bereichen (Familie, Gesellschaft, Partnerschaft, Person) mehr oder weniger eng miteinander verknüpft sind.

Auch Eifersuchtsfolgen können Eifersuchtsursachen sein. Zu den indirekteren Faktoren, die auf das Auftreten und die Ausprägungen von Eifersucht wirken, gehören schließlich auch ihre Folgen. Auch dabei sind die jeweiligen kulturellen Gegebenheiten von besonderer Bedeutung. So müssen Eifersüchtige in manchen Ethnien damit rechnen, ausgelacht zu werden. Etwa bei den Timbira im brasilianischen Sertao, wo ein junger Mann, der seine Eifersucht zeigt, als "armselig" und "lächerlich" gilt[139]. In anderen Gesellschaften machen sich aber umgekehrt die zum Gespött, die *nicht* offen eifersüchtig reagieren. Beispielsweise in Griechenland, wo zwar eine Frau die Untreue ihres Ehemanns tolerieren darf (bzw. muß), ein Mann aber im umgekehrten Fall als "unmännlich" verspottet wird, wenn er seine so gefährdete Ehre nicht wieder herstellt - nach traditioneller Moral durch die Tötung der Frau[140]. Solche in der jeweiligen Kultur bekannten oder selbst bzw. bei anderen erlebten und damit vorhersehbaren Folgen von Eifersucht wirken sich auf die Abwägungen und Reaktionen aus und gehören damit ebenfalls zu den Eifersuchtsursachen (s. Abb. 5, S. 56).

Die allgemeinen Verursachungsmechanismen im Eifersuchtskontext

Die Wirkungszusammenhänge im direkteren Verursachungsbereich sexueller Eifersucht sind bei der Erörterung ihres Ablaufs ausführlicher behandelt worden (s.S. 15-51). Wie aber verläuft die Verursachung im Bereich der indirekteren Faktoren und Wirkungen? (Es geht hier nur um die *allgemeinen* Mechanismen, nicht um die konkreten Faktoren und Wirkungen, die eifersuchtsfördernd oder eifersuchtshemmend wirken [können]; siehe zu diesen das dritte und vierte Kapitel.)

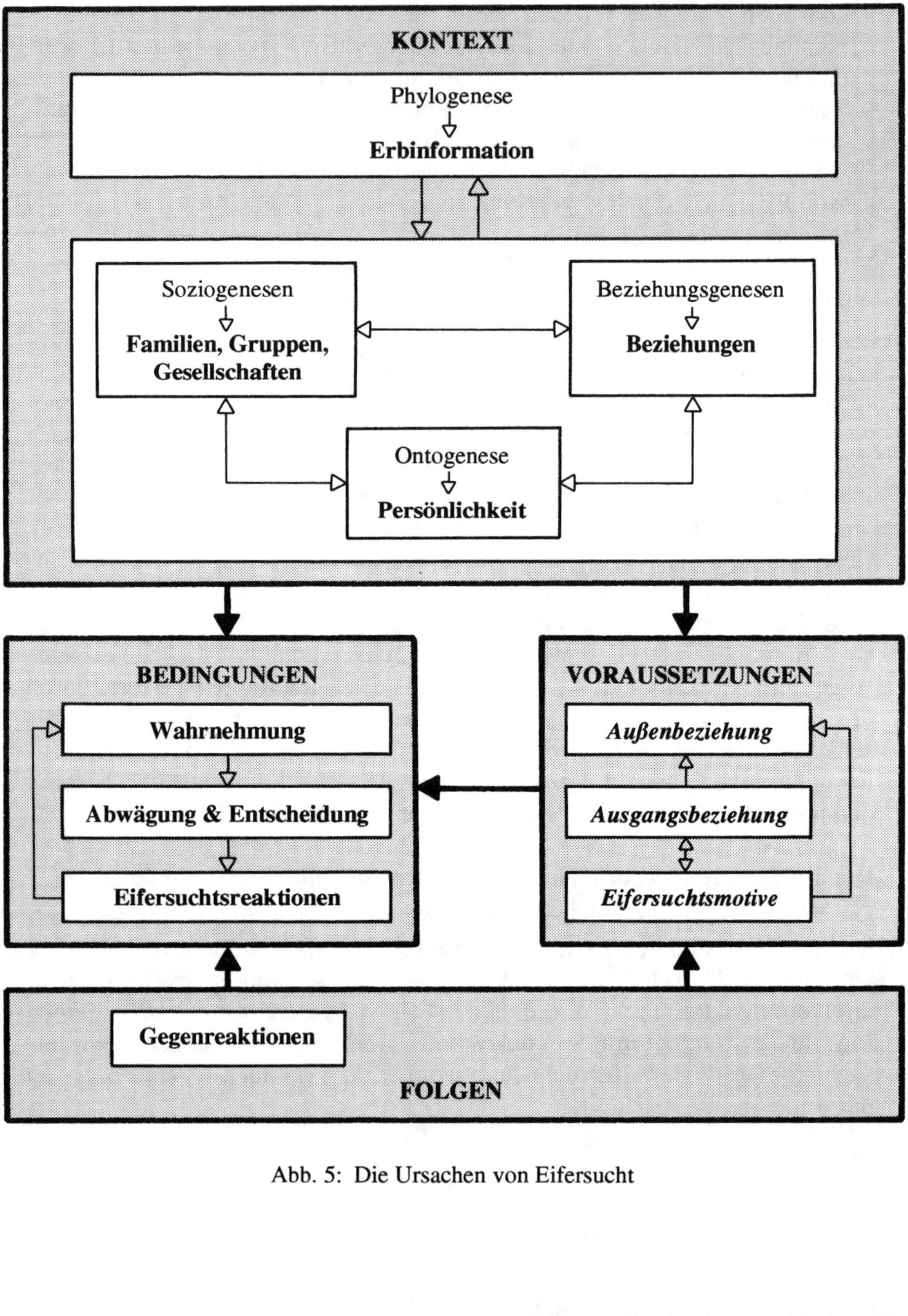

Abb. 5: Die Ursachen von Eifersucht

Unsere stammesgeschichtliche Mitgift. Wir verdanken unsere individuelle Existenz der Fortpflanzung und damit der Weitergabe von Erbinformationen, die z.B. Wachstum und Lernen ermöglichen. Diese Erbanlagen, die über neuronale und hormonale Mechanismen unsere kognitiven, affektiven, somatischen und Verhaltensaktivitäten beeinflussen, sind ein Produkt unserer Stammesgeschichte. Sie repräsentieren die evolutionär erfolgreichen Genotypen der Menschen, die ihr persönliches Überleben und die Weitergabe ihrer Gene durch eigene und/oder verwandte Kinder maximieren konnten.

So wird in der neueren Evolutionsforschung, insbesondere von Soziobiologen, davon ausgegangen, daß erfolgreiche Selektion nicht nur auf der Populations-, sondern genauso oder sogar vor allem auf der personalen Ebene stattfindet, daß es also auch um die individuelle genetische Fitness-Maximierung geht. Damit bekommt die Paar- bzw. familiäre Beziehung, die für die beim Menschen extrem ausgedehnte Nachwuchsfürsorge wichtig ist, eine neue Wertigkeit. Denn um mit möglichst vielen Genen in der nächsten Generation vertreten und damit phylogenetisch erfolgreich zu sein, sei es für Männer adaptiv, eifersüchtig auf die sexuelle Treue ihrer Partnerin zu pochen. Tun sie dies nicht und wird die Frau durch einen genetischen Rivalen schwanger, haben Männer für die Zeit der Schwangerschaft keine und während der Stillzeit nur eine eingeschränkte Chance, direkt den Weiterbestand ihrer Gene zu fördern. Für Frauen sei die Situation etwas anders, weil sie ihre Gene mit jeder Geburt eigener Kinder weitergeben. Für sie komme es deshalb mehr auf die Sicherheit der Versorgung und der Erziehung der Kinder an. Deshalb sei sexuelle Eifersucht für Männer adaptiv wichtiger gewesen als für Frauen.[141]

Wir müssen danach damit rechnen, daß sich im Verlauf der Stammesgeschichte sexuell eifersüchtige Männer und auf Fürsorge eifersüchtige Frauen erfolgreicher durchgesetzt haben als andere und daß wir daher, aufgrund des nur langsamen Wandels der Erbinformation, eine eher "eifersuchtsfreundliche" Genausstattung ererbt haben, die Eifersucht eben selbst dann noch bewirkt, wenn sie aufgrund veränderter Beziehungsgewohnheiten oder neuer Fortpflanzungsstrategien und Möglichkeiten der Nachwuchsfürsorge nicht mehr unbedingt erforderlich ist. Allerdings: «Der Nachweis für die weite Verbreitung sexueller Eifersucht stammt aus der Ethnografie, nicht der Evolutionsbiologie. Und deshalb wäre es auch falsch anzunehmen, daß ein wütender, zum Hahnrei gemachter Ehemann sich nur über die Sündhaftigkeit seiner Frau ärgert, weil es ihm eigentlich um das Überleben seiner Gene geht. Tatsächlich trifft eher das Gegenteil zu: Sexuelle Eifersucht ist real, diese Eifersucht mag den reproduktiven Erfolg beeinflussen oder sie mag es nicht, und wie Selektion in vergangenen Zeiten vonstatten ging, ist noch mutmaßlicher»[142].

Doch ganz unabhängig von eventuell eifersuchtsspezifischen, d.h. gezielt auf das Mißbilligen sexueller Außenbeziehungen bezogenen Geninformationen: Es gibt eine Reihe spezies-universaler genetischer Vorgaben, die mindestens indirekt und allgemein, also auch für nichtsexuelle Varianten eifersuchtsfördernd sind[143]. Hierzu gehören vor allem egoistische, d.h. primär auf die Befriedigung eigener Bedürfnisse und Begehren gerichtete Tendenzen; das Erfordernis sozialer und kultureller Sicherheit und Verläßlichkeit; Rivalität und Territorialität als beider Folge; die einstellungs- und verhaltensrelevanten genetischen und hormonalen Unterschiede zwischen den Geschlechtern; das aufwendige Sorgenmüssen um den Nachwuchs (Parentalismus) und das Lehren und Trainieren der Kinder (Familialismus); eine ausgeprägte Neugier, Lust auf Spielerisches, Neues und auch Gefährliches; eine im direkten persönlichen Kontakt gut funktionierende Tötungshemmung; für Sexualität und zwischenmenschliche Beziehungen relevante sowie andere generell wirksame Vorgaben. Allerdings müssen wir beachten, daß wir uns zwar von solchen auf Speziesebene eher einheitlichen Erbanlagen nicht völlig emanzipieren können, daß diese aber auch alles andere als starre Verhaltensprogramme sind: «Menschliches Verhalten ist stammesgeschichtlich kanalisiert, aber nicht detailgesteuert»[144], denn «Gene determinieren grundsätzlich nicht, sondern definieren nur die Grenzen der Verhaltensplastizität»[145].

Deshalb ist es auch, solange erstens genauere Kenntnisse fehlen ("eifersüchtige" Gene sind nicht identifiziert[146]) und es zweitens keine konkreten Eingriffs- und Veränderungsmöglichkeiten ins Erbgut gibt (abgesehen von den moralischen Problemen solcher Manipulationen), weit mehr von akademischem als von lebenspraktischem Interesse, sich mit den möglichen phylogenetischen Ursachen sexueller Eifersucht zu beschäftigen. Wir müssen zwar im Blickfeld behalten, daß es (phylo-)genetische Faktoren gibt, die unseren Denk- und Handlungsspielraum eingrenzen, wissen aber nicht genau, um welche es sich im Detail handelt und wie sie im einzelnen wirken. Wie die kulturelle Vielfalt beweist, haben wir innerhalb dieses genbedingten Spielraums jedoch immer noch ausreichend viele Variationsmöglichkeiten und damit auch Bewältigungschancen für sexuelle Eifersucht. Wir können uns deshalb nicht auf irgendwelche Erbanlagen herausreden, wenn wir z.B. aggressiv gewalttätige Eifersuchtsreaktionen zu rechtfertigen versuchen.

Der Einfluß der sozialen Kulturen. Die Phylogenese und der Mechanismus der Weitergabe von Erbinformation erklären unsere grundsätzliche Fähigkeit zu Kognitionen, Verhalten, Affekten, Kommunikation, Sozialbeziehungen, Emotionalisierung usw. sowie deren prinzipielle Grenzen. Sie können erklären, warum Menschen Bindungen mit anderen Menschen suchen, eingehen und erhalten möchten, sie können vielleicht gewisse pauschale Anhaltspunkte dafür geben, warum sie für diese Beziehungen sexuelle Exklusivität anstreben, und sie sind wohl auch für die anderen Eifersuchtsmotive entscheidend verantwortlich. Was aber die Erfüllung dieser vermutlich universalen Motive bedrohen kann, was Eifersucht im Einzelfall auslöst, warum von wem wie zu reagieren ist - all das muß aufgrund der außerordentlichen kulturellen Vielfalt in allen Dimensionen sexueller Eifersucht innerhalb des genetischen Spielraums erlernt sein. Also ist *Kultur* (die Menge des Gelernten und Erfundenen, des nicht Ererbten), sind vor allem die Kulturen der uns erziehenden und in die jeweiligen Traditionen einführenden und einfügenden gemeinschaftlichen Mitwelten der Familien, Gruppen oder Gesellschaften (die *sozialen* Kulturen) wichtige indirekte Eifersuchtsursachen.

Ein Beispiel: Wer eifersüchtig wird, weil seine Partnerin nur ein einziges Mal mit einem anderen schläft, nicht jedoch (oder wenigstens nicht so sehr), wenn sie über einen langen Zeitraum und auf intensive Weise mit der gleichen Person zusammenarbeitet, der muß sexuelle und Arbeitsbeziehungen ganz unterschiedlich bewerten. Und dazu muß er Sexualität als etwas Außergewöhnliches oder Besonderes ansehen und praktizieren. Beides ist nicht nur in unserem christlich-abendländischen Kulturbereich der Fall: Global auffallend und im Vergleich mit anderen Lebewesen ungewöhnlich ist die kulturspezifische und oft extreme *Sonderbehandlung* der menschlichen Sexualität. «Sexualität wird als etwas 'Merkwürdiges' betrachtet, und in diesem Zusammenhang ggf. als: Unheimlich bzw. 'dämonisch', lächerlich, irrational, wegen ihrer Assoziierung mit Ausscheidungsorganen peinlich, wegen ihrer fehlenden materiellen Produktivität als sozial unnützes Privatvergnügen zwischen den Polen 'harmlos' und 'schädlich', im Zusammenhang von Familien und Verwandtschaftssystemen als potentiell gefährlich und deshalb zu bändigen»[147]. Zu den eifersuchtsfördernden Folgen dieser besonderen Bewertungen gehören die verbreitete *Individualisierung*, *Moralisierung* und *Diskretion* unseres immer durch soziale Kulturnormen geregelten Sexuallebens: «Dies ist, mehr oder weniger akzentuiert, in jeder menschlichen Sozietät der Fall. Im Extrem geht es bis zur Gleichsetzung von 'Moral', mit 'Sexualmoral' oder von 'sittlich' mit 'im Sexualverhalten unauffällig'. Kombiniert mit der Individualisierung von Sexualität führt es zu sexuellem Schamgefühl und zum Vollzug der Kopulation in einer gewöhnlich auf zwei Sexualpartner beschränkten Intimsphäre»[148]. Diese verbreitete und in ihren Details immer kulturell bestimmte Sonderbewertung und Sonderbehandlung des Sexuellen ist für sexuelle Eifersucht förderlich, weil sie beispielsweise vielfach zu einem Verbot sexueller Außenbeziehungen führt oder weil sie dazu verleiten kann, die tatsächlichen Bedrohungen durch Sex und/oder Liebe im Vergleich zu anderen Bedrohungen unrealistisch und oft völlig übertrieben zu bewerten.

Kultur bzw. die verschiedenen sozialen Kulturen beeinflussen Eifersucht über zwei Ebenen, die nicht übereinstimmen müssen: über die Vermittlung der eifersuchtsrelevanten kulturellen Theorien (z.B. Ideal der lebenslangen Monogamie oder Ächtung von Gewalt) und das Vormachen der einschlägigen kulturellen Praxen (z.B. Scheidungen, mehrfache Ehen nacheinander und Fremdgehen oder gewalttätige Eifersuchtsreaktionen). Zur *kulturellen Theorie*, die uns in weiten Bereichen weder bekannt noch bewußt ist, die aber vielfach auch ganz gezielt unausgesprochen bleibt[149], gehören die kognitiven Teile von Kultur, also die vorhandenen Kenntnisse und Einstellungen, d.h. das Wissen (Kenntnisse über Sachverhalte wie Beziehungen, Treue, Untreue und Eifersucht) und Können (Kenntnisse über Aktivitäten wie Eifersuchtsreaktionen oder auch Eifersuchtsbewältigung) sowie die Bewertungen, Normen/Vorschriften und Sanktionsvorstellungen (z.B. von bzw. für Außenbeziehungen oder Eifersucht). Und die *kulturelle Praxis* bilden die durch diese kulturellen Theorien bewirkten Verhaltensweisen und Handlungen mit allen ihren direkten (und zum Teil auch indirekten) Folgen. Die Einwirkung dieser - global betrachtet - durch außerordentliche Vielfalt und Dynamik gekennzeichneten Kultur ist allerdings wegen der Mitwirkung der anderen Faktorenarten nicht einheitlich. Sie geschieht durch die vielfältigen Mechanismen der immer lebenslangen Sozialisation und Enkulturation, inklusive der durch diese ausgelösten individuellen Veränderungen und Neuerungen.

Für Eifersucht besonders förderlich respektive hinderlich sind naheliegenderweise die Theorien und Praxen, die sich auf Sexualität, auf Beziehungen, auf diese überschreitende sexuelle Außenbeziehungen sowie auf Eifersucht selbst beziehen. «Von frühester Kindheit an sind Kinder gewalttätigen Streitigkeiten ihrer Eltern ausgesetzt. Sie hören, wie ihrer Mutter Tugend in Frage gestellt wird und sehen ihren Vater sie deshalb schlagen»[150]. Wie bei den Blackfoot in den nördlichen Plains (USA) haben Kinder auch in anderen Teilen der Welt oft sogar schreckliche Eifersuchtsszenarien erlebt, bis sie erwachsen sind und selbst sexuell eifersüchtig werden können. Über diesen und andere Wege erfahren wir bzw. bekommen wir von den Trägern oder Vertretern der sozialen Kultur(en) vorgemacht, wann wir auf welche Weise eifersüchtig zu reagieren haben und wann nicht, was passiert, wenn wir uns anders verhalten (also z.B. versöhnlich statt beleidigt oder bestrafend), wer Schuld an unserer Eifersucht ist (z.B. wir selbst, der Partner und/oder der Rivale), wie wir die Folgen der Eifersuchtsreaktionen überwinden können usw. Also insgesamt: was *zugelassen* (erwartet, geboten, erlaubt, geduldet, ertragen etc.) bzw. *nicht zugelassen* ist, welche *Sanktionen* (Strafen bzw. Belohnungen) angedroht werden, wie tatsächlich *sanktioniert* wird (denn Sanktionsandrohung und Sanktionierung stimmen ja oft nicht überein) und was zu tun ist (auch affektiv).

Die Wichtigkeit der Person und der Persönlichkeit. Trotz der speziesspezifischen Gemeinsamkeiten unserer menschlichen Erbinformation: Es gibt außer bei eineiigen Zwillingen keine zwei Personen, deren individuelle genetische Codes auch nur annähernd übereinstimmten. Die Folge dieser individual-genetischen Unterschiede sind angeborene neuronale, hormonale, somatische und damit auch psychische Unterschiede. Außerdem wachsen Menschen selbst innerhalb einer Gesellschaft in mehr oder weniger ungleichen Verhältnissen auf. Dazu tragen nicht nur die Eltern (die sogar Zwillinge nicht gleich behandeln) bei, sondern auch Nachbarn, Verwandte, Lehrer, Ausbilder und andere, die alle ihre Eigenheiten und Besonderheiten haben und vormachend oder lehrend weitergeben. Diese zwar in vielerlei Hinsicht übereinstimmenden, aber immer *auch* personen- und situationsspezifischen Einflüsse führen in Verbindung mit den jeweils besonderen eigenen Erlebnissen und Erfahrungen zu einer (externer Beeinflussung oft nur schwer zugänglichen) individuellen Nutzung des genetischen Potentials sowie zur auch von Anpassungen und Absonderungen bestimmten Auswahl und Veränderung des kulturell von außen Vorgegebenen und damit insgesamt zu einer ganz individuellen Entwicklung in der Ontogenese.

Deren eines Ergebnis ist eine durch die individuellen wie gemeinschaftlichen Erfahrungen z.B. mit den Eltern, in der Verwandtschaft, während der Schulzeit und Ausbildung, im Berufsleben oder als Rentner geprägte und deshalb immer auch dynamische individuelle *Persönlichkeit.* Zu dieser gehören neben den übernommenen und veränderten kulturellen Anteilen (z.B. Lebensleitlinien, Weltanschauungen, Partnerorientierung, Geschlechterrollenverständnis, Sexualmoral) auch biokulturelle Eigenschaften (z.B. Talente, Temperamente, Reaktionsstile) und biotische Elemente (z.B. körperliche Belastbarkeit). Und sie ist sehr einflußreich, denn nicht das Ereignis bestimmt beispielsweise die Reaktionsweisen, sondern der persönliche Reaktionsstil[151]. Auch deshalb unterscheiden sich *Eifersuchts*reaktionen nicht von Reaktionen, die durch ganz andere, aber ähnlich erlebte Reize ausgelöst wurden (siehe "Gewaltfamilien").

Ein anderes Ergebnis ist die für unseren eigenen Erfahrungsbereich meist anerkannte, für andere Gesellschaften und dabei vor allem für zahlenmäßig kleinere Ethnien jedoch oft verleugnete oder übersehene *extreme Individualität* der Menschen[152]. Was Menschen einer Gesellschaft oder Gruppe verbindet, ist deshalb immer nur eine bestimmte Menge an *geteilter* Kultur (ein *Kulturkern*), aber nirgends eine auch nur annähernd personenübergreifende Identität der Persönlichkeiten. Das gilt für alle Bereiche, d.h. auch für sexuelle und andere Arten von Eifersucht. Deshalb ist selbst in Ethnien wie den nordamerikanischen Apache, die insgesamt als "eifersüchtig" gelten[153], Eifersucht weitgehend personenspezifisch: «Ein Mann oder eine Frau, die von der Untreue ihres Gatten erfahren, reagieren entsprechend ihres Charakters und ihrer Empfindungen entweder völlig aufgebend und den Gatten auffordernd, ihren/seinen Weg zu gehen, oder hoffnungsvoll versuchend, sie/ihn zurückzugewinnen»[154]. Und deshalb kommen z.B. außereheliche sexuelle Beziehungen (einer der möglichen Auslöser für Eifersucht) sogar in solchen Ethnien wenigstens gelegentlich vor, die diese als "ehebrecherisch" verurteilen und schwer bestrafen[155]. Und selbst dort, wo von "Betrogenen" harte und folgenschwere Reaktionen erwartet werden, gibt es immer Menschen, die eher auf Verzeihen und Versöhnung, d.h. auf Erfüllung z.B. des Bestandsmotivs, als auf Rache oder Bestrafung aus sind, die die Erfüllung der allgemein geforderten Reaktionen und damit die Befriedigung des Sozialwertmotivs bedeutete.

In der Konsequenz heißt das: Die soziale Kultur ist für das Auftreten und den Ablauf sexueller Eifersucht zwar wichtig (sogar sehr wichtig), aber "nur" indirekt. Der direkteste Faktor ist der eifersuchtsrelevante Teil der jeweiligen Persönlichkeit der (potentiell) Eifersüchtigen, die *Eifersuchtspersönlichkeit*. Und diese kann mit soziokulturellen Vorgaben übereinstimmen, muß es aber nicht und wird es niemals völlig - unabhängig von der Zahl, Konkurrenz und Verschiedenartigkeit der alternativen sozialen Kulturen, die uns umgeben.

Der Einfluß der Beziehungen. Auch die Freunde, Geliebten, Lebenspartner oder Gatten, die uns mit ihrer Außenbeziehung eifersüchtig machen, gehören zu den unsere (Eifersuchts-)Kultur und (Eifersuchts-)Persönlichkeit laufend beeinflussenden und verändernden Personen. Und wie die anderen externen Faktoren wirken unsere Partner und unsere Beziehungen zu diesen über die (hier oft interaktiv) vermittelte Lebenstheorie und die vor- bzw. hier auch mitgemachte Lebenspraxis. Ein solcher Weg, über den die Beziehungen auf das Auftreten(können) und den Verlauf von Eifersucht Einfluß nehmen, ist die Qualität der Beziehung, sind also beispielsweise einseitige wirtschaftliche und andere Abhängigkeiten (s.S. 152f.). Oder es ist der Grad der wechselseitigen Erfüllung nicht nur der Eifersuchtsmotive: Auf die an Verheiratete gestellte Frage «Würden Sie sagen, daß Sie in Ihrer Ehe in sexueller Hinsicht ein ausgeglichenes Leben führen?» antworteten 1963 16% der Männer und 29% der Frauen mit «nein» oder «unentschieden», 1986 waren es 28% bzw. 33%[156]. Auch «wechselseitige Entwertungen, welche über Jahre geschluckt und nicht zurückgewiesen werden, spielen in der Entwicklung von Eifersuchtskonflikten eine wichtige Rolle»[157]. Eifersuchtsrelevant sind außerdem z.B. die Offenheit, mit der die Partnerschaft gelebt werden kann und gelebt wird, die Anerkennung, Beachtung und Unterstützung von außen, die Einbindung in soziale Netze und natürlich die Dauer und Art der Beziehung (z.B. homo- oder heterosexuelle Affäre, Lebensgemeinschaft, Ehe, Partnerschaft, Außenbeziehung [als Ausgangsbeziehung für Eifersucht] usw.).

Solche Beziehungsmerkmale und -zustände wirken in vielfacher Weise z.B. auf unsere Eifersuchts- und Reaktionsentscheidungen. Beispielsweise können sie es einerseits als ratsam erscheinen lassen, die Eifersucht nicht allzu heftig zu zeigen, um die Erfüllung wichtigerer Begehren als den Wunsch nach sexueller Treue nicht zu gefährden; sie können aber aus der gleichen Überlegung heraus auch zu einem Verzicht auf sexuelle Außenbeziehungen und damit den Anlaß für Eifersucht führen.

Die Spezifizierung durch die Situation. Wir wechseln im Lauf der Jahre unsere Bezugspersonen (z.B. von den Eltern zum Partner), Beziehungen erleben bessere und schlechtere Zeiten und auch die Persönlichkeit ist nur ein allgemeiner Rahmen, innerhalb dessen Menschen durchaus Variationsmöglichkeiten haben. So sind etwa aus dem oft ja auch diffusen und sogar widersprüchlichen Gesamtfundus unserer Bedürfnisse und Begehren niemals alle gleichzeitig aktiviert, sondern nur die Motivationen. Außerdem sind wir nicht immer in gleich guter (bzw. schlechter) körperlicher und psychischer Verfassung. Das kann z.B. damit zusammenhängen, ob wir selbst gerade heftig und erfolgreich anbandeln oder ob wir mangels eigener Möglichkeiten gezwungen sind, "dumm dabeizustehen" und dem Partner bei seinen Flirts oder Flirtspielen zuzusehen. Aber auch berufliche Belastungen, Alkohol- oder anderer Drogenkonsum, Sorgen um die Kinder oder andere Angehörige, falsche Ernährung, Erkrankungen, erzwungenes Getrenntsein (z.B. wegen Haft, auswärtiger Arbeit oder Krieg), finanzielle Nöte, mangelnde körperliche Fitness, noch nicht befriedigend geklärte (nichtsexuelle) Unstimmigkeiten mit dem Partner, eine durchwachte Nacht oder andere Faktoren spielen hier eine entscheidende Rolle. Selbst von einer in Sachen sexuelle Außenbeziehungen relativ eindeutig liberalen und dabei normalerweise konsequenten Persönlichkeit und in einer klar geregelten und gefestigten Beziehung kann deshalb nicht immer mit einem einheitlichen Denken, Empfinden und Verhalten in allen Eifersuchtssituationen gerechnet werden. Zu der extremen Individualität der Persönlichkeit kommt also immer auch noch die oft ähnlich extreme Eigenart der Situation. Daher nimmt z.B. die Eifersucht zwischen Geschwistern mit den Jahren einfach auch deshalb ab, weil die Beziehung zu den Eltern an Bedeutung verliert und durch andere ersetzt wird[158].

Fazit

Die gleiche Art und Intensität von Liebelei führt bei verschiedenen Personen in unterschiedlichen Gesellschaften, aber auch innerhalb des gleichen soziokulturellen Systems, ja selbst in unterschiedlichen Lebenssituationen einer Person, zu oft völlig divergierenden Abwägungen und Reaktionen, sogar noch nicht einmal immer zu *Eifersuchts*reaktionen. Das ist, wenn wir uns das komplexe und komplizierte Netz der Eifersuchtsursachen und darin z.B. nur die Vielfalt der Eifersuchtsmotive vor Augen führen (die übrigens nicht nur in ethnografischen Beschreibungen so gut wie nie differenziert werden), kaum überraschend.

Die verbreitete und dem pragmatischen Wunsch nach Übersichtlichkeit und Hantierbarkeit der Wirklichkeit entspringende Suche nach *der* Eifersuchtsursache, etwa den Kindheitserfahrungen und dem Oedipuskomplex[159], kann angesichts dieser Individualität und der Vielfalt ihrer Ursachen keinen Erfolg haben. Wir haben es immer mit einem Ursachennetz zu tun, welches sich in mehrere zeitlich-ursächliche Ebenen oder *Horizonte*[160] gliedert. Neben den Abwägungen und den Wahrnehmungen als den *Bedingungen* einer Eifersuchtsreaktion sowie einer eifersuchtsgeeigneten Ausgangssituation, einem entsprechenden Reiz und eifersuchtsrelevanten Abwägungskriterien als ihren *Voraussetzungen* wirken noch zahlreiche indirektere Faktoren. Zu diesem Eifersuchts*kontext* gehören insbesondere die natürlichen und die kulturellen Umwelten, die ererbte genetische Information, die Gesellschaft(en), die jeweilige Persönlichkeit des/der Eifersüchtigen sowie und die Art, Qualität und Dauer der Beziehung, in der die Eifersucht auftritt (siehe Tabelle 4, S. 65).

Tabelle 4: Eifersuchtshorizonte

Horizont	*Eifersuchtsrelevante Faktoren(arten)*
akuter	Außenbeziehung, Reizwahrnehmung, Bedrohlichkeitsdiagnose, Eifersuchtsentscheidung, Reaktionsentscheidung, Reaktionen, Gegenreaktionen
situativer	Ausgangsbeziehung, Eifersuchtsmotive, Treuegebot, (erfahrene und/oder antizipierbare) Eifersuchtsfolgen
personaler	Merkmale und Geschichten der Personen/Persönlichkeiten
relationaler	Merkmale und Geschichten der Beziehungen/Partnerschaften
sozialer	Merkmale und Geschichten der Gruppen, Gemeinschaften, Gesellschaften
phylogenetischer	Merkmale und Geschichte der Spezies Mensch

Einfache Erklärungen läßt ein solches Ursachengefüge nicht zu: Die Phylogenese und die Soziogenesen als die Hintergründe sexueller Eifersucht schränken zwar unseren Denk- und Verhaltensspielraum ein, sind aber immer nur allgemeine und vielfältig veränderbare Vorgaben. Diese werden während der gesamten Ontogenese (und nicht etwa nur in der Kindheit) individuell und während der Beziehungsgenese paarspezifisch und dann sogar noch je nach den momentanen Umständen situationsspezifisch differenziert und ausgeformt (siehe Abb. 5, S. 56).

Selbst die genaueste Kenntnis der Faktorenarten, die für Eifersucht verantwortlich sind, erlaubt uns daher nur bedingt präzise Voraussagen für das Ergebnis der Abwägungen oder die Art der Reaktionen in einem spezifischen Eifersuchtsfall. Schon allein deshalb, weil auch die Gegenreaktionen den Ablauf des jeweiligen Eifersuchtsprozesses beeinflussen, die ebenfalls nur ungefähr vorhersagbar sind. Das wirkt sich insbesondere auf die gezielte Therapie von Eifersucht aus, für die ja selbst genau quantifizierte Wahrscheinlichkeitsangaben nur heuristisch nützlich sind, da es immer nur um das spezifische Ursachennetz des Einzelfalls geht, und gerade der kann die Ein-Promille- oder eine noch seltenere Ausnahme sein. Zum Problem der zweifachen Verursachungstiefe (Eifersucht tritt auf mehreren Ebenen menschlicher Existenz auf, z.B. der kulturellen und der biochemischen, die ihrerseits ursächlich miteinander verknüpft sind) tritt beim Erklären sexueller Eifersucht also immer auch noch das Problem der extremen Individualität und Spezifität der Verursachung jedes einzelnen Eifersuchtsfalls hinzu. Eine Schwierigkeit, die allerdings für weite Bereiche menschlicher Existenz gilt, also keineswegs eifersuchtsspezifisch ist.

Aus solcher Verursachungsindividualität, mit der z.B. auch Mediziner zu tun haben, darf freilich nicht auf die völlige Beliebigkeit des Entstehens von Eifersucht geschlossen werden. Es gibt auf einer allgemeineren Ebene, z.B. für bestimmte Subkulturen, generelle Zusammenhänge zwischen bestimmten Faktoren-, Wirkungs- und Effektarten. Und auch diese selbst sind ausreichend bekannt, wie ich hier zeige. Nur sind eben aus den sich immer höchstens im Tendenzbereich bewegenden Verursachungstrends bestenfalls Wahrscheinlichkeitsschlüsse auf den spezifischen Einzelfall möglich.

Vielfalt: In welchen Varianten tritt Eifersucht auf?

Auch die nur kursorische Erörterung ihres Verlaufs und ihrer Ursachen hat die breite und vielfältige Variation der Ausprägungsmöglichkeiten und der darin begründeten Erscheinungsformen des äußerst facettenreichen Phänomens sexuelle Eifersucht erwiesen. Gerade im Interesse einer gezielten Bewältigung ist es erforderlich, diese Vielfalt etwas zu ordnen und zu systematisieren. Denn verschiedene Arten bedingen und verlangen oft ganz unterschiedliche Strategien der Überwindung bzw. Reduzierung.

Die wichtigsten Arten sexueller Eifersucht

Es ist ein Unterschied, ob Eifersucht auf bloßem Verdacht und reiner Unterstellung basiert oder ob sie wirklich durch eine Außenbeziehung ausgelöst wurde, ob sie also *unbegründet* oder *begründet* ist - wenn nicht für die Eifersüchtigen selbst, so doch zumindest für die Partner. Eifersucht wird aber nicht nur auf sehr unterschiedliche Weise ausgelöst, sondern auch gelebt und erlebt. Zwar sind nicht alle der dadurch entstandenen Varianten gleichermaßen wichtig und geeignet zur Differenzierung von grundlegenden Arten. Außerdem haben wir es meist nicht mit einem eindeutig getrennten *Entweder-Oder*, sondern mit einem *Kontinuum* zwischen zwei oder mehr Polen zu tun. Also beispielsweise nicht mit begründeter *oder* unbegründeter, sondern mit *mehr oder weniger* begründeter bzw. unbegründeter Eifersucht, weil ja nicht einmal klar ist, was wann eine "störende" Außenbeziehung ist (Blick, Flirt, Gespräch, Tanz, Umarmung ...). Trotzdem sollten vor allem im Bewältigungsinteresse einige der Ausprägungsmöglichkeiten konzeptuell und terminologisch als besondere Eifersuchtsarten separiert, hervorgehoben und beachtet werden.

Tabelle 5: Die wichtigsten Arten "normaler" sexueller Eifersucht

Kriterien	*Arten*
Motive:	*Bestands-* I *Zuwendungs-* I *Einzigartigkeits-* I *Selbstwert-* I *Gebrauchtwerden-* I *Sozialwert-* I *Unversehrtheits-* I *Neid-* I *Anspruchs-* I *Macht*eifersucht
Auslöser:	
Verwirklichung:	*begründete* Eifersucht (Außenbeziehung realisiert) I *unbegründete* Eifersucht (keine Außenbeziehung)
Geschlecht Rivale:	*gleichgeschlechtliche* I *andersgeschlechtliche* Eifersucht
Bezug zum Rivalen:	*intrapartnerschaftliche* (bei Mehrpersonen-Beziehungen) I *extrapartnerschaftliche* Eifersucht (also z.B. *intraeheliche* [bei Mehrehen] I *extraeheliche* Eifersucht)
Wahrnehmung:	*fundierte* Eifersucht (Außenbeziehung nachweisbar) I *unfundierte* Eifersucht (Außenbez. nicht nachweisbar)
Abwägungen:	
Bewußtheit:	*bewußte* I *unbewußte* Eifersucht (Wissen, *daß* Eifersuchtsabwägungen)
Bekanntheit:	*bekannte* I *unbekannte* Eifersucht (Wissen, welche Abwägungsinhalte)
Emotionalisierung:	*emotionalisierte* I *nicht emotionalisierte* Eifersucht
Rationalität:	*rationale* I *irrationale* Eifersucht
Automatisiertheit:	*unkontrollierte/spontane* I *kontrollierte* Eifersucht
Ziel:	*defensive* Eifersucht (Versuch Motiverfüllung) I *aggressive* Eifersucht (Versuch Bestrafung) I *sühnende* Eifersucht (Versuch Genugtuung) I *ziellose/blinde* Eifersucht (Versuch Terminierung)
Zeitpunkt:	*präventive* Eifersucht (vor Beginn der Außenbeziehung) I *reaktive* Eifersucht (nach Beginn der Außenbeziehung)
Reaktionen:	
Aktivitäten:	*kognitive* I *affektive* I *somatische* I *Verhaltens*eifersucht
Außenbezug:	*erfahrene* Eifersucht (nur Empfindungen und/oder Kognitionen) I *ausgedrückte* Eifersucht (auch Verhalten und/oder Handlungen)
Richtung:	*selbst-* I *partner-* I *rivalen-* I *fremdbezogene* Eifersucht
Intensität:	*heftige* I *leichte* Eifersucht
Legitimation:	*erlaubte* I *unerlaubte* Eifersucht
Folgen:	
Grad Zielerfüllung:	*erfolgreiche* I *erfolglose* Eifersucht
Wert/Bewertung:	*nützliche/positive* I *schädliche/negative* Eifersucht
Reversibilität:	*reversible* I *irreversible* Eifersucht
Intensität:	*starke* I *schwache* Eifersucht

Denn es ist gerade für die Bewältigung entscheidend wichtig zu wissen, ob eine Person aus Neid, Verlustangst, Zuwendungswünschen und/oder Sorge um die eigene Unversehrtheit eifersüchtig wird. Wir sollten also Eifersuchtsarten z.B. entsprechend der Eifersuchtsmotive differenzieren. Die Ausgangslage für eine Eifersuchtsbewältigung ist aber auch dann verschieden, wenn schon bisher mit dem Ziel Motiverfüllung reagiert wurde (defensive Eifersucht) und nicht mit dem Ziel Partnerbestrafung (aggressive Eifersucht). Da die möglichen und sinnvollen Unterscheidungen leicht nachvollziehbar und verständlich sind, habe ich sie ohne nochmalige textliche Umschreibung hier nur tabellarisch zusammengefaßt. Auch in dieser Übersicht ist daran zu denken, daß jeder einzelne Fall immer mehreren Arten zugehören kann (siehe Tabelle 5, S. 67).

Sexuelle und nichtsexuelle Eifersucht

Die für sexuelle Eifersucht entscheidenden Motive sind in ihrer allgemeinen Grundform *alle* ***nicht*** auf Sexualität bezogen: Weder der Bestand einer Beziehung noch deren Einzigartigkeit, weder die gewünschte Zuwendung noch der eigene Selbst- und Sozialwert, weder die körperliche oder psychische Unversehrtheit noch die Wünsche nach Gleichbehandlung, Privilegienerfüllung oder Machtausübung sind ausschließlich oder auch nur vor allem durch sexuelle Außenbeziehungen bedroht. Auch das Schlafbedürfnis, die Arbeit, der berufliche Erfolg bzw. Mißerfolg, die alltägliche Mißachtung und vielleicht sogar Gewalt, die Hobbys, die Eltern und/oder Schwiegereltern, Kinder, sonstigen Verwandten oder die nichtsexuellen Freund- und Bekanntschaften der Partner können die Erfüllung dieser Motive gefährden. *Sexuelle* Eifersucht kann deshalb nur die Spezialform eines allgemeinen Phänomens Eifersucht sein, die durch das Element Gefährdung bzw. Gefährdbarkeit durch eine *sexuelle* Außenbeziehung gekennzeichnet ist. Wird eine Erfüllung solcher Motive durch *andere* Faktoren als durch realisierte oder vermutete sexuelle Außenbeziehungen be- oder verhindert, dann haben wir es nicht mit *sexueller* Eifersucht zu tun, sondern entweder mit einer anderen, nichtsexuellen Art oder mit einem ganz anderen Ereignis.

Damit stellt sich sogleich die Frage, was denn Eifersucht (allgemein) von anderen Arten der Verfolgung eigener Interessen unterscheidet? Es ist die Gefährdbarkeit der Erfüllung eigener Motive *in Beziehungen* und *durch Außenbeziehungen.* Dabei müssen die Ausgangspartner nicht Ehepartner oder Freunde sein, es kann sich auch um Geschwister, Eltern, Kinder, Großeltern, Enkelkinder, Kollegen, Kommilitonen oder andere Personen handeln. Und auch die Außenbeziehungen mit den dritten oder ggf. weiteren Personen können beliebiger Art sein.

Die oben für *sexuelle* Eifersucht eingeführte Definition (siehe S. 48f.) und die meisten der anderen in diesem Buch offerierten Ein- und Ansichten über diese Sonderform lassen sich deshalb ganz einfach durch Streichung der Einschränkung "sexuell" verallgemeinern. Daß bei nichtsexuellen Arten dann möglicherweise auch andere Motive im Spiel sein können, daß aufgrund der anderen Reize und Bedrohlichkeitskriterien auch die Abwägungen, Reaktionen und Gegenreaktionen und damit die Folgen ganz anders verlaufen können, sei nur erwähnt.

Ist sexuelle Eifersucht wirklich etwas Besonderes?

«Es gibt unter den Gefühlen, die im menschlichen Leben zu erwarten sind, nichts Quälenderes»[161]. Die verbreitete Reduzierung von Eifersucht auf ihre affektiven Reaktionsteile und auf ihre sexuelle Sonderform oder höchstens noch die Geschwistereifersucht, das oft mangelnden Bewältigungswillen entschuldigende Herausstreichen ihrer Emotionalisierung, Leidenschaftlichkeit und damit des ihr angeblich passiv und hilflos Ausgeliefertseins - all das sind Folgen eines ganz besonderen Status, den wir sexueller Eifersucht im Gegensatz zu anderen Eifersuchtsformen und Interessenkonflikten zuschreiben. Aber ist *sexuelle* Eifersucht wirklich etwas ganz Besonderes?

Nein, denn sie ist nur einer unter vielen anderen Interessenkonflikten zwischen Personen, die alle durch die gleiche oder doch zumindest sehr ähnliche allgemeine Form charakterisiert sind. Selbst in spezifischeren Details gibt es weitgehende Übereinstimmungen. So werden sexuelle und andere Formen von Eifersucht und sogar von anderen Interessenkonflikten durch die gleichen Motive bewirkt, die zudem alle nicht nur durch sexuelle Außenbeziehungen in ihrer Erfüllung bedrohbar sind. Genauso sind Art, Inhalte und Ergebnisse der Abwägungen bei sexueller Eifersucht nicht grundlegend anders als in deren anderen Varianten. Auch ein nicht auf Dritte zurückzuführender Verlust des Partners durch Tod oder Auseinanderleben, eine bevorstehende Prüfung, die Entlassung aus einer Arbeitsstelle, das Scheitern eines sportlichen Ziels, eine Beleidigung, körperliche Bedrohungen oder eine schwere Erkrankung können uns (sogar heftig) emotionalisieren und starke Affekte auslösen. Und umgekehrt ist sexuelle Eifersucht keinesfalls immer und nur emotionalisiert, sondern oft mindestens *auch* kühl und rational kalkuliert, etwa bei den hellwachen Nachforschungen und differenziert analysierenden Interpretationen möglicher Indikatoren für Untreue oder bei den vielfältigen präventiven Strategien der Verhinderung möglicher Außenbeziehungen, die nicht nur Männer gegen ihre Frauen einsetzen. Es gibt noch nicht einmal *eine* charakteristische Reaktion, die ausschließlich bei sexueller Eifersucht vorkommt. Deshalb sind die Trennung/Scheidung vom Partner, Selbst- oder Fremdtötungen, die Ausübung physischer Gewalt gegen den Partner oder andere Reaktionsformen, die oft als eifersuchtstypisch angesehen werden, zwar Reaktionen, die bei Eifersucht durchaus verbreitet sind oder vorkommen, die jedoch auch bzw. sogar häufiger durch ganz andere Faktoren bewirkt werden[162], z.B. durch Auseinanderleben und Zerrüttung der Beziehung (Trennung) oder durch erlebte Ausweglosigkeit und Depressionen (Selbsttötung). Hinzu kommt, daß sexuelle und nichtsexuelle Formen tatsächlich häufig aufs engste miteinander verknüpft sind, weil ja auch Sexualität und sexuelle Beziehungen keine von allen anderen isolierten Lebensbereiche sind. So ist beispielsweise bei den Sirionó [Mbia] in Ost-Bolivien Eifersucht über den Mangel an Nahrung "sexualisiert", weil die Frauen, mit denen der Ehemann die meisten Sexualkontakte hat, auch diejenigen sind, die das meiste zu essen bekommen, weshalb Mitfrauen gegenseitig um die sexuellen Beziehungen ihres gemeinsamen Gatten eifersüchtig streiten[163]. Auch bei uns geht es oft zwar *auch* um den Sex und die Erotik, die der Partner mit anderen genießt. Die Angst vor einer Trennung und damit einer Einbuße Lebensstandards oder ähnliche Gründe sind aber häufig stärker und entscheidender, als der Unwillen über die Intimität und Vertrautheit im Sexuellen.

Wenn wir also in unserem kulturellen Umfeld sexuelle Eifersucht als eine ganz besondere Leidenschaft, als einen "Dämon" oder als "grünäugiges Monster" begreifen und nicht als einen unter vielen anderen zwischenmenschlichen Interessenkonflikten, dann ist das einerseits auf kulturspezifische Bewertungen und Erfahrungen zurückzuführen, die etwas mit unseren besonderen Vorstellungen von Liebe, Ehe/Partnerschaft, Sexualität und sexueller Treue zu tun haben, und andererseits auf die aus dieser kulturellen Setzung oder Vorgabe folgende tatsächliche Besonderheit dieser Bereiche.

"Normale" und "pathologische" Eifersucht

Ich beschäftige mich hier ausdrücklich nur mit "normaler" Eifersucht (siehe S. 10). Diese Betonung impliziert, daß es auch "pathologische"/"krankhafte", "paranoide" (= "wahnhafte") oder andere nicht "normale" Arten von Eifersucht gebe. Wodurch aber unterscheiden sich diese? Ist es nicht beispielsweise ganz normal, auch völlig unbegründet eifersüchtig zu werden, heftigst zu reagieren und/oder mit seiner Eifersucht auch längerfristig nicht fertig zu werden? Was soll dann noch "krankhaft" Eifersüchtige auszeichnen? Es gibt Unterscheidungsmöglichkeiten, obwohl "Normalität" (wie "Gesundheit") ein im Detail immer nur kulturspezifisch zu fassendes und zu definierendes Konzept ist, obwohl Eifersucht so variantenreich ist und obwohl die Diagnose im Einzelfall äußerst schwierig sein kann. Ohne auf die vielen dabei noch offenen Fragen einzugehen[164], seien drei wichtige Formen krankhafter Eifersucht kurz vorgestellt, die sich durch ungewöhnliche Kontexte, Auslöser und/oder Reaktionsweisen auszeichnen.

Symptomatische Eifersucht[165]. Unbegründete Eifersucht kann im Zusammenhang mit bestimmten psychischen Störungen und Krankheiten auftreten, beispielsweise bei zerebralen Schädigungen, fortgeschrittener Multipler Sklerose, präsenilen Psychosen, Schizophrenie, Paranoia, Alkohol- oder Drogenmißbrauch. Sie ist dann ein *Symptom* oder Kennzeichen dieser Krankheiten, wenn diese erstens früher als oder gleichzeitig mit dem (oft wahnhaften) Eifersuchtsprozeß begannen, wenn zweitens der Verlauf und die Entwicklung eng mit dem Fortschreiten der zugrundeliegenden Störung verknüpft sind, wenn drittens deren klinische Merkmale gemeinsam mit der Eifersucht auftreten und wenn es viertens keine Provokationen gibt, die eine Angst vor Untreue begründen könnten. Solche *symptomatische* Eifersucht ist also keine Reaktion auf tatsächliche oder vermeintliche Untreue, sondern eine Folge eines besonderen Kontextes, nämlich der jeweiligen Störung und ihres Verlaufs.

Wahnhafte Eifersucht[166]. Eifersucht ist oft überhaupt nicht begründet, weil der Partner wirklich nicht fremdgeht. Die damit verbundenen Unterstellungen lassen sich dann aber meist in Gesprächen ausräumen. Es gibt jedoch auch Fälle, in denen Eifersüchtige nicht von der Unangemessenheit ihrer Anschuldigungen überzeugt werden können, weil ihre Untreuephantasien wahnhaft sind. Mit *wahnhafter* Eifersucht können wir es zu tun haben, wenn die Außenbeziehung mit absoluter Überzeugtheit als selbstverständliche Realität und nicht bloß als Meinung oder Glaube angenommen wird, wenn diese Auffassung mit Argumenten oder durch Erfahrung nicht geändert werden kann, wenn die Untreue des Partners als etwas existentiell entscheidend Wichtiges angesehen wird, wenn die Untreuephantasien überempfindlich und äußerst personenspezifisch sind (und deshalb im gleichen gesellschaftlichen und kulturellen Umfeld üblicherweise nicht geteilt werden), wenn sie in einer Art und Weise entstehen oder begründet werden, die von anderen nicht nachvollzogen werden können und/oder wenn die

Vorstellungen sich auch auf andere Einstellungen und Kenntnisse des/der Eifersüchtigen ausdehnen und diese verändern. Diese Kriterien zeigen, daß wahnhafte Eifersucht, die bei Männern zwei- bis dreimal häufiger als bei Frauen sein soll[167], oft kaum und nur schwer von normaler unterschieden werden kann.

Pathologisch reaktive Eifersucht[168]. Auch wenn Eifersucht nicht auf Krankheiten oder wahnhafte Untreuephantasien zurückzuführen ist, kann sie krankhaft sein. Eifersüchtige können als auf ein allgemein als Eifersuchtsreiz interpretierbares Ereignis *pathologisch reagierend* gelten, wenn sie erstens eine Veranlagung besitzen, die sie besonders empfindlich für solche Provokationen macht, also z.B. eine Abweichung von der normalen Persönlichkeitsstruktur (Überempfindlichkeit, ausgeprägt schwaches Selbstbewußtsein, besondere Verletzlichkeit), eine mentale Störung oder eine schlechte Erfahrung mit Untreue; wenn sie zweitens übertrieben reagieren und sich dadurch erhebliche Störungen in der Psyche und im Verhalten ergeben; und wenn drittens die Entwicklung der Eifersuchtsreaktionen abhängig von Merkmalen der Ausgangsbeziehung verläuft, die die Eifersucht aufrechterhalten oder verstärken. Auch hier besteht also keine Eindeutigkeit.

Normale Eifersucht. In allen Fällen, in denen die genannten Kriterien sicher nicht erfüllt sind, handelt es sich um *normale* Eifersucht. Von dieser ist aber auch dann auszugehen, wenn nicht zweifelsfrei geklärt werden kann, ob die beobachtete oder berichtete Eifersucht symptomatisch, wahnhaft und/oder pathologisch reaktiv ist.

"Männliche" und "weibliche" Eifersucht?

Sind Männer eifersüchtiger als Frauen? Die Befunde sind unterschiedlich. Mal sollen die Frauen eifersüchtiger sein als die Männer, so bei den Teda [Tubu] in der Zentral-Sahara[169] oder bei den Burundi in Zentralafrika[170]; mal sollen die Männer eifersüchtiger sein als die Frauen, etwa bei den Jíbaro im tropischen Regenwald am Osthang der Anden (Ecuador/Peru)[171]; und mal sollen Männer wie Frauen gleichermaßen eifersüchtig sein, z.B. bei den Algonkin sprechenden Arapaho[172] in Nordamerika (USA). Aber was heißt "eifersüchtig*er* sein"? Ist etwa ein aggressiv zuschlagender Mann eifersüchtiger als eine still aber stark leidende Frau (s.S. 76ff.)? Bedeutet 'Eifersucht' für Männer und Frauen überhaupt immer das gleiche? Die Frage nach dem *eifersüchtigeren Geschlecht* ist so pauschal falsch gestellt und (u.a. weil gerade in Ethnografien nicht genau genug zwischen dem Ausdrücken und Erfahren von Eifersucht unterschieden wird) nicht beantwortbar. Sie ist auch eher uninteressant.

Wichtiger ist die Frage, ob es auch bei Eifersucht *Unterschiede* zwischen Männern und Frauen gibt. Die Antwort ist "ja!", denn es gibt universal eine Geschlechterpolarisierung. Von Männern und Frauen werden überall unterschiedliche Einstellungen und Verhalten erwartet, Männer und Frauen haben fast immer geschlechtsbezogen unterschiedliche Möglichkeiten. Alle menschlichen Kulturen betonen also die zwar gegebenen, aber vergleichsweise geringen biotischen Geschlechtsunterschiede und zementieren oder vergrößern diese kulturell, indem sie Frauen und Männern wegen ihres Geschlechts verschiedene *Rechte*, *Status* und *Geschlechterrollen* zuweisen. Auch und gerade im Bereich Sexualität, Beziehungen, Treue, Untreue und Eifersucht. Die Zapoteken in zwei Dörfern in der Nähe von Oaxaca in Mexiko sind dabei kein extremes Beispiel: Bei ihnen wird Frauen keinerlei sexuelle Freiheit gewährt. Sie müssen aber ihrer Gatten Seitensprünge tolerieren, solange diese nicht öffentlich den Bruch der Ehe verkünden. Männer jedoch dürfen auch mit anderen Frauen als ihren Ehefrauen sexuelle Beziehungen haben - und sind trotzdem extrem eifersüchtig. Der geringste Verdacht der Untreue erlaubt einem Mann, seine Frau zu schlagen[173]. Diese sexistische Doppelmoral ist weltweit eines der verbreitetsten Muster: In den meisten Gesellschaften haben Frauen eine andere Lösung für Eifersuchtssituationen, z.B. dürfen sie nur selten physisch so aggressiv gegen ihre Männer reagieren wie umgekehrt die Männer gegen ihre Frauen[174] (siehe ausführlicher S. 97ff.).

Wir müssen uns daher immer die geschlechtsbezogenen Bedingungen der jeweiligen Gesellschaft ansehen (die Soziokultur). Allerdings werden wir dann auch hier die bereits erwähnte Individualisierung (s.S. 62) beobachten, nicht zuletzt weil Geschlechter*rolle* und tatsächliches *Verhalten* oft nicht übereinstimmen. Sowenig alle Männer, von denen dies eigentlich erwartet wird, ihre fremdgehenden Frauen umbringen möchten, sowenig wollen und können alle Frauen die Untreue ihrer Männer einfach nur schweigend hinnehmen. Diese z.B. auch im persönlichen Mut und in den gegebenen Möglichkeiten zur Abweichung von gesellschaftlichen Vorgaben begründete Individualität ist einer der Gründe, warum entsprechende empirische Untersuchungen kaum eindeutige Trends erbrachten. Zu den wenigen sichereren Zusammenhängen gehört, daß "westliche" Männer sich öfter und mehr mit dem sexuellen Aspekt der Außenbeziehung beschäftigen, Frauen mit dem möglichen Verlust des Partners, oder daß Männer eher als Frauen die Beziehung aufzugeben bereit sind[175]. Das aber ist u.a. mit wirtschaftlichen Abhängigkeiten erklärbar und mit den unterschiedlichen Chancen, nach einer möglichen Trennung einen neuen Partner zu finden.

Die erkennbaren Unterschiede im Entstehen, im Ablauf und in den Folgen von Eifersucht zwischen Männern und Frauen oder auch zwischen schwulen, lesbischen und heterosexuellen Beziehungen mögen zum Teil stammesgeschichtlich und damit im genetischen Geschlecht bedingt sein (s.S. 57f.). Da sie aber nicht einheitlich und durchgängig verbreitet sind, müssen sie in einem erheblichen Ausmaß gesellschafts-, gruppen-, beziehungs- *und* persönlichkeitsspezifisch sein (s.S. 55-66). Wir müssen also immer sehr genau hinsehen und in jedem Einzelfall prüfen, ob z.B. ein Mann sich wirklich dem "männlichen" Eifersuchtsmuster gemäß verhält - und wie diese Erwartung in der betrachteten Gruppe oder Subkultur genau aussieht.

Fazit

Eifersucht ist allgemein die Angst vor oder Reaktion auf tatsächliche oder vermeintliche Bedrohungen der Erfüllung eigener Interessen durch beliebige Außenbeziehungen eines Partners (im allgemeinsten Sinne) in einer beliebigen Ausgangsbeziehung. *Sexuelle* Eifersucht ist dann die besondere Eifersuchtsform, in der diese Bedrohung durch *sexuelle* Außenbeziehungen geschieht bzw. angenommen wird. Eifersucht gehört also in den Bereich der Verteidigung bzw. Durchsetzung eigener Interessen und nicht z.B. zu den menschlichen Affekten und Gefühlen wie Haß, Trauer, Wut oder Verzweiflung, die sie so oft begleiten. Eifersucht ist deshalb nicht nur das hilflos emotionalisierte und verzweifelt ungeschickte bis kontraproduktive Verteidigen, sondern auch das kühl-sachliche, das (mehr oder weniger bewußt) strategisch geschickte Verfolgen eigener Interessen. Das nimmt ihr viel von der Besonderheit, die wir ihr (u.a. aufgrund unserer besonderen Bewertung und Koppelung von Sexualität, Liebe und Beziehungen) gegen alle Einsicht in die zahlreichen Gemeinsamkeiten mit anderen zwischenmenschlichen Interessenkonflikten gerne zuschreiben. Deshalb sind auch die meisten der Erkenntnisse über die vielfältigen Arten sexueller Eifersucht auf ihre anderen Formen mit nur geringem Aufwand und weitgehend problemlos übertragbar (verallgemeinere Tabelle 5, S. 67).

Zweites Kapitel: Eifersuchtsbewältigung

Wie die sie auslösenden Außenbeziehungen ist auch Eifersucht zwar nicht immer, aber doch oft genug störend, manchmal sogar sehr. Sie belastet und gefährdet dann die Eifersüchtigen, die von ihr Betroffenen und deren Beziehungen. Deshalb versuchen viele Menschen, ihre oder ihrer Partner Eifersucht zu überwinden oder doch wenigstens zu reduzieren, was sich u.a. in einer erklecklichen Zahl von "Ratgebern" zum besseren Umgang mit Eifersucht dokumentiert[176]. Aber kann Eifersucht überhaupt bewältigt werden? Die immer wieder neue Thematisierung der Bewältigungsproblematik in Büchern wie Zeitschriften spricht ja eher dagegen. Und dürfen sexuelle Eifersucht und damit das sexuelle Treuegebot aufgegeben werden, wo doch durch sexuelle Untreue z.B. eine HIV-Infektion und damit u.U. sogar AIDS droht? In diesem Kapitel geht es um solche grundlegenden Fragen der prinzipiellen Möglichkeiten und Grenzen, aber auch der Zwecke und der allgemeinen Strategien einer Bewältigung sexueller Eifersucht.

Chancen: Kann Eifersucht bewältigt werden?

Die Meinungen über die Möglichkeiten einer Bewältigung sexueller Eifersucht sind geteilt. «Man kann einem Menschen die Eifersucht nehmen, wie man ihm schlechte Manieren abgewöhnen kann ...»[177]. «Was Freud als Mechanismus der Psyche darstellt, ist also ein Mechanismus der Gesellschaftsordnung. Er könnte sich in einer Gesellschaftsordnung, die den Schwiegersohn nicht als Sexualpartner tabuiert, gar nicht entwickeln. So zeigt sich auch hier, daß Eifersucht keineswegs ein angeborener Aspekt der 'menschlichen Natur', sondern das anerzogene Produkt sexualrestriktiver Gesellschaftsordnungen ist. Diese Restriktionen dienen der Erhaltung von Herrschaft»[178]. Müssen wir also nur unsere Gesellschaftsordnung ändern und uns ein bißchen umerziehen, um eifersuchtsfrei zu werden? Der zuletzt zitierte Autor ist sich da inzwischen keineswegs mehr so sicher, im Gegenteil: «Denn es war ja gerade der Kernpunkt aller meiner früheren Aussagen gewesen, daß Eifersucht eben *nicht* therapierbar ist. Deshalb ist dieses Buch auch kein Ratgeber für Eifersüchtige, sondern eine Erklärung der Gründe, weshalb man Eifersüchtigen keinen Rat geben kann. Es ist auch kein Buch über die 'Behandlung' der Eifersucht, sondern eins über die Widersinnigkeit des Versuchs, Eifersucht zu 'behandeln'»[179]. Und er steht mit seiner Skepsis nicht allein: «Rezepte gegen die Eifersucht gibt es nicht. ... Eifersucht läßt sich leider nicht wegdiskutieren und auch nur beschränkt verdrängen»[180]. «Eifersucht läßt sich nicht beherrschen»[181]. Ist der Titel des vorliegenden Buches also zwar vielversprechend, aber irreführend, und der Rest des Textes überflüssig, weil Eifersucht gar nicht bewältigt werden kann? Die Antwort auf diese Frage hängt u.a. vom verwendeten Bewältigungskonzept ab.

Was heißt Eifersuchts*bewältigung*?

Wem es nichts ausmacht, seinen untreuen Partner zu schlagen, oder wer es selbstverständlich findet, nach Seitensprüngen angeschrien zu werden, der wird nicht so ohne weiteres an Eifersuchtsbewältigung denken. Wer darüber nachdenkt, muß bei sich selbst oder bei anderen mit einer gefährlichen, quälenden, belastenden, ärgernden oder sonstwie störenden Form von Eifersucht konfrontiert gewesen sein.

Wann ist Eifersucht bewältigt? Ausgangspunkt jeder Eifersuchtsbewältigung ist eine negative Bewertung vorhandener Eifersucht als "störend/belastend/bedrohlich" und deshalb "unerwünscht" (im Sinne von "möchte ich so nicht"). Eifersucht ist demnach *bewältigt*, wenn sie nicht bzw. nicht mehr stört/gefährdet. Nun stört uns auch Eifersucht (wie Untreue) nicht nur ganz oder gar nicht. Es gibt deshalb auch "ein bißchen" Eifersuchtsbewältigung. Beispielsweise können wir besonders aggressiv-gewalttätige und verletzende durch defensiv-appellative und klärende Reaktionsweisen ersetzen. *Vollständig bewältigt* ist Eifersucht, wenn sie *nicht* mehr und *niemanden* stört. Dies ist etwa der Fall, wenn eine Person einen Flirt oder Seitensprung als so wenig bedrohlich bewertet, daß sie ihn zwar grundsätzlich mißbilligt, aber selbst nicht weiter darunter leidet und durch den Verzicht auf weitergehende Eifersuchtsreaktionen auch niemand anderen belästigt oder belastet. Kennzeichnend für *teilweise bewältigte* Eifersucht ist dagegen, daß Eifersüchtige, Partner, Rivalen oder andere sich durch die Eifersucht *weniger* gestört fühlen.

Ob und wann Eifersucht als "weniger störend" und damit als "teilweise bewältigt" angesehen werden kann, ist allerdings, wie das Wort 'weniger' ja bereits deutlich macht, immer relativ. Wer grundsätzlich alle Personen als Sexpartner ausschließt, hat eine ganz andere Ausgangsbasis als der, der Außenbeziehungen nur mit bestimmten verbietet. Und wer aus Eifersucht stets wütet und seinen Partner schlägt, hat eine andere Startposition als der, der immer nur resignativ-still leidet und höchstens mitleidheischend reagiert. Ohne diesen personen- und situationsspezifischen Ausgangs- oder Vergleichszustand (die *Bewältigungsbasis*) können wir den Erfolg oder Mißerfolg einer Eifersuchtsbewältigung nicht bewerten.

Das Problem der vielfältigen Beurteilungsperspektiven. "Nicht" und vor allem "weniger störend" - das sind einleuchtend klingende, aber bei näherer Betrachtung durchaus diffizile Kriterien. Was würde beispielsweise Sie "mehr" oder "weniger" stören/bedrohen?

> (A) Statt kurzer, heftig-gewalttätiger und den Partner deutlich treffender Reaktionen, denen sofort ein Versöhnungsangebot folgte, das einen verzeihenden Neubeginn ermöglichte, verzichtet der Eifersüchtige auf Gewalt, aber zugleich auch auf jegliche Kommunikation, verweigert er die Versöhnung. (B) Anstelle des sonst gewohnten selbstmitleidigen und selbstanklagenden Wehleidens reagiert er mit aggressivem Fordern und Setzen von ultimativen Grenzen. (C) Statt mit drei Ohrfeigen straft er die Partnerin mit zwölf Tagen Kommunikationsentzug. (D) Dem quälerischen Ertragen der als unerträglich und zerstörerisch empfundenen Affäre des Partners zieht er die Tötung des gehaßten Rivalen und die daraus resultierende mehrjährige Haftstrafe mit allen ihren Konsequenzen vor. (E) Aufgrund starken Drucks durch die Familie und der Androhung des Verlassens durch den Partner verzichtet er auf jegliches erkennbares Ausdrücken der Eifersucht und "frißt" diese nur noch still in sich hinein.

Schwierig zu entscheiden? Ja, denn wir beziehen bei einer solchen Beurteilung z.B. die momentane Situation und Befindlichkeit und die möglichen Neben- und Folgewirkungen mit ein. Hinzu kommt die Vielzahl der denkbaren Betrachtungs- und Einschätzungskriterien. Deshalb läßt sich unabhängig von einem ganz konkreten Bezugsrahmen keine inhaltliche Antwort auf die Frage nach dem Bewältigungserfolg geben.

Ob Eifersucht als "nicht" oder "weniger" bedrohlich usw. bewertet werden kann, hängt also nicht nur entscheidend, sondern *allein* von den verwendeten Kriterien und damit von der jeweiligen Beurteilungsperspektive ab. Wie anderes im Leben sind auch Eifersucht oder Außenbeziehungen nicht *an sich, als* Eifersucht bzw. Außenbeziehung, gefährlich, störend oder quälend, sondern nur, weil sie immer auf spezifische Erfordernisse bezogen und *für diese* als gefährlich *bewertet* werden. Wir können das für jedes beliebige Begehren nachvollziehen: Nur wenn ich Zuwendung brauche, stört es mich, daß mein Partner heute nacht bei seinem Geliebten schläft. Wollte ich gerade selber weg, käme mir seine Abwesenheit gerade recht. Diese Gefährdungsrelativität ein und desselben Ereignisses hängt stark mit der Vielzahl und ungleichen Wertigkeit unserer Interessen zusammen. Deswegen nehmen auch viele Menschen sogar gravierende Nebenfolgen in Kauf, einfach weil sie andere Prioritäten setzen: sexuelle Außenbeziehungen trotz AIDS-Gefahr, Autofahren trotz Lebensbedrohung und Umweltzerstörung, Sport trotz Verletzungsrisiko, unausgewogene Ernährung trotz Gesundheitseinbußen, Terrorismus oder freiwillige Kriegsteilnahme trotz Todesgefahr. Freilich darf daraus keinesfalls geschlossen werden, es gebe überhaupt keine faktische Gefährdung, sondern nur eine Empfindung, Anerkennung oder Verleugnung von Gefahr: Bezogen auf einen bestimmten Wert kann sehr wohl und auch objektiv festgestellt werden, was dessen Erfüllung unter welchen Umständen wie bedroht und was nicht, welche Nebenrisiken seine Befriedigung birgt. Nur welcher Wert jeweils gesetzt bzw. betont wird, ist eben relativ.

Wer beurteilt? Eine entscheidende Relativierung dieser Wertsetzung ist auf die unterschiedlichen Positionen der verschiedenen Bewerter zurückzuführen. So ist im Beispiel (D) die als Befreiung und Erlösung empfundene Haftstrafe für den Eifersüchtigen ein Bewältigungserfolg, für den Rivalen und wohl auch für die Partnerin jedoch nicht. Und im Fall (B) könnte der mit eindeutigen Ultimaten konfrontierte Partner das ihn weniger tangierende diffuse Wehleiden vorziehen, während der Eifersüchtige sich durch den Wechsel zur Offensive erleichtert und befreit fühlen könnte. Es ist deshalb immer darauf zu achten, ob der Erfolg einer Eifersuchtsbewältigung aus der *Akteurssicht* des Bewältigenden, aus der *Betroffenensicht* der Eifersuchtsopfer (darunter übrigens und nicht zu vergessen meist auch die Eifersüchtigen selbst) oder aus der *Zuschauersicht* von Nichtbetroffenen bewertet wird. Diese können alle jeweils andere Interessen haben und schon deshalb zu ganz unterschiedlichen Ergebnissen kommen.

Wie wird beurteilt? Die andere wichtige Relativierung entsteht durch die Beurteilungsweise. Bewältigungserfolge können zum einen allein aus der Perspektive der eigenen Interessen und ihrer Befriedigung oder Mißachtung bewertet werden. Dies ist die *selbstbezogene* oder *egoistische* Beurteilungsgrundlage, die vor allem Betroffene wählen. Es kann aber auch versucht werden, die egoistischen Interessen hintanzustellen und die Vor- und Nachteile der jeweiligen Bemühungen für alle Beteiligten möglichst offen und gleichberechtigt zu analysieren, also eine *neutrale* Beurteilungsperspektive einzunehmen. Das fällt Nichtbetroffenen meist leichter als Betroffenen. Egoistische und neutrale Bewertungen einer versuchten Eifersuchtsbewältigung stimmen u.a. schon deswegen häufig nicht überein, weil zur Wahrnehmung eigener Interessen laufend Entscheidungen gefällt werden müssen, die dann wenigstens vorübergehend die Festlegung auf *eine* bestimmte Haltung voraussetzen. Neutrale Betrachter können dagegen eher mit den Interessen oder den anderen Kriterien "spielen", sie variieren und gedanklich ausprobieren.

Fazit. Eifersuchtsbewältigung ist eine mehrfach relative Angelegenheit, die einen Vergleich mit "unbewältigten" Formen von Eifersucht impliziert und deshalb stets auf eine *Bewältigungsbasis* als exakt zu benennenden Referenzpunkt zu beziehen ist. Eine Eifersucht ist im Vergleich zu einer anderen, z.B. früheren, *vollständig* bzw. wenigstens *teilweise bewältigt*, wenn sie aus der egoistischen oder der neutralen Sicht eines Eifersüchtigen, eines Eifersuchtsbetroffenen oder eines unbeteiligten Zuschauers nicht mehr bzw. vergleichsweise weniger störend, quälend oder bedrohend ist respektive so empfunden wird.

Wie ist "bewältigte" Eifersucht erreichbar?

Um sich von Eifersucht weniger oder nicht mehr stören zu lassen, gibt es verschiedene Möglichkeiten. Wir können unsere Abwägungen und/oder Reaktionen und damit die Eifersucht selbst ändern. Und wir können unsere Bewertung derselben ändern (siehe Abb. 6, S. 80).

Durch Überwinden. Für viele Menschen ist ein Flirt des Partners auf einer Party keine besondere Herausforderung. Sie bewerten die Liebelei als "harmlos" und brauchen sich und andere deshalb auch nicht mit Eifersuchtsreaktionen herumzuplagen oder zu gefährden. Wenn die Wahrnehmung einer Außenbeziehung entweder gar keine Eifersuchtsabwägung mehr auslöst oder, wenn sie es doch tut, zu dem Ergebnis "nicht bedrohlich!" führt, dann ist Eifersucht *überwunden*. Denn dadurch werden sämtliche Eifersuchtsreaktionen verhindert und der Eifersuchtsprozeß beendet. Allein unter dem Aspekt Eifersuchts*beseitigung* besehen ist dieses Überwinden die beste (weil immer vollständige) Bewältigungsweise. Wird allerdings weniger auf Beseitigung und mehr z.B. auf Optimierung der Beziehung Wert gelegt, dann kann es sein, daß Eifersuchtsüberwindung nicht die beste Strategie ist (siehe S. 94ff.).

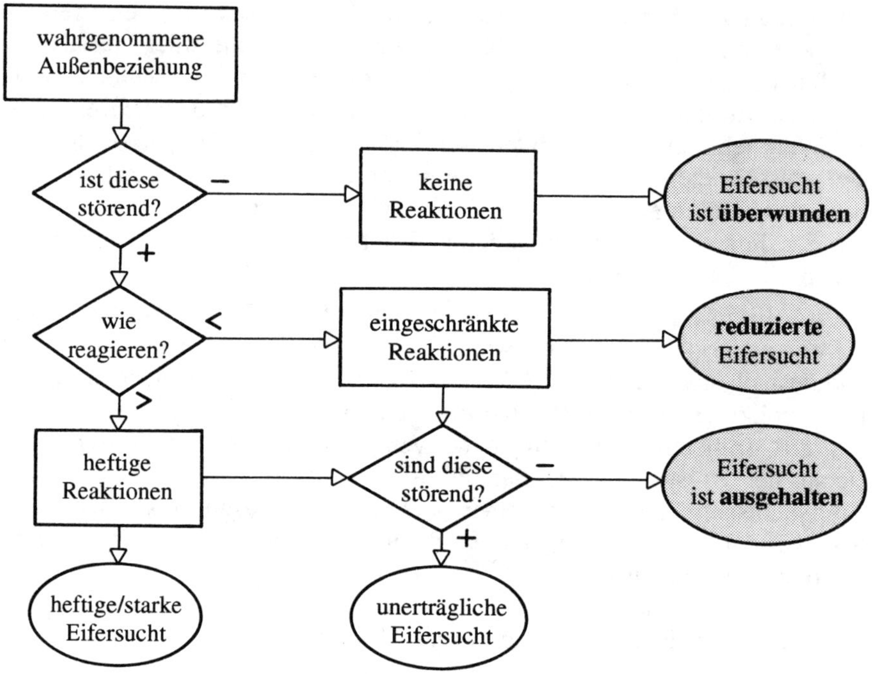

Abb. 6: Die drei Möglichkeiten der Eifersuchtsbewältigung

Durch Reduzieren. Auch wer einen Flirt als störend bewertet, hat noch Variationsmöglichkeiten. Er kann beispielsweise sein Mißfallen statt durch beleidigtes und demonstrativ türenknallendes Verlassen des Festes durch deutliche Worte während der gemeinsamen Heimfahrt oder beim Frühstück am nächsten Morgen artikulieren. Das mag ihn und seinen Partner weniger belasten. Im Gegensatz zum Überwinden, bei dem die Außenbeziehung *nicht* (mehr) stört und *nicht* (mehr) eifersüchtig reagiert wird, ist *reduzierte* Eifersucht dadurch gekennzeichnet, daß die Untreue des Partners zwar immer noch, aber *weniger* stört und/oder *weniger* eifersüchtig reagiert wird. Dadurch können dann auch die von den Eifersuchtsreaktionen Betroffenen weniger oder vielleicht sogar gar nicht mehr gestört werden (und ihrerseits die Gegenreaktionen beschränken). Während beim Überwinden der Eifersuchtsprozeß abgebrochen wird, läuft er beim Reduzieren also weiterhin vollständig (d.h. in allen Schritten oder Dimensionen) ab, nur eben in einer modifizierten Weise, d.h. mit anderen Entscheidungen und vor allem mit weniger heftigen Reaktionen. Ob und wann Eifersucht als "weniger" und damit "reduziert" angesehen werden kann oder als "mehr" bzw. "gleich/unverändert" und damit als "nicht reduziert" gelten muß, ist dabei allerdings (wie beim Bewältigen allgemein) wiederum relativ und u.a. vom jeweiligen personen- und situationsspezifischen Ausgangszustand, der *Reduzierungsbasis*, abhängig (s.S. 76f.).

Durch Aushalten. Sehr viel öfter, als wir auf Anhieb meinen, stellen Eifersüchtige und ihre Partner und Rivalen fest, daß sie entgegen ihren vorherigen oder anfänglichen Befürchtungen z.B. mit ihrer eifersuchtsbedingten kurzfristigen Verstimmtheit oder nach dem durch Untreue und Eifersucht verdorbenen Urlaub letztlich doch ganz gut weiterleben können. Sie bewerten also die spontan oder auch in der ersten Zeit vielleicht sogar als stark belastend angesehenen Reaktionen als *nicht* (mehr) oder als *weniger* störend/gefährlich, sie *halten* die Eifersucht *aus*. Auch diese Beurteilungsveränderung ist ein realistischer und verbreiteter Weg der Eifersuchtsbewältigung, bei dem an der bisher störenden Eifersucht selbst nicht das Geringste zu verändern ist.

Durch Verhindern. Eifersucht überwinden und reduzieren können letztlich nur die Eifersüchtigen selbst: Sie allein können die Entscheidungen und Reaktionen ändern. Aushalten können Eifersucht aber auch andere Betroffene, z.B. die Partner. Doch selbst beim Überwinden und Reduzieren sind meist noch andere beteiligt, z.B. durch die Androhung von Strafen, durch geschickte Gegenreaktionen oder auch durch den Verzicht z.B. auf die Fortsetzung einer Außenbeziehung. Jeweils bezogen auf die bewältigende Person gibt es neben dem *aktiven* also auch einen *passiven* Beitrag zur Eifersuchtsbewältigung, der *Verhindern* genannt werden kann. Dieses Verhindern bildet aber m.E. keine eigene, vierte Bewältigungsart, weil es letztlich immer nur zum Überwinden oder Reduzieren (bzw. Aushalten) beiträgt, dieses aber nicht durch etwas anderes ersetzt.

Fazit

Eifersucht ist (wie die sie auslösende Untreue) oft störend, belastend oder gefährlich und wird deshalb mißbilligt. Sie zu bewältigen heißt, diese Störung/Bedrohung zu beseitigen oder zu verringern. Im ersten Fall handelt es sich um eine vollständige Bewältigung, im zweiten um eine teilweise. Auch wenn Eifersüchtige, Partner, Rivalen, andere Betroffene und unbeteiligte Zuschauer den Störungsgrad einer Eifersuchtsreaktion nicht nur situationsspezifisch sehr unterschiedlich bewerten können: Es gibt drei grundlegende Möglichkeiten, Eifersucht zu bewältigen. Die erste ist das *Überwinden*, bei dem es trotz der Wahrnehmung einer Außenbeziehung zur Entscheidung "nicht störend/bedrohlich!" und damit "keine Eifersuchtsreaktionen!" kommt. Die zweite ist das *Reduzieren*, bei dem die/der Eifersüchtige sich an der Untreue des Partners *weniger* stört und deshalb *weniger* heftig und folgenschwer reagiert. Und die dritte ist das *Aushalten*, bei dem der Eifersuchtsprozeß selbst nicht verändert werden muß, sondern nur dessen Bewertung (siehe Abb. 6, S. 80).

Kriterien: Wann sollte Eifersucht bewältigt werden?

Wir wissen jetzt, *daß* Eifersucht wenigstens gelegentlich überwunden, reduziert oder ausgehalten werden kann. Aber *sollte* sie auch bewältigt werden? Außenbeziehungen können doch wirklich bedrohlich sein, Eifersucht bietet vielleicht auch Vorteile, und in der Eifersuchtsbewältigung selbst stecken womöglich neue Gefahren.

Wie bedrohlich sind sexuelle Außenbeziehungen?

Untreue macht eifersüchtig, wenn und weil sie als Bedrohung erlebt wird. Ist diese Bedrohung real und groß, wäre zumindest ein Überwinden der Eifersucht unangebracht. Aber ist die Gefahr wirklich immer so groß, daß sie eine Eifersuchtsbewältigung verbietet?

Warum haben Menschen Lust auf sexuelle Außenbeziehungen? Erstens, weil sie «ein Bedürfnis nach intimen, liebevollen, gefühlsbetonten Beziehungen zu haltgebenden, anteilnehmenden, vertrauenswürdigen und einverständigen anderen Wesen»[182] haben. Wobei der Plural durchaus bewußt gesetzt ist. Und zweitens, weil sie Lust auf Liebe, Sex und Erotik haben. «Besorgte Eltern, erzürnte Gatten, schnüffelnde Ordnungshüter und kirchliche Gebote mögen die Paarungsneigung der Menschen noch so sehr niederhalten und aus dem Konzept bringen, den Trieb und das Verlangen nach sexueller Befriedigung und Lust völlig zu ersticken, sind sie außerstande. Um auf sexuellem Gebiet ihren Willen durchzusetzen, kämpfen, töten, notzüchtigen die Menschen und setzen sie ihr Vermögen, ja selbst ihr Leben aufs Spiel»[183]. Auch ihre Beziehungen. Und obwohl Bindungen und geschlechtliche Lust zu den elementaren menschlichen Bedürfnissen und Begehren gehören («Amerikanische Jugendliche zwischen zwölf und neunzehn Jahren geben an, sie dächten in ihren Wachzeiten durchschnittliche alle fünf Minuten an Sexuelles, und sogar noch mit fün[f]zig denken amerikanische Männer mehrmals täglich daran»[184]), werden sexuelle Außenbeziehungen häufig ganz anders erklärt.

Wer einmal beliebig herumfragt, *warum Menschen* eigentlich *eifersüchtig werden*, bekommt (in unterschiedlicher Auswahl und Formulierung) die verschiedenen Eifersuchtsmotive genannt: aus Furcht, der Partner wolle sich trennen, aus Enttäuschung über die fehlende Zuwendung, wegen des Vertrauensbruchs (Versprechen ewiger Treue), aus Angst vor einem Vergleich mit dem Rivalen oder vor dem Gerede der Nachbarn, Freunde und Verwandten, wegen des Gefühls der persönlichen Zurücksetzung und Unattraktivität usw. Werden aber die gleichen Leute gefragt, *warum die Partner untreu werden*, dann werden, empirisch ebenfalls zutreffend, sexuelle Begierde, Neugier, Lust auf Abwechslung, Reiz des Verbotenen, Nichtauslassenwollen einer günstigen Gelegenheit, Austesten der eigenen Attraktivität, Machtzuwachs, Schaffung von mehr Distanz zum Ausgangspartner und ähnliche Gründe genannt, jedoch so gut wie nie: "weil mein Partner mich verlassen will, mich nicht mehr liebt, mich unattraktiv findet, mich verletzen/herabsetzen möchte" o.ä.

Diese verbreitete Diskrepanz zwischen der durch die Eifersüchtigen wahrgenommenen und seitens der Partner intendierten Bedrohung ist auffallend, etwa im Vergleich zu anderen nichtexklusiven Befriedigungen wie dem Genuß verschiedener Filme, Landschaften, Mahlzeiten oder Konzerte. Und sie ist ein wichtiger Faktor für das Auftreten und die Eskalation sexueller Eifersucht. Gerade im Bewältigungsinteresse ist es deshalb unerläßlich, sich einmal zu vergegenwärtigen und in jedem Einzelfall auch wirklich zu prüfen, *warum* Partner sexuelle Außenbeziehungen eingehen. Denn dabei zeigt sich, daß zwar durchaus die Unzufriedenheit mit dem/der anderen und der Ausgangsbeziehung, das mehr oder weniger eingestandene Suchen nach einer neuen Partnerschaft oder andere wirklich bedrohliche Auslöser hinter der Untreue stehen können. Daß es aber tatsächlich auch sehr oft einfach nur um Selbstbestätigung, Abwechslung und Spannung, um Provokation ("liebt er/sie mich noch?"), um den Reiz des Neuen, Unbekannten, Ungewissen, Verbotenen, Nichtreglementierten, Anarchischen oder um ähnliches geht. Auch solche Anfänge können zwar zu bedrohlichen Außenbeziehungen führen, müssen es aber keinesfalls.

Nicht jede sexuelle Außenbeziehung hat also etwas mit den Eifersüchtigen und der Ausgangsbeziehung zu tun. Untreue kommt auch in den besten, von allen Beteiligten als optimal befriedigend bewerteten Beziehungen vor. Und nicht jeder fremdgehende Partner tut dies mit der Absicht, den anderen zu kränken oder auch nur auf Defizite in der von ihm durchaus als befriedigend angesehenen Ausgangsbeziehung hinzuweisen. Es sind deshalb immer sehr genau die tatsächlichen Gründe und die vom Partner intendierten Bedrohungen zu bestimmen.

Welche Außenbeziehungen sind wann und für welche Motive gefährlich? Ein Flirt oder sogar nur Flirtspiel bedroht anders als ein langjähriges und intensives Verhältnis. Selbstbefriedigung ist auf andere Weise gefährdend als eine Urlaubsliebe. Die verschiedenen Arten sexueller Außenbeziehungen sind, aus einer *neutralen* Sichtweise betrachtet, nicht für jede Person, alle Eifersuchtsmotive und in jeder Situation gleichermaßen bedrohlich. Im Gegenteil, sie können sogar nützen: etwa wenn der Partner durch einen erfolgreichen Flirt oder verheimlichten Seitensprung aus einem persönlichen Tief herausgelöst wird und diesen neuen Schwung mit in die Ausgangsbeziehung bringt, denn «neue Beziehungen mildern häufig die Gefühle der Isolation und der Langeweile, die Verarmung der zwischenmenschlichen Intimität, an der die isolierte Kleinfamilie zu leiden scheint»[185]. Oder wenn ein Außenpartner die Wünsche erfüllt, die der Ausgangspartner nicht befriedigen kann oder möchte, und wenn durch diese Möglichkeit der Erhalt der Ausgangsbeziehung gesichert wird (eine Situation, die insbesondere für die Ausgangsbeziehung erfolgreicher Geliebter gilt, die z.T. auf gar keinen Fall mit dem "festen" oder Ehepartner tauschen wollen). Wie gefährlich sie aber *subjektiv* besehen sind (und dies ist die allein entscheidende Perspektive), wird je nach Ausgangsbasis und Blickwinkel ganz unterschiedlich bewertet werden. Also z.B. abhängig von den individuellen momentanen Begehren und Werten, die bei einem, der gerade in einer spannenden und selbstbestimmten Arbeit versunken ist, anders sind als bei einem, der längerfristig "auf Montage" ist, im Krankenhaus liegt oder Kriegsgefangener ist. Manchmal ist deshalb bereits das gemeinsame Ausgehen des Partners mit seinen Arbeitskolleginnen eifersuchtsauslösend, andere stören sich nicht grundsätzlich, sondern höchstens in bestimmten Situationen daran, daß sie ihren Partner mit Mitfrauen oder mit seiner Geliebten und vielleicht noch anderen teilen müssen. Sie begrüßen die damit verbundenen Vorteile (z.B. die dabei gewonnene selbstbestimmte Zeit) vielleicht sogar. Diese auch hier wirksame Vielfalt der Einschätzungsperspektiven (s.S. 76-79) behindert dann natürlich auch die Eifersuchtsbewältigung, etwa wenn der eine Partner sein Verhalten gar nicht so bedrohlich findet wie der andere.

Doch unabhängig von der interpersonal oft so unterschiedlichen Bedrohlichkeitseinschätzung: Auch wer für sich selbst, als einzelne Person, versucht, ganz nüchtern und neutral die tatsächliche Gefahr verschiedener Arten von Außenbeziehungen für die Erfüllung der eigenen Eifersuchtsmotive abzuschätzen, der wird für die meisten Varianten nicht die eindeutige und sichere Gefahr diagnostizieren können, von der Eifersüchtige zunächst oft unreflektiert ausgehen. Die Antwort wird fast immer relativierend lauten müssen: "das hängt davon ab, was ...!". Nicht nur bei der bekannten Frage "Was stört Sie mehr? Wenn Ihr Partner mit Ihnen schläft und dabei an andere denkt, oder wenn Ihr Partner mit anderen schläft und dabei an Sie denkt?"[186]. Dies ist leicht durch eine möglichst genaue und ehrliche Bedrohlichkeitsabschätzung zu testen, die fast immer sehr viel mehr Frage- bzw. Minus- als Pluszeichen erbringt (siehe Tabelle 6, S. 86f.).

An der Art der sexuellen Außenbeziehung allein läßt sich die Bedrohung jedenfalls nicht ablesen. Denn diese wird u.a. auch dadurch bestimmt, wie jene wirklich verläuft, wie der Partner sich dabei dem Eifersüchtigen und dem Außenpartner gegenüber verhält, wie und wie stark ersterer geschädigt wird (z.B. durch den Verlust gemeinsamer Unternehmungen oder von Zärtlichkeit oder durch die Ansteckung mit einer Geschlechtskrankheit) und wie groß sein Interesse am Partner und an der Ausgangsbeziehung ist.

Fazit. Untreue ist nicht nur und nicht immer gleich bedrohlich. So kontext-, personen-, interessen- und situationsspezifisch und damit unterschiedlich wie die Auslöser für sexuelle Außenbeziehungen sind auch die Gefahren, die diese für die Erfüllung der verschiedenen Eifersuchtsmotive mit sich bringen. Da sie nicht nur vom Verhalten der Partner in der Außen- wie in der Ausgangsbeziehung abhängen, sondern genauso von der subjektiven Einschätzung der vermeintlich oder tatsächlich Bedrohten, gibt es keine einfache, für jeden Einzelfall gültige Bedrohlichkeitsformel.

Kann Eifersucht nicht auch nützlich sein?

Eifersucht zu bewältigen heißt, Fremdgehen wenigstens gelegentlich und in bestimmten Varianten zuzulassen. Eine solche permissive Haltung kann aber ihrerseits neue Probleme schaffen, etwa wenn sie die Erfüllung anderer wichtiger Motive gefährdet oder gar verhindert: «Der Wunsch nach sexueller Abwechslung verdammt die meisten Männer zu einem lebenslang

Tabelle 6: Bedrohlichkeitseinschätzung für verschiedene Arten von Außenbeziehungen

Ihr(e) Partner(in)	betrachtet Sex- oder Pornofilm	befriedigt sich selbst	macht Musik/ Sport mit Freund(in)	flirtet auf Party
Würde mich eifersüchtig machen	+ ? –	+ ? –	+ ? –	+ ? –
Meine Reaktion wäre				
- sehr heftig	+ ? –	+ ? –	+ ? –	+ ? –
- höchstens schwach	+ ? –	+ ? –	+ ? –	+ ? –
Gefährdet den Erhalt meiner Beziehung	+ ? –	+ ? –	+ ? –	+ ? –
Verstößt gegen meinen				
- Exklusivitätswunsch	+ ? –	+ ? –	+ ? –	+ ? –
- Bevorzugungswunsch	+ ? –	+ ? –	+ ? –	+ ? –
Verhindert die Zuwendung, die ich möchte	+ ? –	+ ? –	+ ? –	+ ? –
Verstößt gegen Ansprüche, die ich an Partner habe	+ ? –	+ ? –	+ ? –	+ ? –
Schwächt meinen Wert, meine Attraktivität	+ ? –	+ ? –	+ ? –	+ ? –
Gefährdet mein Ansehen				
- in der Familie	+ ? –	+ ? –	+ ? –	+ ? –
- bei Freunden	+ ? –	+ ? –	+ ? –	+ ? –
- am/im Ort	+ ? –	+ ? –	+ ? –	+ ? –
- bei Arbeitskollegen	+ ? –	+ ? –	+ ? –	+ ? –
Bedroht mich				
- körperlich	+ ? –	+ ? –	+ ? –	+ ? –
- psychisch	+ ? –	+ ? –	+ ? –	+ ? –
Macht mich neidisch	+ ? –	+ ? –	+ ? –	+ ? –
Nimmt mir die Macht über meinen Partner	+ ? –	+ ? –	+ ? –	+ ? –

(+ = sicher/ja/immer, ? = je nachdem/evtl./machmal, – = auf keinen Fall/nein/nie)

schmust gelegentlich mit Freund/in	schläft gelegentlich mit Freund/in	geht ab und an in Bordell	hat eine(n) ledige(n) Geliebte(n)	hat eine(n) verheiratete(n) Geliebte(n)
+ ? –	+ ? –	+ ? –	+ ? –	+ ? –
+ ? – + ? –	+ ? – + ? –	+ ? – + ? –	+ ? – + ? –	+ ? – + ? –
+ ? –	+ ? –	+ ? –	+ ? –	+ ? –
+ ? – + ? –	+ ? – + ? –	+ ? – + ? –	+ ? – + ? –	+ ? – + ? –
+ ? –	+ ? –	+ ? –	+ ? –	+ ? –
+ ? –	+ ? –	+ ? –	+ ? –	+ ? –
+ ? –	+ ? –	+ ? –	+ ? –	+ ? –
+ ? – + ? – + ? – + ? –	+ ? – + ? – + ? – + ? –	+ ? – + ? – + ? – + ? –	+ ? – + ? – + ? – + ? –	+ ? – + ? – + ? – + ? –
+ ? – + ? –	+ ? – + ? –	+ ? – + ? –	+ ? – + ? –	+ ? – + ? –
+ ? –	+ ? –	+ ? –	+ ? –	+ ? –
+ ? –	+ ? –	+ ? –	+ ? –	+ ? –

unerfüllten Verlangen; ist das Begehren aber wie bei vielen homosexuellen Männern leicht erfüllbar, frustriert es oft die Befriedigung anderer Begehren, etwa der Wünsche nach Intimität und Sicherheit»[187]. «Wenn die Sexualität nicht als Quelle für Lust mit Menschen, die man mag, gesehen wird, dann dürfte außereheliche Sexualität kaum bedrohlicher sein als ein Squash-Spiel mit der Nachbarin. In diesem Fall geht aber die spezifische Intimität verloren, die die Sexualität zu einer verbindenden Kraft innerhalb der Beziehung macht»[188].

Mit der Entscheidung für das Thema "Eifersucht bewältigen" bin ich zunächst einmal davon ausgegangen, daß Eifersucht für die von ihr Betroffenen und deren Beziehungen behindernd, leidvoll, quälend und zerstörerisch ist bzw. sein kann; daß es also sinnvoll ist und sich lohnt, Eifersucht zu bewältigen. Die eben zitierten Beispiele müssen skeptisch stimmen: Kann Eifersucht nicht doch auch sehr zweckmäßig und vorteilhaft sein, z.B. um Intimität und die Sicherheit einer Beziehung zu schützen?

Richtig eingesetzte und praktizierte Eifersucht kann tatsächlich auf unterschiedlichen Ebenen in verschiedener Weise nützlich sein. Für *Eifersüchtige selbst* etwa, wenn sie Bedrohungen bewußt macht[189], die Liebe schützt[190], Haß rechtfertigt[191], Langeweile verhindert oder die Lust erhöht[192]. Für die *Beziehung* kann sie z.B. als Frühwarnsignal gewinnbringend sein, die Partnerschaft klären zu müssen, oder indem sie auf Unterschiede in den Standpunkten aufmerksam macht, eine Klärung des Interessenkonflikts herbeiführt und das Paar in Kontakt hält[193]. In *sozialer Hinsicht* ist Eifersucht ein weithin akzeptierter Grund für moralische Entrüstung, der anderen feindschaftliche, verbitterte und gewaltsame Reaktionen "erklärt", die sonst nicht so ohne weiteres akzeptiert würden[194]. Und sogar für die *Gesellschaft* kann Eifersucht zweckmäßig sein, etwa wenn sie die allgemein anerkannten Beziehungen schützt (also bei uns z.B. Mehrehen verhindern hilft)[195], Teil des «Zements» ist, der menschliche Gruppen zusammenhält[196], oder die Integrität der Gesellschaft bewahrt[197].

Unabhängig davon, ob dies erstrebenswerte Zwecke sind und ob Eifersucht tatsächlich genau die genannten Funktionen erfüllt (der Kulturenvergleich erweist etwa, daß sexueller Wettbewerb längst nicht so zerstörend für Gemeinschaften ist, wie teilweise angenommen wird, daß Eifersucht als "Gesellschaftszement" also u.U. weder erforderlich noch geeignet ist[198]): Verallgemeinernd ist festzustellen, daß Eifersucht immer und nur dann *nützlich* ist, wenn sie Bedürfnisse und/oder Begehren von Personen oder Gruppen und die auf sie bezogenen Werte schützt, d.h. zu ihrer Erfüllung positiv beiträgt. Damit freilich kommt (nicht mehr überraschend) auch hier wiederum die bereits an mehreren Stellen erwähnte Vielfalt und deshalb Relativität ins Spiel. Denn Personen und Gemeinschaften entwickeln und haben im Verlauf ihrer individuellen Geschichten sehr unterschiedliche Bedürfnisse, Begehren und Werte. Und diese werden ihrerseits durch Eifersucht kontext- und situationsspezifisch sehr verschieden gefördert: Die gleiche Eifersucht, die für einen Eifersüchtigen nützlich ist, weil der Partner wunschgemäß, aber notgedrungen die Affäre beendet, wird vom Partner als schädlich bewertet, weil sie seine Lust auf Seitensprünge behindert (s.S. 76ff.). Die gleiche Eifersucht, die Einzigartigkeit und Intimität schützt, verhindert Freizügigkeit und Abwechslung. Die gleiche Eifersucht, die den Partner zu mehr Zuwendung veranlassen soll, kann zum genervten Sich-Abwenden führen.

So kontext-, personen-, interessen- und situationsspezifisch und damit unterschiedlich wie die Eifersucht selbst sind also auch die Nutzen bzw. Schaden, die diese für Eifersüchtige, Partner, Außenpartner und/oder andere bringen. Da diese nicht nur vom Verhalten der Eifersüchtigen, sondern genauso von der subjektiven Bewertung der vermeintlichen oder tatsächlichen Nutznießer respektive Geschädigten abhängen, gibt es auch hier nur eine äußerst allgemeine Bewertungsformel, die sich auf die Bedürfnisse, Begehren und damit Werte der Betroffenen bezieht: Eifersucht kann für diese sowohl hilfreich ("gut") als auch unzweckmäßig ("schlecht") sein, und sie ist niemals für alle Interessen gleichermaßen hinderlich bzw. förderlich. Wir müssen uns also immer entscheiden.

Die Frage der Moral

Bisher bin ich bei der Erörterung der Gründe, die für oder gegen eine Bewältigung sexueller Eifersucht sprechen, *funktional* vorgegangen: Ich habe ganz nüchtern die Vor- und Nachteile von sexuellen Außenbeziehungen und von Eifersucht für die Bedürfnisse und/oder Begehren der beteiligten und betroffenen Personen bzw. Gruppen erörtert, ohne diese Erfordernisse selbst inhaltlich weiter zu bewerten. So betrachtet erwies sich Untreue als keineswegs unter allen Umständen und für alle Motive gefährlich und offenbarte Eifersucht nützliche wie schädliche Seiten. Aber ist eine solche funktionale Betrachtungsweise angemessen? Dürfen Treue und Untreue überhaupt als gleichwertige und gleichberechtigte Interessen diskutiert werden? Müßten sie nicht von vornherein unterschiedlich bewertet werden? Ist "Ehebruch" und damit Eifersucht nicht vor allem ein *moralisches* Problem?

Ja, Eifersucht ist auch ein moralisches Problem, sogar in mehrfacher Hinsicht. Aber gerade deswegen muß es funktional analysiert werden. Denn Moral ist ein Teil des funktionalen Zusammenhangs, der die Befriedigung unserer Bedürfnisse und Begehren ermöglicht bzw. ermöglichen soll.

Was ist Moral?[199] Moral ist nichts extern, also z.B. von irgendwelchen "Göttern" Gegebenes, sondern immer etwas von Menschen Geschaffenes. Grundlage jeder Moral sind die angeborenen, erlernten und erfundenen *Bedürfnisse* und *Begehren*, die Menschen für sich und für andere erfüllt haben möchten und in *Funktionsprozessen* erfüllen, vom nackten Überleben bzw. Gesundheit als Grunderfordernissen bis zu den individuellsten und flüchtigsten Neigungen. In Relation zu diesen Erfordernissen schreiben Menschen allen Dingen kontext- und situationsspezifisch *Werte* zu, die u.a. ausdrücken, wie der Beitrag dieser Dinge zur Erfüllung der Bedürfnisse und Begehren gesehen wird. *Moral* ist dann die Menge der von Menschen gesetzten und gelernten Regeln oder Vorschriften (Normen), die Aktivitäten als moralisch richtig oder falsch spezifizieren. Also als für den Schutz grundlegender Werte und damit der diese bestimmenden Bedürfnisse und legitimen Begehren geeignet oder ungeeignet. (Die hier verwendete systematisch umfassende Bedeutung von 'Moral' greift sehr viel weiter als der alltagssprachliche Gebrauch.) Bis auf wenige universale Grundbedürfnisse, die stammesgeschichtlich verankert und dadurch relativ einheitlich sind, werden die meisten Erfordernisse, Werte, Moralen und das, was sie erfüllen kann, je nach sozialer, relationaler und personaler Kultur anders gesehen und definiert. Deshalb gibt es immer und überall konkurrierende, widersprüchliche und sogar unvereinbare Begehren, Werte und Moralen in allen Lebensbereichen, und zwar nicht nur *zwischen* Partnern, sondern auch *innerhalb* von Gruppen oder Gesellschaften wie Personen.

Eifersuchtsbewältigung als Wert- und Moralproblem. Basis jeder Eifersucht sind zwei widersprüchliche Begehren: die Lust auf sexuelle Außenbeziehungen und der Wunsch nach sexueller Treue. Diese werden z.B. bei uns deutlich unterschiedlich bewertet, und zwar eindeutig zugunsten des Treuegebots. Entsprechend sind die auf Sexualität und sexuelle Beziehungen gerichteten moralischen Normen in der christlich-abendländischen Kultur meist so festgesetzt, daß sie sexuelle Exklusivität fördern und Untreue verhindern sollen.

Nun impliziert ja, wenn es sich vorher um begründete Eifersucht handelte, bereits die geringfügigste Eifersuchtsbewältigung das zumindest teilweise Zulassen sexueller Außenbeziehungen, also ein Aufweichen des uneingeschränkten Treuegebots. Einmal abgesehen davon, daß letzteres z.B. nach christlichen und anderen Wertvorstellungen und Moralen unzulässig ist: Wird mit einer solchen Ermöglichung außerpartnerschaftlicher sexueller Beziehungen nicht tatsächlich all das Positive, Schöne und Wünschenswerte zunichte gemacht, das durch gegenseitige sexuelle Treue entsteht? Und verbietet nicht beispielsweise die derzeit überall beschworene AIDS-Gefahr auch nur die geringste Erleichterung von Untreue? Denn jetzt sind bei unvorsichtigem Vorgehen nicht mehr "nur" bzw. vor allem z.B. ideelle oder wirtschaftliche Werte in Gefahr, wenn ein Partner Geschlechtsverkehr mit Dritten hat, sondern ganz konkret und existentiell die körperliche Gesundheit, das Leben der "Betrogenen". Wäre es deshalb nicht verantwortlicher und moralischer, auf sexuelle Treue zu pochen und Eifersucht zu propagieren, statt zu ihrer Bewältigung beizutragen?

Ob das moralischer ist, hängt von den jeweiligen Wertvorstellungen ab. Denn auf diese ist Moral bezogen, und was in einem Wertsystem als "gut" gilt, kann in einem anderen auch "schlecht" bewertet sein. Es gibt keine absoluten Werte, keine absolute Moral und damit auch keine Möglichkeit eines absoluten Urteils.

Auch verantwortlicher wäre das pauschale Fördern von Treue und Eifersucht nicht. Denn im ersten Fall kann ein uneingeschränktes Treuegebot umgekehrt genauso all das Positive, Schöne und Wünschenswerte verderben, das durch Untreue entsteht. Außerdem mißachtet ein solches Gebot z.B. ein denkbares Recht auf Abwechslung und das Grundrecht auf die freie Wahl der Beziehungen zu anderen Menschen. Und was die AIDS-Gefahr angeht: Sexuelle Eifersucht ist nicht nur vielfach unbegründet, sondern wird oft durch Flirts, "platonisch"-erotische Beziehungen, Zärtlichkeiten ohne Penetration oder Safer Sex ausgelöst. Das sind alles Fälle, in denen keine oder eine sehr geringe Gefahr einer HIV-Infektion besteht.

An diesen und ähnlichen Beispielen wird deutlich, daß die Beantwortung der Frage, ob Eifersucht bewältigt werden sollte, eine Entscheidung voraussetzt, was wem als wichtig oder wertvoll gilt und deshalb besonders zu schützen ist. Ob also beispielsweise sexuelle Treue einen höheren Wert als sexuelle Freiheit bekommen soll (bzw. umgekehrt) oder ob irgendwelche Zwischenformen angestrebt werden sollen, die sowohl "etwas" Treue als auch "etwas" Freiheit ermöglichen. Deshalb ist Eifersuchtsbewältigung wie die Eifersucht selbst zu einem großen Teil auch ein *Wert-* und damit ein *moralisches Problem.*

Die "westlichen" Grundwerte als Entscheidungsbasis

Die Frage der Werte und der Moral, die die Bewältigungsbemühungen jeweils auslösen und leiten, kann auch in einer vergleichsweise multikulturellen, individualistischen und offenen Gesellschaft wie der unseren nicht gänzlich der Beliebigkeit der Einzelentscheidung einer jeden Person oder Gruppe überlassen bleiben. Denn gedeihliches Zusammenleben setzt, z.B. aus Gründen der Verläßlichkeit und Sicherheit des Umgangs und der Alltagsgestaltung, in jeder Gemeinschaft einen Grundkonsens über fundamentale Werte, Rechte und Pflichten sowie deren Beachtung und Berücksichtigung voraus. Für uns relevant sind diesbezüglich die sog. Menschenrechte bzw. die Grundrechte.

Ich lege hier die folgende Auffassung dieser elementaren Werte, Rechte und Pflichten zugrunde[200]: Höchster persönlicher *Wert* ist optimales (nicht maximales!) physisches, mentales und soziales Wohlergehen und Glück. Oberstes *moralisches Grundprinzip* ist deshalb ein egoistische *und* altruistische oder kompetitive *und* kooperative Elemente verknüpfendes Prinzip, welches mit der elementaren Norm «genieße *und* hilf zu leben»[201] die Erfordernisse Selbsterhalt und Selbstverwirklichung (Egoismus) genauso berücksichtigt wie die Pflicht, anderen dazu zu verhelfen (Altruismus). Zu den *bewältigungsrelevanten Grundrechten* gehören vor allem die Rechte auf ein Leben in körperlicher und psychischer Unversehrtheit, auf freie Entfaltung der Persönlichkeit und auf die Gleichberechtigung von Mann und Frau, jeweils mit den in ihnen implizierten *Grundpflichten* des Verzichts auf aggressive Gewalt, der Respektierung der individuellen Angelegenheiten anderer und des Unterlassens sexistischer oder anderer Arten von Diskriminierung.

Nach dieser für unsere Gesellschaft angemessenen und akzeptablen, jedoch keinesfalls automatisch auf nichtwestliche kulturelle Verhältnisse übertragbaren Auffassung *muß* Eifersucht bewältigt werden, wenn sie gegen diese Grundrechte respektive Grundpflichten verstößt. Das ist zwar immer noch eine im Einzelfall viel konkrete Entscheidungsarbeit bedeutende Festlegung, aber immerhin eine, die allgemeine Bezüge ermöglicht und in vielen Fällen (wie etwa dem Töten oder psychisch schweren Verletzen des Partners) eindeutige Entscheidungen erlaubt.

Fazit

Menschen gehen sexuelle Außenbeziehungen nicht nur ein, weil sie ihre Partner nicht mehr lieben, unattraktiv finden, kränken oder verlassen wollen. Häufig hat die Außenbeziehung gar nichts mit dem Partner zu tun, geht es doch allein um die Befriedigung sexueller Lust, um Abwechslung, Neugier, den Reiz des Verbotenen oder ähnliche Motive. Menschen gehen zudem nicht nur sexuelle, sondern auch ganz andere Arten von Außenbeziehungen ein. Diese sind aber nicht immer und für sämtliche Eifersuchtsmotive gleichermaßen bedrohlich. Umgekehrt ist auch Eifersucht als Reaktion auf Außenbeziehungen weder grundsätzlich nützlich noch grundsätzlich schädlich. Sowohl die Bedrohlichkeit/Harmlosigkeit von Außenbeziehungen als auch die Nützlichkeit/Schädlichkeit von Eifersucht hängen entscheidend von den jeweiligen Interessen, Werten und der Moral, d.h. von den Beurteilungsperspektiven der unterschiedlichen Bewerter ab.

Deshalb kann allgemein nur festgelegt werden: Sexuelle Eifersucht sollte bewältigt werden, wenn sie die Erfüllung für wichtig erachteter Bedürfnisse und/oder Begehren der Beteiligten be- oder verhindert, also beispielsweise zum Tod oder zur Trennung des Partners führt, obwohl die Ausgangsbeziehung trotz der Außenbeziehung eigentlich erhalten bleiben sollte. Sie sollte *nicht* überwunden, reduziert oder ausgehalten werden, wenn sie die Erfüllung solcher wichtigen Erfordernisse ermöglicht oder fördert, also z.B. den Partner zu mehr Rücksichtnahme bewegt. Um entscheiden zu können, wann und wie Eifersucht im Einzelfall zu bewältigen ist, sind deshalb situationsspezifisch genaue Abwägungen ihrer *Nutzen/Vorteile* und ihrer *Kosten/Nachteile* erforderlich. Dabei sind nicht nur die möglichen psychischen und physischen, sondern auch die relationalen und sozialen Konsequenzen sowohl eines Verbots von Außenbeziehungen wie einer Nichterfüllung von Treuewünschen zu bedenken. Dieses differenzierte Gefüge zwingt zu kultur- und fallspezifischen Entscheidungen, für die auch innerhalb einer Gesellschaft nur grobe Leitlinien vorgegeben werden können. In diesem Buch werden die ("westlichen") Menschen- oder Grundrechte als diese allgemeinen Leitlinien herangezogen.

Aufgaben: Worum geht es bei Eifersuchtsbewältigung?

Die Überlegungen im letzten Unterkapitel haben vor allem gezeigt, daß es (wiederum wie bei der Untreue) nicht darum geht, Eifersucht (bzw. Untreue) um jeden Preis zu beseitigen. Es kommt darauf an, sie *seltener* (also z.B. nicht bereits bei geringfügigen Anlässen), *verantwortbarer* (d.h. hier den Menschen- oder Grundrechten entsprechend) und *klüger* (d.h. besser die eigenen Interessen schützend) einzusetzen, also *das Beste* aus ihr zu machen. Selten, klug und verantwortbar über Eifersucht zu entscheiden, eifersüchtig zu reagieren und auf Eifersucht zu antworten (also Eifersucht zu *optimieren*), kann deshalb als die grundlegende Aufgabe von Eifersuchtsbewältigung angesehen werden. Ein solch hehres Ziel bedarf der Konkretisierung.

Die Menschenrechte legen drei Aufgaben für ein Bewältigen sexueller Eifersucht nahe: einen optimierenden Interessenausgleich zwischen allen von Außenbeziehungen und Eifersucht Betroffenen, das Überwinden jeglicher Form von willkürlicher Doppelmoral und Doppelsanktionierung sowie den grundsätzlichen Verzicht auf aggressive physische wie psychische Gewalt. Die anthropologische Einsicht in ihren Verlauf und ihre Verursachung impliziert eine weitere Aufgabe: das Vermindern oder Verhindern einer negativen Emotionalisierung und damit des Kontrollverlustes und Stresses im Eifersuchtsprozeß.

Optimierender Interessenausgleich

Wenn es zu einer allgemein realisierbaren, dauerhaften, gerechten, befriedigenden und damit privat wie öffentlich wirklich greifenden Lösung kommen soll, dann dürfen Wert- und moralische Probleme wie Eifersuchtsbewältigung, die auf interpersonale Interessenkonflikte zurückzuführen sind, nicht einseitig gelöst werden. Nicht nur wegen des Grundrechts auf freie Entfaltung der Persönlichkeit, sondern auch aus grundsätzlichen Erkenntnissen über Konflikte.

Sexuelle Außenbeziehungen lassen sich nicht generell verhindern. Die Vielzahl und Strenge der sie verbietenden oder wenigstens begrenzenden Regeln unterstreicht also nur den empirischen Befund, da problematische Verhalten meistens stärker normiert werden als selbstverständliche. Doch obwohl dies inzwischen hinlänglich bekannt und belegt ist, werden vielfach immer noch Ideale (grundlegende Werte) gesetzt, deren konsequente Erfüllung bestenfalls einigen Menschen gelingt. “Ewige Treue” und “Eifersuchtsfreiheit”, aber auch pauschale “Nächstenliebe”, “Fremdenfreundlichkeit”, “Aggressionsfreiheit” oder “völlig emotionslose Rationalität” sind solche letztlich unerfüllbaren Vorgaben. Dahinter mag die Idee stehen, lieber etwas mehr als nötig zu verlangen, um wenigstens ein bißchen zu erreichen. Eine solche Vorstellung ist aber nur in Ausnahmefällen richtig. Die Festlegung nicht oder nur schwer erreichbarer Ziele kann zwar gelegentlich und für bestimmte Vorhaben helfen, sie kann aber auch blockieren. Beispielsweise, weil dauernde Miß- oder nur Teilerfolge (bezogen auf das Ober- oder Gesamtziel) zermürben und frustrieren und letztlich vielleicht sogar zur resignativen Aufgabe jeglicher Bemühungen um eine Lösung führen.

Daß ein generelles Überwinden sexueller Eifersucht unmöglich ist, werde ich noch zeigen (s.S. 118f.). Daß aber auch absolute sexuelle Treue zu verlangen ein zumindest für den Bevölkerungsdurchschnitt (nicht für einzelne Personen!) unrealistisches Ideal ist, beweist die Realität. Selbst die Androhung und Praktizierung härtester Bestrafungen konnte und kann Untreue in keiner Ethnie völlig ausschalten. Männer wie Frauen haben «anscheinend eine starke Neigung, auch außerhalb der Ehe Liebschaften einzugehen. Solche Verhältnisse kommen selbst bei denjenigen Gruppen [Ethnien] gelegentlich vor, bei denen sie als ehebrecherisch gelten und schwer bestraft werden»[202]. Untreue ist auch durch Ansteckungsgefahren (wie derzeit mit HIV-Viren) nicht gänzlich abzuschaffen: Trotz der damals, ohne wirksame Medikamente, zum Teil noch verheerenden Folgen von Geschlechtskrankheiten wie Tripper (Gonorrhoe), Weichen Schanker (Ulcus molle) oder Syphilis (Lues venerea) ließen sich Menschen auch früher nicht davon abhalten, sexuelle Außenbeziehungen einzugehen.

Das für Eifersucht verantwortliche Problem des Widerspruchs zwischen der Lust auf sexuelle Untreue und dem Wunsch nach sexueller Treue gleicht damit anderen, die in einem ähnlichen Spannungsfeld zwischen individueller Lust und Befriedigung, öffentlicher Verdammung und/oder Tolerierung sowie individuellem Schmerz und Nichtbewältigen (also in einem intra- wie interpersonalen Begehrens- und Wertkonflikt) stehen: etwa dem Problem der legalen wie illegalen Drogen[203]. Wie bei den Drogen kann auch in der Eifersuchtssituation weder das totale Verbot noch die völlige Freiheit wirklich nützen: *Beides* ist unrealistisch und nicht durchsetzbar. Ersteres ist zudem einseitig, weil es diejenigen benachteiligt, die Treue anders als sexuell verstehen und auf sexuelle Außenbeziehungen nicht verzichten möchten. In realistischer Einschätzung dieser Problematik haben es deshalb viele Menschengruppen «so eingerichtet, daß bestimmte Verhältnisse außerhalb der Ehe erlaubt sind»[204]. Nur solche Kompromisse, die das grundsätzliche Vorhandensein sowohl der Lust auf Untreue als auch des Wunsches nach Treue akzeptieren und damit dazu beitragen, *beide* Begehren zu erfüllen, sind realitätsangemessen. «Wettbewerb auf Kosten anderer und die Verwendung von Druck mit dem Ziel, die andere Partei zum Nachgeben zu zwingen, erweisen sich langfristig in einer Beziehung als problematisch. Die andere Partei wird durch solche Vorgehensweisen verbittert und antwortet in derselben Sprache. Hohe Verluste und eine Eskalation von

Konflikten sind dann unvermeidlich»[205]. Aufgrund ihrer höheren Verwirklichungschance sollten deshalb solche Versuche eines fairen Interessenausgleichs eines der Ziele von Eifersuchtsbewältigung sein.

Dies läßt sich auch konkreter nachweisen. Unproblematisch (und deshalb auch kein Thema dieses Buches) sind Beziehungen, in denen beide Partner sexuelle Treue verlangen und leben können. Besteht jedoch ein Partner auf uneingeschränkter Treue und möchte der andere seine Lust auf Untreue trotzdem realisieren, dann gibt es drei Möglichkeiten: Bleiben beide ohne nachzugeben bei ihren unvereinbaren Interessen, kommt es zum Konflikt ohne befriedigende Lösungschance. Gibt einer resignativ oder aus anderen eigentlich nicht überzeugenden Gründen nach, ist allein der andere wirklich befriedigt. Nur wenn beide gewisse Abstriche an ihren Motiven vornehmen, verteilen sich die Frustrationen wie die Motiverfüllungen, und es wird eine konfliktminimierende Kompromißlösung möglich. Also ist anzustreben, das absolute sexuelle Treuegebot in ein eingeschränktes *Bevorzugungsverlangen* zu relativieren, damit wenigstens bestimmte Arten von Außenbeziehungen zuzulassen und so Eifersucht zumindest teilweise zu bewältigen - wie es *de facto* ja auch längst vielfach und verbreitet geschieht (s.S. 147-51). Und konkret bezogen etwa auf die AIDS-Gefahr ist die Konsequenz, gefahrlosere Arten oder Techniken sexueller Kontakte zu propagieren sowie Schutzmaßnahmen zu empfehlen, statt auf Treue zu pochen - wie dies auch, gegen alle moralischen Bedenken und Widerstände, beispielsweise von den öffentlichen AIDS-Aufklärern in Werbekampagnen längst praktiziert wird.

Die erste Aufgabe von Eifersuchtsbewältigung ist also ein fairer Ausgleich zwischen den unterschiedlichen Bedürfnissen und Begehren *aller* beteiligten und betroffenen Personen bzw. Institutionen. Es geht um die Optimierung der Befriedigung für alle statt um die einseitige Maximierung respektive Minimierung für einen oder einige. Das bedeutet meist, daß sowohl der Eifersüchtige *als auch* der Partner *als auch* der Rivale Abstriche an den eigenen Begehren vornehmen und Zugeständnisse an die anderen machen müssen, z.B. durch Verzicht oder durch ein (empfehlenswertes) Vetorecht. Und das heißt, daß Eifersuchtsbewältigung normalerweise keine alleinige Aufgabe der Eifersüchtigen, sondern fast immer auch die der Partner (und Rivalen) ist. Wobei bei solchen Kompromißüberlegungen neben den Eifersüchtigen, ihren Partnern und den Rivalen ggf. auch deren Kinder, Angehörige oder Kollegen zu berücksichtigen sind, ja sogar die Interessen der Gesellschaft oder des Staates, in dem diese leben. Außerdem ist daran zu denken, daß optimierende Kompromisse meist nicht nur zwischen den unterschiedlichen Wünschen der verschiedenen Beteiligten herzustellen sind. Sie alle müssen u.U. auch ihre widersprüchlichen *eigenen* Wünsche berücksichtigen. Die Optimierungsaufgabe ist also *inter*personal wie *intra*-personal zu erfüllen.

Gleichberechtigung und Gleichbehandlung

In zwei Dritteln der 63 Ethnien des Standard Cross-Cultural Sample (SCCS), für die entsprechende Daten vorliegen, herrschte die ausdrückliche Meinung vor, daß Männer ihre Frauen dominieren sollten[206]. Solche sexistische *Doppelmoral* und bei Verletzung der Norm auch geschlechtsspezifische *Doppelsanktionierung* ist ähnlich verbreitet im Bereich sexueller Beziehungen. Zwar gingen in gut 80% der Gesellschaften Männer und in gut 70% Frauen außereheliche Beziehungen wenigstens gelegentlich ein[207], diese waren aber deutlich häufiger nur den Männern erlaubt (in 45%[208]), und Frauen wurden auch öfter und stärker bestraft, wenn sie das Verbot mißachteten (nur in 2 von 75 Ethnien wurden Männer härter bestraft bei Überschreitungen[209]).

Auch heute noch und bei uns wird Männern häufiger zugestanden und sogar institutional ermöglicht, ihre sexuelle Lust auch außerhalb ihrer festen Beziehung zu befriedigen. So wurde etwa den ja keinesfalls nur ledigen Soldaten der Vereinigten Staaten von Amerika während des Vietnam- und Golfkrieges quasi offiziell ermöglicht, Sex mit Prostitutierten zu haben. Die Transport- und Aufenthaltskosten trug die Armee. Frauen werden solche Möglichkeiten nicht im gleichen Maße geboten, sie werden auch immer noch eher abgeurteilt, wenn sie außer mit ihren Gatten oder Freunden noch ein anderes sexuelles Verhältnis haben. Männer können da, auch aufgrund genauso falscher wie strategisch "geschickter" Überdruck-Theorien (“Männer brauchen das einfach!”), mit mehr Verständnis, vielleicht sogar mit Neid und heimlicher Anerkennung als erfolgreiche Verführer und Frauenhelden rechnen. Frauen erhalten für das gleiche schnell die negativ gemeinten Etiketten "Flittchen" oder "Hure", ihnen wird auch einfach unterstellt, weniger Lust auf Außenbeziehungen zu haben (“Frauen brauchen das nicht!”) - obwohl z.B. die ethnografischen Daten dagegen sprechen (siehe oben) und obwohl die vielen untreuen Männer nicht nur mit unverheirateten Frauen flirten, schmusen oder schlafen.

Die geschlechtliche ist aber nur eine von vielen Arten der Ungleichbehandlung. Weit verbreitet und für Eifersucht maßgeblich ist auch die *egoistische* Doppelmoral und Doppelsanktionierung. So schlafen etwa bei den Ambon in Indonesien Väter zwar gerne mit den Töchtern anderer Väter, möchten sie aber auf gar keinen Fall, daß mit ihren eigenen Töchtern geschlafen wird[210]. Ebensowenig möchten viele Frauen wie Männer bei uns, daß ihr Partner sich das herausnimmt, was sie selbst sich gerne mal erlauben: eine sexuelle Außenbeziehung. Aus Männersicht illustriert dieses zweierlei Maß Abb. 7.

Abb. 7: Egoistische Doppelmoral[211]

Solche nicht in tatsächlichen Unterschieden von Bedürfnissen und Begehren begründeten und darin frei entschiedenen, sondern allein auf willkürliche kulturspezifische Geschlechterrollen oder puren Egoismus zurückzuführende Doppelbehandlung verstößt gegen den Grundsatz der prinzipiellen Gleichberechtigung aller Menschen und gegen das darin implizierte

Gebot der grundsätzlichen Gleichbehandlung nicht nur von Mann und Frau. Sie zu überwinden ist deshalb die zweite Grundaufgabe jeder Eifersuchtsbewältigung. An Stelle der üblichen sexistischen und egoistischen oder einer anderen willkürlichen Doppelmoral sollte eine bedürfnis- und begehrensspezifische Moral treten, öffentlich wie privat. Und statt der entsprechend willkürlichen Doppelsanktionierung ist, falls nicht gänzlich auf Sanktionen verzichtet werden kann oder soll, eine Belohnung respektive Bestrafung vorzuziehen, die die Taten und Umstände in Rechnung stellt, nicht aber z.B. die Geschlechtszugehörigkeit. (Was übrigens nicht heißt, daß Männer und Frauen oder ich und mein Partner ohne Rücksicht auf tatsächliche Unterschiede die gleichen Bedürfnisse und Begehren haben sollten oder gar müssen. Die in traditioneller Weise sich gegenseitig ergänzenden unterschiedlichen Partnerrollen und -aufgaben beispielsweise haben sich in Beziehungen sogar als deutlich konfliktreduzierender erwiesen als symmetrische oder auf Gleichheit gerichtete[212]. Es bedeutet allein, daß Frauen und Männer identische Interessen haben dürfen und daß sie, wenn sie in ihren Wünschen übereinstimmen, auch grundsätzlich gleichwertig und gleichartig zu behandeln sind.)

Verzicht auf aggressive Gewalt

Wer aus Eifersucht seine Partnerin mit offenen oder versteckten und bewußten Drohungen (z.B. auch der Androhung einer Selbsttötung) massiv unter Druck setzt, wer sie ohrfeigt, gegen ihren Willen aussperrt oder ihr auch nach Tagen noch eine gewünschte sachliche und vernünftige Auseinandersetzung konsequent verweigert, *übt Gewalt aus.* Das gilt gleichermaßen für "Betrüger" wie Eifersüchtige, für Reagierende wie darauf Antwortende. Da wir dies gerne und zumindest in vermeintlich harmloseren Fällen allzuoft übersehen bzw. akzeptieren, kann darauf nicht nachdrücklich genug hingewiesen werden. Zwar sind solche physisch oder psychisch gewalttätigen Eifersuchtsreaktionen z.B. durch die Emotionalisierung erklärbar, sind sie bei tiefem Getroffensein und starkem Sich-Bedrohtfühlen innerhalb der üblichen auf Strafe und Belohnung setzenden Denk-, Einstellungs- und Verhaltensmuster in unserer Kultur oft auch nachvollziehbar oder verständlich. Bezogen auf die oben skizzierten Grundrechte sind sie *moralisch* aber höchstens als wirkliche Notwehr entschuldbar - obwohl sie *juristisch* teilweise zulässig sind. Denn unser Rechtssystem macht die Ehe zu einem merkwürdig "rechtsfreien" Raum, in dem selbst schwere, grundrechtsverletzende und außerhalb der Ehe als kriminell gewertete Umgangsweisen anders bewertet werden. So ist nach deutschem Recht innerhalb einer Ehe keine Vergewaltigung, sondern nur eine Nötigung möglich. Selbst das Töten eines Rivalen auch außerhalb einer lebensbedrohlichen Notwehrsituation wird meist als Affekthandlung entschuldigt und statt als Mord (der eine lebenslange Freiheitsstrafe bedingte) als Totschlag gewertet und deshalb vergleichsweise gering bestraft.

Auffallend und interessant ist die Begründung für diese wenigstens teilweise und stillschweigende Zulassung von aggressiver Gewalt bei Eifersucht. Einerseits werden *kulturell* die Eifersucht auslösenden und vor allem die emotionalisierenden sowie ihre Heftigkeit und häufig eben auch Aggressivität entscheidend fördernden Vorgaben geleistet. Beispielsweise durch das Ideal der Exklusivität von Zweierbeziehungen, die damit verknüpfte starke Verpflichtung auf sexuelle Treue, die Bewertung von Untreue als grobem Vertrauens- und Beziehungsrechtsbruch und durch die immer noch weitgehende Tabuisierung von Sexualität und sexuellen Außenbeziehungen. Andererseits aber wird Gewalt im Zusammenhang mit Eifersucht als Affekt und damit als etwas fast Unausweichliches entschuldigt: Da Eifersucht gemeinhin als "natürlich" und daher "unausweichlich" definiert wird, können aggressive Eifersuchtsreaktionen auch als mehr oder weniger außerhalb unserer bewußten Kontrolle liegend, d.h. *biologistisch* gerechtfertigt und entschuldigt werden.

Bei allem Verständnis für einen staatlich gewünschten Schutz von Ehe und Familie und bei aller Einsicht in die unbedingte Notwendigkeit, gerade folgenschwere Taten auch aus der Sicht der Täter und ihrer Befindlichkeiten zu beurteilen: Eine solche Doppelmoral, die Gewalt für offiziell akzeptierte Ziele wie etwa die "Verteidigung" der Ehe (und Ehre) mittels Eifersucht wenn nicht erlaubt, so doch duldet, die die gleiche Gewalt in anderen Zusammenhängen aber schwer verurteilt und streng bestraft, ist abzulehnen.

Gewalt und Gewaltandrohungen sind aber nicht nur moralisch abzulehnen, sondern (außer in Notwehr*reaktionen*) vor allem auch unklug, weil sie zu einer Spirale von Drohungen und Gegendrohungen bzw. Gewalt und Gegengewalt führen, die zu gegenseitiger Blockierung und einer Eskalation des Konflikts statt zu seiner Lösung führt: «Von einem bestimmten Punkt an scheinen die Parteien die Frage, ob sie Gewinne oder Verluste erzielen, mehr und mehr zu ignorieren. Statt dessen konzentrieren sie sich zunehmend auf die Frage, ob sie die andere Seite zum Nachgeben zwingen können»[213]. Um so ihr Gesicht zu wahren.

Die dritte wichtige Aufgabe von Eifersuchtsbewältigung ist deshalb, aggressiv-gewalttätige Eifersuchtsreaktionen, die keinesfalls immer hinterhältig oder gemein sind, sondern oft nur die eigene Hilflosigkeit verdeutlichen, durch defensive Aktivitäten zu ersetzen. Nicht nur, weil Aggressivität sich häufig kontraproduktiv auswirkt, d.h. statt zum Erreichen der eigenen Eifersuchtsziele beizutragen (etwa zu mehr Rücksichtnahme des Partners auf die eigenen Wünsche) zu einer Eskalation von wechselseitigem Unverständnis sowie Gewalt und Gegengewalt führt, in der mindestens einer verliert; sondern eben auch, weil im Rahmen der hier gewählten Grundeinstellungen aggressive Gewalt außerhalb wirklich lebensbedrohlicher Notwehrsituationen grundsätzlich moralisch abzulehnen ist, unabhängig von den mit ihr erzielbaren Erfolgen.

Verhinderung oder Verminderung negativer Emotionalisierung

Eifersucht ist dann besonders belastend, eskalierend und scheinbar ausweglos, wenn sie negativ emotionalisiert verläuft und erheblich streßt. Das ist der Fall, wenn beobachtete oder unterstellte Untreue die Erwartung an das Verhalten des Partners so erheblich verletzt, einen so gravierenden Kompetenzmangel im Umgang mit Außenbeziehungen offenbart und zu einem so hohen Kontrollverlust führt, daß die Eifersucht als Terminierungs- oder Notfallprozeß mehr oder weniger unkontrolliert und unkontrollierbar abläuft (s.S. 37ff.). Die Folgen sind bekannt: Hilflosigkeit, Gefühlsausbrüche, Arbeits- und Kommunikationsunfähigkeit, destruktiv-wehleidiges Selbstmitleid, aggressive Gewalt, zirkuläre Eskalation mit Informationsverweigerung, gegenseitiger Blockade und Abwehr ohne Lösungschance.

Auch wenn Ziel von Eifersuchtsbewältigung nicht das Verleugnen oder Unterdrücken von Affekten und Gefühlen sein darf (und kann): Eine Verhinderung oder wenigstens Verminderung der Emotionalisierung und des Stresses ist nicht nur möglich, sondern auch erstrebenswert. Und zwar nicht als eines unter vielen alternativen Bewältigungsmitteln, sondern als grundlegende Bewältigungsaufgabe. Denn nur wenn wir im Eifersuchtsfall nicht bzw. nicht allzusehr oder allzulange die Kontrolle verlieren, haben wir eine reelle Chance, unsere Eifersucht zu überwinden, zu reduzieren oder auszuhalten - auch im wiederkehrenden Fall.

Um Streß durch die negative Emotionalisierung von Eifersucht zu vermeiden, sind zwei Teilaufgaben zu erfüllen. Erstens sind die *Erwartungen* so zu ändern, daß sexuelle Außenbeziehungen auch beim eigenen Partner nicht als völlig undenkbar und unwahrscheinlich verdrängt, sondern als durchaus möglich und in wenigstens einigen Varianten von Untreue sogar als wahrscheinlich anerkannt werden. Und zweitens sind die *Kenntnisse* über Sexualität, sexuelle Außenbeziehungen und Eifersucht sowie die *Fer-*

tigkeiten im Umgang mit der fremden Untreue und der eigenen Eifersucht und mit den dadurch bedingten partnerschaftlichen Konflikten und ihrer Austragung so zu verbessern und einzuüben, daß sie im Untreue- bzw. Eifersuchtsfall zur Verfügung stehen und auch wirklich konfliktlösend eingesetzt werden können. Denn nur wenn die Erwartungen stimmen und die Kompetenz ausreichend hoch ist, kann der oft so fatale und Eifersucht so verschlimmernde Kontrollverlust verhindert werden, sind die zur Bewältigung erforderlichen Veränderungen im Eifersuchtsprozeß überhaupt möglich (siehe Abb. 3, S. 39).

Fazit

Es geht bei der Bewältigung von Eifersucht nicht darum, diese möglichst vollständig zu beseitigen. Oberstes Ziel ist es, sie seltener und dann klug und verantwortbar einsetzen zu können. Um aber durch das Überwinden, Reduzieren oder Aushalten von Eifersucht dazu beitragen zu können, das persönliche Wohlergehen aller an Außenbeziehungen und an Eifersucht Beteiligten zu verbessern, sind vier grundlegende Aufgaben zu erfüllen: Erstens ist ein optimierender Ausgleich zwischen der Erfüllung der Bedürfnisse und Begehren aller von Untreue und Eifersucht Betroffenen herzustellen. Zweitens sind alle Formen zwar z.B. geschlechtlich oder egoistisch "begründeter", dabei aber willkürlicher Doppelmoral und Doppelsanktionierung zu beseitigen. Drittens sind alle physisch wie psychisch aggressiven Reaktions- und Gegenreaktionsweisen durch defensive und konstruktive zu ersetzen. Und viertens ist der Kontrollverlust und Streß durch die verbreitete negative Emotionalisierung des Eifersuchtsprozesses zu verhindern oder wenigstens zu vermindern. Vor allem die ersten drei Aufgaben verdeutlichen noch einmal, daß Eifersuchtsbewältigung auch völlig unabhängig von der jeweiligen *Sexual*moral ein moralisches Problem und eine moralische Aufgabe ist. Wenig erstaunlich, denn schließlich geht es um die Frage des Umgangs von Menschen miteinander.

Die vier genannten Zielvorgaben, denen als Oberziel immer "Motiverfüllung" zugrundeliegt (vgl. S. 36), sind nun für konkrete Bewältigungsversuche immer noch viel zu pauschal. Um wirklich erfolgreich sein zu können, sind konkretere, begrenztere und präziser formulierte Zielsetzungen erforderlich. So ist etwa zu bestimmen, für wen die Bewältigung erreicht werden soll (z.B. Eifersüchtige, Partner, Außenpartner, deren Kinder und/oder andere) und wo die Kompromißgrenzen, d.h. die nicht über- bzw. unterschreitbaren Schwellenwerte des Erträglichen, verlaufen sollen. Deshalb sind nicht nur bewußte Entscheidungen, sondern dafür ggf. auch explizite

Abstimmungen und Vereinbarungen unumgänglich, z.B. mit dem Partner oder auch Therapeuten. Hilfreich bei der Festlegung solcher realistischer Ziele oder *konkreter* Aufgaben ist u.a. die Kenntnis der verschiedenen Arten von Eifersucht, von denen einige im Vergleich mit ihren Gegenpolen wohl allgemein als reduzierte Eifersucht bewertet werden dürften, wenn auch nicht in jedem Fall müssen; etwa dann nicht, wenn eine unkontrollierte (weil emotionalisierte) Eifersuchtsreaktion weniger erträglich ist als eine kontrollierte (siehe Tabelle 5, S. 67).

Verfahren: Wie kann Eifersucht bewältigt werden?

Wir sollten die Emotionalisierung unserer Eifersucht abbauen, u.a. um zu weniger aggressiven Reaktionen zu kommen, und wir sollten bei unserer Eifersucht (wie bei der Außenbeziehung) die Grundsätze der Gleichberechtigung und Gleichbehandlung beachten sowie einen optimierenden Interessenausgleich zwischen allen Beteiligten anstreben. Wie gesagt: respektable Vorsätze, aber wie können wir sie erreichen?

Eifersucht muß kulturell bewältigt werden

Zumindest ein Teil der Kognitionen, Affekte, somatischen Reaktionen, Verhalten und Handlungen, die Eifersucht ausmachen, und ein Teil der Beziehungen, in denen sie auftritt, gehören zur kulturellen Theorie und Praxis der beteiligten Personen und Gruppen; ein weiterer Anteil (der biokulturelle) wird durch diese mehr oder weniger stark beeinflußt. Unzureichend oder gar nicht bewältigte Eifersucht ist also teilweise auch auf eine "falsche" Kultur zurückzuführen. Aus Bewältigungssicht zum Glück, denn da wir an den biotischen Ursachen sexueller Eifersucht derzeit nichts ändern können, bleibt uns allein eine Modifizierung dieser kulturellen Theorien und Praxen, also immer nur die Veränderung eines Ausschnittes des Gesamtverursachungsnetzes, um die für eine Bewältigung erforderlichen Änderungen zu erreichen (s.S. 60).

Daß Kultur nicht statisch, sondern flexibel ist, erleben wir in unserer ja in vielen Bereichen äußerst schnellebigen Zeit vor allem am raschen Wandel der Kenntnisse und Einstellungen mit ihren Auswirkungen auf die Affekte, Verhalten und Handlungen. Das betrifft auch Untreue und Eifersucht. So haben sich etwa in den USA nach dem Zweiten Weltkrieg deutliche Schwankungen gezeigt: «Der sexuelle Konservatismus in der Zeit bis etwa 1965 produzierte eine relativ positive Sichtweise von Eifersucht, während die Liberalisierung der späten 1960er und frühen 1970er zu einer negativen Bewertung von Eifersucht führte. Auch heute noch halten viele Menschen Eifersucht für einen persönlichen Defekt - wie in den späten 60er Jahren. Gleichzeitig scheinen aber Werte wie "Bindung" und "Verpflichtung" eine Art Comeback zu erleben. Es wird seltener als früher von Freiheit, Abenteuer und offener Ehe gesprochen. Da die Angst vor AIDS und andere Entwicklungen die nordamerikanische Kultur in sexueller Hinsicht wieder etwas konservativer machen, wird auch Eifersucht, bis zu einem gewissen Grad, "rehabilitiert" und wieder allgemeiner gebilligt»[214]. Ein solcher gesellschaftlicher Wandel ist nur als Folge personaler Veränderungen möglich. Deshalb müssen ihm immer auch individuelle Kulturwandelprozesse zugrunde liegen. Menschen können die eifersuchtsrelevante kulturelle Praxis und Theorie also nicht nur als Gesellschaft oder Gruppe, sondern auch als Einzelperson ändern.

Wie aber kommen wir am besten an bewältigungswirksame Alternativen? Wer versucht, Probleme durch Introspektion, durch die Erforschung der eigenen Person und Lebensgeschichte, zu lösen, wird vor allem das finden, was bisher für die Probleme (mit)verantwortlich war. Dieses "negative" Wissen ist wichtig, um hinderliche oder ungeeignete Einstellungen und Verhalten kennenzulernen und vermeiden zu können. Es nützt aber wenig oder gar nichts, wenn es nicht um die "positive" Kenntnis geeigneterer Strategien ergänzt wird. Der vernünftigste (weil erfolgversprechendste) Weg zu einer gezielten Veränderung von Kultur ist deshalb eine vergleichende Suche nach Lösungen in möglichst unterschiedlichen Lebensformen innerhalb wie außerhalb der eigenen Zeit und Gesellschaft, also ein *pragmatischer Kulturenvergleich*[215]. «Andere Lebensstile können als Experimente angesehen werden. Wenn wir vorübergehend die moralischen Bewertungen, die Skepsis und den Neid überwinden können, die die verbreitetsten Antworten auf ungewohnte Formen intimer Beziehungen sind, dann werden wir mehr erfahren über die Spannweite und die Grenzen des Menschenmöglichen. So wichtig es ist, aus der eigenen Erfahrung zu lernen: Die Fähigkeit, aus der Erfahrung anderer zu lernen, ist noch wichtiger»[216]. "Exotische" Beispiele, wie ich sie hier z.T. bringe, sind dabei auch deshalb günstig, weil sie vorschnelle Bewertungen und Identifikationen ("naja: Swinger, Hippies, Künstler ...") verhindern und zu einer unvoreingenommeneren Reflexion des *Inhalts* anregen, da keine konkreten Kenntnisse und Meinungen über die Gesellschaft/Gruppe stören.

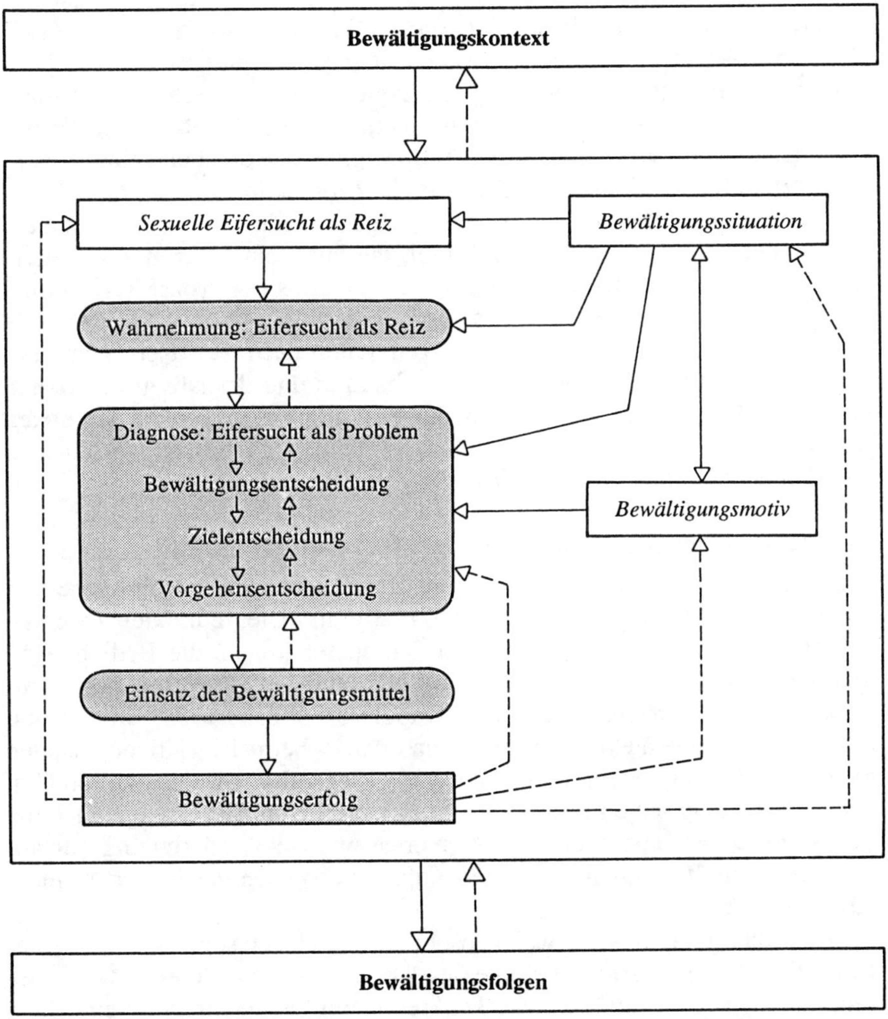

Abb. 8: Die Bedingungen von (normal) und Voraussetzungen für (kursiv) ein Bewältigen sexueller Eifersucht

Eifersuchtsbewältigung als Problemlösungsprozeß

Eifersuchtsbewältigung ist nötig, wenn Eifersucht gegen die Menschenrechte verstößt, und sinnvoll, wenn die Eifersucht die Erfüllung von weiteren wichtigen Begehren wie z.B. der eigenen Zufriedenheit, Arbeitsfähigkeit oder Gesundheit behindert oder gar verhindert. Also dann, wenn es eine unerwünschte Diskrepanz zwischen dem gegenwärtigen Eifersüchtigsein und einem angestrebten und bevorzugten Zustand “nicht oder weniger Eifersüchtigsein” gibt. Eifersucht ist dann ein persönliches, relationales und/oder soziales *Problem* und ihre Bewältigung entsprechend eine persönliche, relationale und/oder gesellschaftliche *Problemlösungsaufgabe*[217].

Um störende Eifersucht gezielt überwinden, reduzieren oder aushalten zu können, bedarf es geeigneter Mittel, die auch einzusetzen sind. Eifersuchtsbewältigung entspricht dabei als Problemlösungsprozeß rein formal der zu bewältigenden Eifersucht selbst: Beides sind Prozesse, die wie alle psychisch gesteuerten menschlichen Aktivitäten nach dem Reiz-Wahrnehmungs-Abwägungs-Reaktions-Schema ablaufen und deshalb grundsätzlich identische Bauteile und Strukturen haben (s.S. 17f.). Nur die konkreten Ausprägungen sind selbstverständlich in beiden Prozessen verschieden (vergleiche Abb. 8, S. 105, und Tabelle 7, S. 108).

In welchen Kontexten findet Eifersuchtsbewältigung statt?

Wie die Eifersucht selbst ist auch ihre Bewältigung durch zahlreiche und immer mehrfach vernetzte Ursachen bestimmt. Die indirekten externen Faktoren und Wirkungen, die auf die Voraussetzungen, die Bedingungen und damit die Folgen von Bewältigungsbemühungen einwirken, bilden zusammen den *Bewältigungskontext.* Da dieser üblicherweise weitgehend dem Eifersuchtskontext entspricht, wir es also beim Bewältigen mit den gleichen oder doch sehr ähnlichen (phylo-)genetischen, soziokulturellen, personalen, relationalen und situativen Faktoren zu tun haben, die auch die Eifersucht selbst bestimmen, sei hier ohne weitere Wiederholung nur auf den Abschnitt "Ursachen" im ersten Kapitel verwiesen (siehe insbesondere Abb. 5, S. 56).

Die Wichtigkeit dieses jeweils besonderen (und sich sogar während einer Bewältigung verändernden) Kontextes läßt sich unter anderem daran ablesen, daß er mitbestimmt, welche konkreten Voraussetzungen im einzelnen Bewältigungsfall erfüllt werden können, welche Entscheidungen und Bewältigungsaktivitäten überhaupt gewählt werden und welche davon wie erfolgreich sein können. Einseitige Abhängigkeiten des/der Eifersüchtigen, gesellschaftlicher oder familiärer Druck und Rücksichtslosigkeit oder fehlende Kompromißbereitschaft des Partners sind Beispiele, die mögliche Grenzen andeuten (siehe auch das nächste Kapitel). Nicht jede Art von Eifersuchtsbewältigung ist deshalb in jedem beliebigen Kontext möglich.

Wann kann Eifersucht bewältigt werden?

Jedes Aushalten, Überwinden oder Reduzieren von Eifersucht hat drei *Voraussetzungen*: einen Wunsch nach Beschränkung, Beseitigung oder Ertragenkönnen der Eifersucht als *Bewältigungsmotiv*, das Vorhandensein von Eifersucht als auslösender und den Bewältigungswunsch aktualisierender *Reiz* (dies wird hier als gegeben angenommen und deshalb nicht weiter erörtert) sowie das Erfülltsein weiterer *situativer* Voraussetzungen (siehe Abb. 8, S. 105).

Die motivative Voraussetzung. Ohne ein wenigstens diffuses *Bewältigungsinteresse* ist keine bewußte und gezielte Eifersuchtsbewältigung möglich. Da aber nicht nur Partner und Außenpartner, sondern genauso Eifersüchtige und andere Betroffene Eifersucht störend finden können, ist diese Bewältigungsvoraussetzung von vielen erfüllbar. Zwar reicht grundsätzlich ein ganz unpräziser Wunsch: "sexuelle Eifersucht stört mich, will ich nicht!" Aus therapeutischer Sicht sollte das Bewältigungsinteresse aber sehr viel präziser, nämlich als konkretes und in kleinen Schritten erreichbares Bewältigungs*ziel* formuliert sein (s.S. 36f., 102f.).

Die situativen Voraussetzungen. Nicht unter allen Umständen ist die Ausführung aller denkbaren Bewältigungsentscheidungen und Bewältigungsaktivitäten möglich oder stehen alle denkbaren oder die geeignetsten Bewältigungsakteure zur Verfügung. Damit ein Bewältigungsinteresse erfüllt werden kann, müssen also noch jeweils spezifische weitere Voraussetzungen gegeben oder erzeugbar sein. So muß ich etwa wissen, daß meine Rücksichtnahme auf die Meinung meiner Nachbarn ein Grund für meine Eifersucht sein kann, um dieses Sozialwertmotiv gezielt ändern zu können. Oder ich muß mögliche Alternativen für meine bisher heftigen und aggressiven Reaktionen kennen und im vorhinein erlernen, um im Streßfall defensive und harmlosere Reaktionen einsetzen zu können. Und um solche konstruktiveren Eifersuchtsreaktionen ausführen zu können, darf meine familiäre, nachbarliche oder gesellschaftliche Umgebung diese nicht verhindern oder zu verhindern suchen. Die wichtigsten dieser *situativen Bewältigungsvoraussetzungen* sind:

- Alle erforderlichen Bewältigungsakteure (also ggf. auch Unterstützer oder Helfer) müssen zur Verfügung stehen, ein wenigstens geringes Bewältigungsinteresse haben, eigene wie fremde Fehler vergeben können und sich ernsthaft um eine Lösung bemühen;
- sie müssen die für eine Ausführung der erforderlichen Entscheidungen und sonstigen Bewältigungsaktivitäten notwendigen Fähigkeiten (z.B. gegenseitigen Respekt) besitzen oder erwerben und nutzen können;
- die nicht selbst und direkt beteiligte Mit- oder Umwelt darf die Bewältigungsversuche nicht zu torpedieren versuchen, muß die Bemühungen also wenigstens akzeptieren, wenn sie schon nicht hilft; und
- die Bewältigungsakteure müssen, wenn die Akzeptanz durch ihre Mitwelt nicht ausreichend hoch ist, ihre daraus folgende Position als soziale Abweichler ertragen können.

Zwar gilt: je besser die Voraussetzungen erfüllt sind, desto leichter und besser läßt sich Eifersucht bewältigen. Oft aber sind sie nur schlecht oder überhaupt nicht erfüllt, wie wir wissen (siehe auch S. 120ff.). Trotzdem gehe ich im folgenden zunächst einmal von ihrer Erfüllung aus.

Tabelle 7: Der formale Ablauf erfolgreicher Prozesse zur Bewältigung von Eifersucht

Bewältigungsakteur	*Bewältigungsaktivität*	*Bewältigungsresultat*
Eifersüchtige(r)	ist/wird	eifersüchtig
Sie/er/Partner(in)/andere(r)	wünscht	"weniger/keine Eifersucht"
	hat also ein	Bewältigungsinteresse
Sie/er/Partner(in)/andere(r)	nimmt wahr/stellt fest	Differenz Soll - Ist
	und diagnostiziert diese,	
	wenn unerwünscht, als	Erfüllungsdefizit
		(= Eifersucht als Problem)
Sie/er/Partner(in)/andere(r)	entscheidet deshalb	Eifersuchtsbewältigung ja
Sie/er/Partner(in)/andere(r)	klärt (u.U.)	Bewältigungsmöglichkeiten
	und sucht und entscheidet über	Bewältigungsmittel
	und veranlaßt oder führt aus	Bewältigungsaktivitäten
	und bewirkt damit	Eifersuchtsbewältigung
Sie/er/Partner(in)/andere(r)	beurteilt	Bewältigungserfolg
	und entscheidet über	Fortsetzung oder Ende
		des Bewältigungssprozesses

Wie verläuft eine erfolgreiche Eifersuchtsbewältigung?

Bewältigenkönnen heißt noch lange nicht Bewältigen. Wenn die eben erläuterten Voraussetzungen erfüllt sind, muß die Bewältigung auch *praktiziert* werden. Dazu sind verschiedene Schritte zu absolvieren: Die Eifersucht ist wahrzunehmen und als Problem zu bewerten, die Bewältigungs-, Ziel- und Vorgehensentscheidungen sind zu fällen, die Bewältigungsmittel sind einzusetzen und ggf. ist der Bewältigungserfolg zu prüfen. Da dieser Bewältigungsverlauf formal und in seinen grundsätzlichen Ausprägungsmöglichkeiten weitgehend dem Ablauf der zu bewältigenden Eifersucht selbst entspricht, sei wiederum auf das erste Kapitel verwiesen (siehe auch das Folgende sowie Abb. 8, S. 105, und Tabelle 7, S. 108).

Wo kann Eifersucht bewältigt werden?

Überwinden bzw. Reduzieren einerseits und Aushalten andererseits sind zwei sehr unterschiedliche Herangehensweisen. Einmal wird die Bewältigung durch eine Veränderung des Eifersuchtsprozesses erreicht, im anderen Fall durch eine Veränderung der Bewertung der dann unveränderten Eifersucht.

An welchen Stellen können nun *Eifersuchtsprozesse* bewältigungsrelevant verändert werden? Aufgrund des Eingebettetseins der Eifersuchtsreaktionen in ein weites Netz direkter und indirekter Ursachen fällt die Antwort leicht: Es können *alle* Komponenten und Beziehungen innerhalb des Kontextes, der Voraussetzungen, der Bedingungen und (wegen der Rückwirkungen) sogar der Folgen sein. Deshalb sind die allgemeinen Bauteile oder Dimensionen sexueller Eifersucht, also der Kontext, die Ausgangsbeziehung, die Motive, die sexuellen Außenbeziehungen, die Wahrnehmungen, die Abwägungen, die Reaktionen und die Folgen, zugleich die Bereiche, in denen die Bewältigungsaktivitäten stattfinden können bzw. müssen (siehe in Tabelle 8, S. 110, die mittlere Spalte).

Auch die das Aushaltenkönnen bestimmenden *Bewertungen* müssen in einen der Eifersucht selbst oder ihrer Bewältigung formal entsprechenden Prozeß eingebunden sein (auf den ich wegen der grundsätzlichen Übereinstimmungen hier nicht ausführlicher eingehen muß). Dieser *Eifersuchtsbewertungsprozeß* kann ebenfalls durch Modifizierung aller ihn direkt oder indirekt verursachenden Dimensionen bewältigungsrelevant geändert werden (siehe in Tabelle 8, S. 110, die rechte Spalte).

Tabelle 8: Die Stellen, an denen bewältigungswirksame Änderungen möglich sind

Dimensionen	*Änderungsorte* *für Überwinden/Reduzieren*	*für Aushalten von Eifersucht*
Kontext	Indirekte Eifersuchtsursachen	Indirekte Bewertungsursachen
Situation	Eifersuchtsbeziehung	Bewertungssituation
Kriterien	Eifersuchtsmotive	Bewertungskriterien
Reiz	Sexuelle Außenbeziehungen	Eifersucht selbst
Wahrnehmung	Außenbeziehungswahrnehmung	Wahrnehmung der Eifersucht
Abwägungen	Eifersuchtsentscheidungen	Bewertung der Eifersucht
Reaktionen	Eifersuchtsreaktionen	Reaktionen auf die Eifersucht
Folgen	Eifersuchtsfolgen	Folgen dieser Reaktionen

Was ist zu tun?

Eifersucht zu bewältigen bedeutet, sie selbst oder ihre Bewertung zu *verändern*. Was für Aktivitäten aber sind hinter dem bislang nur als Etikett eingesetzten Wort 'verändern' versteckt? Konsequenterweise *alle* die Aktivitäten, die Eifersucht ausmachen und/oder verursachen, also psychische, nichtpsychische und kombinierte. Denn Bewältigen setzt ja eine Modifizierung der bisher zu Eifersucht führenden Faktoren und Wirkungen voraus. Deshalb sind das Verändern von *Wahrnehmungen, Einstellungen* (Bewertungen und Normen inkl. der Motive [Bedürfnisse und/oder Begehren]), *Erkenntnissen* (Wissen und Können), *Empfindungen, somatischen Aktivitäten, Verhalten* und/oder *Handlungen* die denkbaren Arten von Bewältigungsaktivitäten. Daß nicht an allen Stellen die gleichen Änderungsaktivitäten sinnvoll eingesetzt werden können, ist augenscheinlich. Auch sind vielfach mehrere oder sogar alle diese Aktivitätsarten einzusetzen, um eine Eifersuchtsbewältigung erfolgreich praktizieren zu können.

Ohne an dieser Stelle weiter auf die im einzelnen einen Bewältigungserfolg ermöglichenden konkreten *Bewältigungsmittel* einzugehen (siehe dazu ausführlich die nächsten Kapitel), sei doch auf ein zentrales und erfolgversprechendes Änderungsgrundprinzip hingewiesen, das *Gegenteilsprinzip* oder *Umkehrschema*. Dabei werden die bisher praktizierten eifersuchtsauslösenden oder eifersuchtsverstärkenden Aktivitäten (ihre Ursachen, s.S. 51ff.) durch die gegenteiligen oder entgegengesetzten Aktivitäten (andere Faktoren und Wirkungen) ersetzt. War beispielsweise bisher eine automatische (unreflektierte, ritualisierte, schematische) Abwägung und Reaktion eifersuchtsverstärkend, dann kann das gegenteilige Verfahren, eine Spezifizierung oder Differenzierung der Abwägungen und Reaktionen, unter Umständen bewältigungswirksam sein; war ein enger kultureller Spielraum (einzige Antwort auf Untreue: Töten des Partners) für starke Eifersucht verantwortlich, kann eine Erweiterung (verschiedene Reaktionsmöglichkeiten bei Untreue) bewältigend wirken. Die Wirksamkeit einer solchen Umkehrung ist allerdings nicht garantiert, sondern sehr situations- und fallspezifisch und, nicht nur wegen der meist stark multiplen Verursachung von Eifersucht, keinesfalls sicher. Außerdem ist sie oft gar nicht oder nur schwer realisierbar. So können etwa Eifersuchtsmotive nur geändert werden, wenn sie bewußt und wenigstens teilweise bekannt sind, können Reaktionen nur eingesetzt werden, wenn keine verhindernden Sanktionen entgegenstehen, oder können überhaupt Alternativen nur gewählt werden, wenn sie im eigenen oder fremden kulturellen Spielraum verfügbar sind.

Wer kann Eifersucht bewältigen?

Eifersucht ist kein Schicksalsschlag, dem wir hilflos ausgeliefert sind, sondern das Ergebnis von eigenen Wahrnehmungen und eigenen Überlegungen und Entscheidungen. Eifersüchtige sind keine passiven Opfer ihrer Eifersucht, sondern deren aktive (Mit-)Gestalter. Trotzdem sind Eifersüchtige selbst keineswegs die einzigen, die zu einem Bewältigungsversuch anregen und bewältigungswirksame Änderungen vornehmen können. Das können auch andere, beispielsweise *Partner* durch Kompromißbereitschaft und deeskalierende Gegenreaktionen oder den wenigstens gelegentlichen Verzicht auf Flirts, Außer-Haus-Aktivitäten, Seitensprünge usw., *Außenpartner*, indem sie die Beziehung zum Partner beenden oder auf ein vom Eifersüchtigen duldbares Maß reduzieren, *Eltern* durch das Vorleben einer offenen Beziehung und die Erziehung zu Kompromißfähigkeit oder der *Staat* durch die Sicherung der wirtschaftlichen Unabhängigkeit von Ehepartnern oder das Verbot drastischer Bestrafungen in Selbstjustiz. Bewältigen können also nicht nur Personen als Individuen (Eifersüchtige, ihre Partner, Außenpartner, Eltern, Verwandte, Freunde, Nachbarn, Therapeuten usw.), sondern auch Vertreter von Institutionen und Gemeinden. Solche institutionalen Bewältiger sind bei uns neben dem Staat und den Religionen/Kirchen vor allem Meinungsmacher (Medien, Schulen, Vereine) und Hilfseinrichtungen (wie Beratungsstellen oder Frauenhäuser). Allerdings haben diese jeweils sehr unterschiedliche Eingriffsmöglichkeiten. So können z.B. nur Partner und Außenpartner selbst auf Außenbeziehungen verzichten. Eifersüchtige oder Unbeteiligte können dazu nur mehr oder minder nachdrücklich auffordern oder anregen. Dagegen können Eifersüchtige ihre Eifersuchtsmotive einschränken oder eine Außenbeziehung als nicht bedrohlich bewerten, was wiederum von anderen nur erbeten werden kann.

Auch wegen dieser ungleichen Eingriffsmöglichkeiten ist es in vielen Fällen hilfreich, in den meisten wohl sogar unverzichtbar, Eifersucht *gemeinsam* zu bewältigen. Diese Zusammenarbeit ist schon deshalb angebracht, weil Eifersucht als interpersonaler Interessenkonflikt immer auch ein Beziehungsproblem und nicht allein eine private Eigenschaft von Personen ist (außer in wenigen Ausnahmefällen, s.S. 70ff.). Aber auch aus anderen Gründen ist sie sinnvoll. Beispielsweise weil es vielen Menschen schwerfällt, sich anders, abweichend als die nähere und weitere Umgebung zu verhalten oder andere Auffassungen zu vertreten, und zwar auch dann, wenn dies keine oder keine allzu gravierenden Folgen hat. Sie brauchen (womöglich eine "offizielle") Unterstützung von außen, etwa durch Freunde, Angehörige, Berater oder Therapeuten.

Trotzdem bleibt die Hauptarbeit letztlich immer bei den Eifersüchtigen selbst. Schließlich sind sie es, die eifersüchtig sind - und nicht die Partner, Eltern oder die Gesellschaft, die für diese Eifersucht mitverantwortlich sein mögen. «Nicht die Umwelt muß sich als erstes ändern, sondern die Art, wie wir sie wahrnehmen und auf diese Weise umgestalten»[218]. Dies ist am deutlichsten an der unbegründeten Eifersucht erkennbar, die selbst dann noch auftritt, wenn der Partner oder andere alles ihnen Mögliche getan haben, also z.B. gar keine sexuelle Außenbeziehung eingehen.

Wie wirken sich eifersuchtsbewältigende Veränderungen aus?

Wer seine Abwägungen und Reaktionen in geeigneter Weise ändert, bewirkt garantiert eine Verbesserung seiner Eifersucht. Wer aber z.B. seine Einstellungen zu Eifersucht bewältigungsförderlich modifiziert, schafft dies nur dann, wenn der Einstellungswandel auch tatsächlich zu einer Abwägungs- und Reaktionsänderung führt. Jede Bewältigungsaktivität wirkt sich also nicht nur aufgrund der Unterschiedlichkeit des jeweils Getanen anders aus, sondern auch wegen der Verschiedenheit der Orte, an denen sie im Eifersuchts- bzw. Eifersuchtsbewertungsprozeß eingesetzt wird.

Besonders zu beachten ist dabei erstens, daß durch die Vernetztheit der Eifersuchts- bzw. Eifersuchtsbewertungsursachen *mehrfache Änderungen* in mehreren Bewältigungsdimensionen erforderlich sind. Denn um etwa Reaktionen ändern zu können, sind immer auch die Entscheidungen und dazu die Abwägungen zu ändern. Und auch diese Änderungen implizieren ihrerseits weitere Änderungen, etwa der Wahrnehmungen, der Reize, der

Motive und/oder der Ausgangsbeziehung. Und dafür können wiederum Änderungen der indirekten externen Eifersuchtsursachen, also der Persönlichkeit, der Beziehung und der Gesellschaft erforderlich sein. Wir müssen deshalb *präventive* Maßnahmen (z.B. Einstellungsänderungen) von *optimierenden* (alle geeigneten Abwägungs- und Reaktionsänderungen) unterscheiden und brauchen sowohl die Vorbeugung als auch die Verbesserung (siehe Kapitel drei und vier). Wie sich der jeweilige Aktivitätsort auf die Erforderlichkeit weiterer Änderungen auch in anderen Bewältigungsdimensionen auswirkt, verdeutlicht Abb. 9.

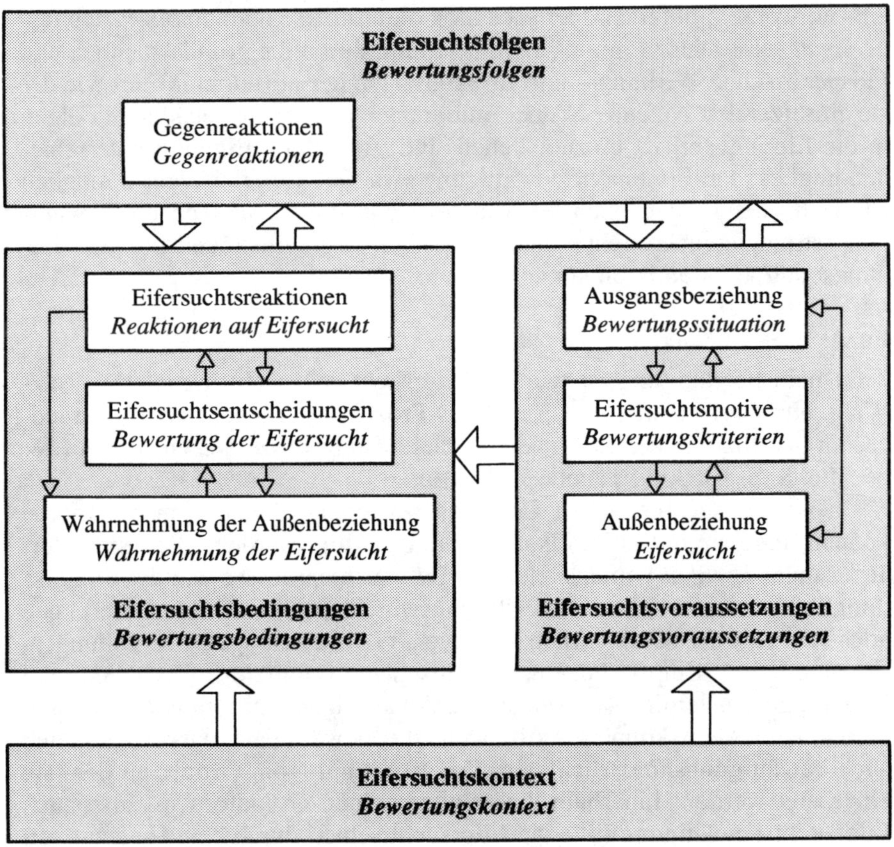

Abb. 9: Die Wirkungen bewältigungsbezogener Änderungen und damit die Erforderlichkeit weiterer Änderungsaktivitäten in den verschiedenen Bewältigungsdimensionen

Ein zweiter, therapeutisch besonders wichtiger Aspekt ist die in den verschiedenen Wirkungsweisen begründete unterschiedliche *Eignung* der Änderungsaktivitäten bzw. Bewältigungsmittel. Wer auf Außenbeziehungen verzichtet, kann damit unbegründete Eifersucht nicht verhindern. Wer sein Treueverlangen einschränkt und bestimmte Arten von Außenbeziehungen zuläßt, kann trotzdem eifersüchtig werden, wenn der Partner die falsche Art wählt. Wer auf Wutausbrüche verzichtet, muß damit rechnen, zu Unrecht als "cool" oder souverän angesehen zu werden. Entsprechend der jeweiligen Umstände und bezogen auf die angestrebte Güte und Häufigkeit der Bewältigung können also alle Bewältigungsmittel allein oder gemeinsam z.B. notwendig, nützlich oder schädlich, d.h. unterschiedlich *bewältigungsgeeignet* sein. Diese Eignung wird bestimmt durch die grundsätzlichen und fallspezifischen Wirkungs- und Effektgrenzen der einzelnen Mittel wie der sie einsetzenden Akteure. Wobei immer auch eventuelle schädliche Folgen in die Eignungsbilanz einzubeziehen sind. An diesen Eignungsunterschieden liegt es, daß Eifersuchtsbewältigung zwar auf vielerlei Weisen möglich ist (siehe die beiden nächsten Kapitel), daß die verschiedenen Bewältigungsstrategien aber nicht gleichwertig sind, also keine identische Bewältigungsqualität garantieren können.

Fazit

Eifersuchtsbewältigung ist wie die Eifersucht selbst ein motivierter Reiz-Wahrnehmungs-Abwägungs-Reaktions-Prozeß mit Folgen, dessen Grundgestalt der allgemeinen Form von Problemlösungsprozessen entspricht (siehe Abb. 8, S. 105, und Tabelle 7, S. 108).

Da wir an den biotischen Ursachen sexueller Eifersucht nichts ändern können, muß sie mit kulturellen Mitteln bewältigt werden. Dazu sind Veränderungen in allen Dimensionen der Eifersuchtsprozesse wie der Prozesse ihrer Bewertung möglich. Bewältigungswirksam können sich Änderungen aller Aktivitätsarten auswirken, also von Wahrnehmungen, Einstellungen, Erkenntnissen, Empfindungen, somatischen Aktivitäten, Verhalten und Handlungen. Allerdings wirken solche Änderungen nicht immer sicher und direkt. Außerdem können Aktivitäten, die bewältigend wirken, zugleich auch bewältigungshinderlich sein. Das hängt u.a. vom Ort ab, an dem sie eingesetzt werden. Innerhalb dieser allgemeinen Grundform ist also auch Eifersuchtsbewältigung (wie die Eifersucht selbst) durch eine Vielzahl von Ausprägungsmöglichkeiten gekennzeichnet, die hier nur systematisch und tabellarisch zusammengefaßt seien (siehe Tabelle 9, S. 115).

Tabelle 9: Grundlegende Merkmale von Eifersuchts-Bewältigungsprozessen

Aspekte	*Merkmale/Möglichkeiten*
Was ist zu tun?	Der Eifersuchtsprozeß und/oder die Bewertung der bisher störenden Eifersucht sind zu verändern.
Wodurch?	Durch die Veränderung von eigenen und/oder fremden Wahrnehmungen, Einstellungen (Bewertungen, Normen), Motiven (Bedürfnissen, Begehren), Erkenntnissen (Wissen, Können), Empfindungen, Verhalten und/oder Handlungen (siehe genauer in den folgenden Kapiteln).
An welchen Stellen?	Überall, also bei den indirekten Ursachen, Ausgangsbeziehungen, Motiven, Reizen (Außenbeziehung), Wahrnehmungen, Abwägungen, Reaktionen und Gegenreaktionen und/oder Folgen.
Von wem?	Von Eifersüchtigen selbst, ihren Partnern, Rivalen, anderen Betroffenen und/oder unbeteiligten Zuschauern, – gemeinsam oder allein, – als "Hauptakteur" oder als Helfer/Unterstützer.
Wozu?	1. Um Eifersucht gelegentlich bzw. in einem konkreten Fall zu überwinden, zu reduzieren oder auszuhalten. 2. Um eine *optimale* Erfüllung der eigenen Bedürfnisse und Begehren zu erreichen. 3. Um die Menschenrechte oder Grundrechte zu erfüllen (also einen optimierenden Interessenausgleich zu erreichen, willkürliche Doppelmoral und Doppelsanktionierung zu überwinden und aggressive physische wie psychische Gewalt durch defensive und konstruktive Strategien zu ersetzen). 4. Um die negative Emotionalisierung des Eifersuchtsprozesses und den damit verbundenen Kontrollverlust und Streß zu verhindern bzw. zu vermindern.
In welcher Reihenfolge?	1. Bewältigungsinteresse festlegen, 2. zu bewältigende Eifersucht diagnostizieren, 3. Bewältigungsversuch entscheiden, 4. Bewältigungsmöglichkeiten klären, 5. Bewältigungsziel festlegen, 6. Bewältigungsmittel suchen und entscheiden, 7. Bewältigungsmittel einsetzen, 8. Bewältigungserfolg bewerten und 9. Fortsetzung der Bewältigungsbemühungen oder deren Ende entscheiden.
Mit welchem Erfolg?	Einer pessimalen bis optimalen und immer nur teilweisen Bewältigung aus der egoistischen oder neutralen Sicht von Eifersüchtigen, Eifersuchtsbetroffenen oder Unbeteiligten.

Grenzen: Wie weit kann Eifersucht bewältigt werden?

Die Erörterung der Bewältigungsverfahren auf den letzten Seiten hat viele Möglichkeiten erwiesen. Eifersucht *kann* durch Veränderung der für sie bzw. für ihre Heftigkeit verantwortlichen Ursachen ausgehalten, reduziert und sogar überwunden werden. Bleibt die Frage, *inwieweit* sie bewältigt werden kann.

Kann Eifersucht völlig bewältigt werden?

Nach der eben eingeführten Theorie ist nicht nur ein teilweises Reduzieren oder Aushalten, sondern sogar ein völliges Überwinden zumindest denkbar. Ist solche totale Eifersuchtsfreiheit aber auch tatsächlich erreichbar? Gruppen oder Personen ohne Eifersucht wären ein guter Beweis.

Gibt es eifersuchtsfreie Gesellschaften? Im Schrifttum finden sich zwar nicht oft, aber doch hin und wieder Behauptungen, die eine generelle Überwindung nicht nur als konstruierbare Denkmöglichkeit, sondern als empirisch belegte Tatsache hinstellen. «Es gibt von Eifersucht freie Gesellschaften»[219]. «Kulturen, die kein Privateigentum, sondern nur Gruppenbesitz kennen, sind stets *frei* von Eifersucht. Ebenso zeichnen sich sogenannte mutterrechtliche Gesellschaftsordnungen durch Eifersuchts*freiheit* aus»[220]. «Die Eifersucht kann nur in Gesellschaften auftreten, die in ihrem Denken besitzorientiert sind, die ihr Leben nach dem Haben-Modus einrichten»[221]. «Wo Eifersucht nicht mittels des Ehrbegriffs gesellschaftlich eingegeben wird, kommt sie *nicht* auf: etwa bei jenen Völkerschaften, die ihre Weiber an Gäste verleihen oder untereinander austauschen; aber auch bei entwickelter Kultur, z.B. in der sehr guten Gesellschaft des Ancien régime, wo keiner sich in seiner Eitelkeit verletzt fühlte, wenn seine Frau mit einem Höhergestellten einen Liebeshandel anfing»[222]. Werden Ethnien beim Namen genannt, sind die Formulierungen allerdings etwas vorsichtiger: «Es gehört zum ethnologischen Standardwissen, daß das Phänomen Eifersucht innerhalb anderer Kulturen, insbesondere in matriarchalischen Kulturen, *weniger* zu beobachten ist»[223]. «Bei einigen Völkern, z.B. den Eskimos, den Lobi in Westafrika, den Siriono in Bolivien, ist die Eifersucht *auf ein Minimum* reduziert; und bei anderen, z.B. den Toda in Indien, ist sie *nahezu* völlig unbekannt»[224].

Diese einschränkende Vorsicht ist auch angebracht. Denn abgesehen von der Frage, ob und in welcher Form es z.B. mutterrechtliche bzw. matriarchalische Gesellschaften oder Menschengruppen ohne Privatbesitz überhaupt gab: Es ist kein einziger glaubwürdiger Beleg für die Existenz einer Eifersucht durchgängig überwindenden und damit völlig eifersuchtsfreien Gesellschaft bekannt. So finden wir in allen menschlichen Gruppen ein Inzesttabu, sind also mindestens die eigenen Kinder bzw. Eltern und Geschwister als Sexualpartner ausgeschlossen, und ist Geschlechtsverkehr mit ihnen Eifersucht auslösend[225]. Auch darf nicht fälschlicherweise aus der bloßen Existenz *relativer* geschlechtlicher Freizügigkeit (absolute sexuelle Permissivität gab und gibt es nirgends) auf das Fehlen von Eifersucht geschlossen werden[226]: Selbst für Kulturen mit bestimmten sexuellen Freiheiten gibt es eindeutige und ausdrückliche Hinweise auf die Existenz von Eifersucht auch außerhalb des Inzestbereichs[227], nicht nur bei den häufig genannten Toda in den Nilgiris-Bergen Tamil Nadus (Indien)[228] oder den Inuit [Eskimo] in der nordamerikanischen Arktis[229], wo Ehebruch der Frauen der häufigste Anlaß für Streit und Tötungen war[230]. Die Lesu in Melanesien (Ozeanien) akzeptierten außerehelichen Geschlechtsverkehr und betrachteten die als anormal und höchst ungewöhnlich, die sich diesen nicht gönnten; trotzdem gab es immer wieder eifersuchtsbedingte Kämpfe[231]. Auch Polygamie (Mehrehe) schützt nicht unbedingt vor Eifersucht. Bezeichnungen (und Auffassungen) wie bei den Burundi in Ruanda (Zentralafrika) sind verbreitet: «Eine polygyne Familie wurde häufig mit dem Wort *amshali* bezeichnet, dessen Wurzel *ishyali* 'Eifersucht' bedeutet; Frauen pflegten sich gegenseitig *mukeba* ('Rivalin') zu nennen»[232]. Mit-Frauen bei den nilotischen Luo in Ostafrika nennen sich gegenseitig *nyieka*, "meine Partnerin in Eifersucht"[233].

Gibt es eifersuchtsfreie Personen? Auch diese Frage ist verneinend zu beantworten. Zwar gibt es sehr viele Menschen, die nicht auf jede Art sexueller oder anderer Außenbeziehungen eifersüchtig reagieren, für die z.B. ein Flirt, ein alleiniger Urlaub oder ein gelegentlicher Seitensprung problemlos akzeptierbar sind. Im Grunde sind wohl sogar alle Menschen recht erfolgreiche Eifersuchtsbewältiger, weil sie zumindest in den meisten Fällen einigermaßen reduziert reagieren. Aber spätestens wenn der "betrügende" Partner sich überhaupt nicht mehr um einen kümmert, einen der Lächerlichkeit oder sogar gesellschaftlichen Isolation preisgibt und keines der Eifersuchtsmotive mehr befriedigt, ist Eifersucht unvermeidlich - es sei denn, jemand hat gar kein Interesse mehr am Partner und die Beziehung ist innerlich längst einseitig beendet. Das Realisierbare stimmt also auch hier mit dem Denkbaren nicht überein. Wo aber verlaufen die für unsere eigenen Bemühungen so wichtigen realistischen Grenzen der Eifersuchtsbewältigung?

Überwindbarkeit. Eifersucht ist überwunden, wenn eine wahrgenommene Außenbeziehung als "nicht bedrohlich" bewertet wird. Das geht nur, wenn entweder *alle* Eifersuchtsmotive aufgegeben sind (weil ein einziges reicht, um sich bedroht fühlen zu können) oder wenn für alle diese Motive das Bedrohlichkeitskriterium "Außenbeziehungen" aufgegeben ist.

Können wir die Eifersuchtsmotive aufgeben? Nein. Auf die meisten Eifersuchtsmotive (s.S. 21ff.) können bzw. wollen wir nicht verzichten, weil sie universale menschliche Grundbedürfnisse bzw. Grundbegehren sind. Auf den Wunsch nach Aufrechterhaltung von Beziehungen beispielsweise nicht, weil Menschen ohne soziale Beziehungen nicht glücklich leben können (auch wenn dazu nicht unbedingt partnerschaftliche oder gar eheliche gehören müssen) und weil sie selbst aus einer zeitlich begrenzten Partnerschaft (z.B. auf Festen oder im Urlaub) nicht beliebig herausgerissen und getrennt werden wollen. Menschen brauchen wenigstens minimale Zuwendung und einen nicht total ruinierten Selbstwert, sie wollen gebraucht werden, sozial anerkannt und körperlich wie psychisch einigermaßen unversehrt sein, und sie streben nach Gleichbehandlung und Anerkennung rechtmäßiger Ansprüche. Sogar der Wunsch, andere gegen ihren Willen zu etwas zu bewegen (ein Machtbegehren), ist zumindest in seiner defensiven und fürsorglichen (therapeutischen oder erzieherischen) Variante nicht generell abzulehnen. Nur auf ein uneingeschränktes Begehren nach *absoluter Einzigartigkeit* können viele Menschen verzichten, u.a. weil es eng an das nicht global verbreitete Beziehungskriterium "romantische Liebe" geknüpft ist. Völlige Exklusivität auch in den affektiven und kognitiven Bereichen z.B. von Sexualität ist in Beziehungen sowieso nicht erreichbar, und die Erfüllung der anderen Motive ist ja auch dann in befriedigender Weise möglich, wenn diese nicht exklusiv geschieht. Allerdings tritt an die Stelle des Einzigartigkeitsmotivs immer ein mehr oder weniger akzentuiertes *Bevorzugungsmotiv*, dessen Nicht- oder unzureichende Erfüllung dann ebenfalls eifersuchtsauslösend sein kann. Auch deshalb sind zumindest intensive Partnerschaften nicht mit beliebig vielen Personen zugleich realisierbar.

Können wir das Bedrohlichkeitskriterium Außenbeziehung aufgeben? Motive werden zu Eifersuchtsmotiven erst und nur dann, wenn ihre Erfüllung durch eine *Außenbeziehung* eines Partners bedrohbar ist. Läßt sich diese Koppelung zwischen den eigenen Wünschen und dem Verhalten eines Partners generell aufgeben? Auch hier ist die Antwort negativ. Es wäre einfach blind und unrealistisch (und dann tatsächlich «pathologisch tolerant»[234]), Außenbeziehungen *überhaupt* nicht mehr als Gefahr für die Erfüllung der auch für Eifersucht verantwortlichen Motive anzusehen: Mindestens bestimmte Arten von Außenbeziehungen (z.B. äußerst rücksichtslose) können die Erfüllung(squalität) der auch für Eifersucht mitverantwortlichen Motive tatsächlich gefährden. Ein *völliges* Streichen der Gefahrenkategorie "Außenbeziehung" aus dem Katalog der potentiellen Bedrohungen ist daher nicht möglich bzw. sinnvoll.

Ist also Eifersucht gar nicht überwindbar? Doch! Swinger, die im Sex mit anderen während ihrer Partys keine Gefahr sehen, wenn er körperlich bleibt, haben ihre Eifersucht überwunden, solange keine "romantische" Beziehung entsteht; auch Geliebte, die das Verheiratetbleiben ihres Partners akzeptieren oder sogar begrüßen (z.B. weil sie gar keine so intensive Beziehung zu ihm wünschen), solange sie sich befriedigt fühlen. Im Vergleich sind wir sogar alle zumindest gelegentlich sehr erfolgreiche Eifersuchtsüberwinder, beispielsweise wenn wir Flirts oder Schmusen oder Tanzen, also Aktivitäten, die oft sehr eifersuchtsauslösend sein können, wenigstens ab und an einmal als ungefährlich für die Erfüllung unserer Begehren beurteilen. Eifersucht kann also zwar *nicht in allen Fällen* überwunden werden. Sie ist aber durchaus *gelegentlich* bzw. sogar *häufig* überwindbar, vor allem wenn das Einzigartigkeitsbegehren durch einen Wunsch nach Bevorzugung ersetzt ist. Denn alle anderen Motive werden durch Außenbeziehungen nicht unbedingt oder automatisch in ihrer Erfüllung bedroht.

Reduzierbarkeit. Wegen der Reduzierungsbasis und der Vielzahl der Beurteilungsperspektiven ist eine grundsätzliche Antwort auf die Frage, ob Eifersucht in *allen* Fällen reduzierbar ist, deutlich schwieriger als die Klärung des Problems der generellen Überwindbarkeit. Das läßt sich schon daran erkennen, daß es uns schwerfällt, vorzuschlagen, wie einer denn zu reagieren habe, um *völlig unreduziert* eifersüchtig zu sein: Muß er sich, den Partner und/oder den Rivalen töten? Oder schwer verletzen? Oder verlassen? Oder heftig beleidigen? Oder öffentlich blamieren?

Im Vergleich zu einer eher "hohen" Reduzierungsbasis (Töten, schweres physisches und/oder psychisches Verletzen) ist ein allseits akzeptables Reduzieren einfach und wird es zum Glück ja fast durchgängig praktiziert. So gesehen sind die allermeisten Menschen bereits erfolgreiche Eifersuchtsreduzierer, was angesichts mancher Mythen über Eifersucht nicht oft genug betont werden kann. Ausgehend von einer eher "schwachen" Eifersuchtsreaktion, z.B. einem ganz sachlichen Artikulieren des eigenen Unwillens über die rücksichtslose Art der Außenbeziehung, die der Partner praktiziert, scheint das schwieriger: Der Partner kann sich hier ja immer noch genauso gestört fühlen, einfach weil ihn jegliche Einschränkung durch andere stört. Doch darf in diesem Fall auf solche egoistischen Begehren der Partner oder anderer keine Rücksicht genommen werden. Denn weniger als seinen Unmut, seine abweichenden Vorstellungen und Interessen sachlich-nüchtern und bestimmt zu äußern, kann von einem im Reduzierungsfall ja immer noch eifersüchtigen Menschen innerhalb weithin akzeptierter Wertvorstellungen unserer Gesellschaft nicht verlangt werden. *Weiter ist Eifersucht nicht reduzierbar* (s.S. 184).

Aushaltbarkeit. Eifersucht wird ausgehalten, wenn sie als nicht (mehr) oder als weniger störend/belastend *bewertet* und daher *ertragen* wird. Daß nicht alle Eifersuchtsreaktionen aushaltbar sind, ist augenscheinlich: Spätestens mit schweren physischen und psychischen Verletzungen sind die Grenzen des Ertragbaren und Akzeptablen erreicht. Eifersucht kann (und darf) also *nicht unter allen Umständen* ausgehalten werden. Daß sie aber in sehr vielen Fällen ausgehalten werden kann, belegt wiederum die Alltagserfahrung. Leichtere, weniger folgenschwere Reaktionen von Eifersüchtigen werden von den meisten Menschen ertragen und führen weder zur Tötung der eifersüchtigen Person, noch zur Trennung oder zu anderen gravierenden Konsequenzen. Sie bewirken vielleicht eine vorübergehende Trübung der Beziehung, die aber oft wieder völlig aufklart. Ein Beleg für dieses Aushaltenkönnen sexueller Eifersucht ist z.B. auch die Tatsache, daß in 45% der Ethnien des SCCS, für die entsprechende Daten vorliegen, Ehebruch *kein* Scheidungsgrund ist[235].

Was behindert die Bewältigung von Eifersucht?

Auch *gelegentliches* Aushalten, Reduzieren oder Überwinden von Eifersucht ist nicht immer ganz einfach. Selbst wenn wir noch gar nicht angefangen haben, über einen möglichen konkreten Weg nachzudenken, werden wir grundsätzlich schon behindert. Welches sind die wichtigsten dieser Hindernisse und inwieweit sind sie verschieb- oder umgehbar?

Unser Egoismus. In den allermeisten Fällen verlangt Eifersuchtsbewältigung, dem Partner zumindest gewisse Flirts, Liebeleien oder Seitensprünge zuzugestehen. Also auf Einzigartigkeit der Beziehung zu verzichten und das absolute Treuegebot etwas aufzuweichen. Zu einem solchen Teilen sind viele von uns nicht bereit, wenigstens nicht im sexuellen Bereich, wenn es sich sonst schon nicht verhindern läßt. Dieser individuelle Egoismus scheint das größte und am schwierigsten zu meisternde Hindernis auf dem Weg zu bewältigter Eifersucht zu sein. Zwar können wir den für unsere Erziehung verantwortlichen Eltern, dem Partner, dem Rivalen oder der Gesellschaft die *Schuld* zuschieben, nicht jedoch unseren Ursachenanteil abgeben. Und "*Ich will* absolute Treue!" bzw. "*Ich will* fremdgehen!" sind nunmal die direktesten der zu Eifersucht führenden Faktoren, egal wieviel indirekten Anteil andere daran haben.

Doch der erste Anschein trügt. Unser Egoismus ist nur das Haupthindernis, solange wir nicht genau nachdenken, solange wir allein die beiden eben genannten Motive verfolgen. Aber ist sexuelle Treue wirklich das Wichtigste (s.S. 138)? Haben wir nicht auch noch ganz andere, viel bedeutendere Interessen (s.S. 145)? Wenn es gelingt, den Egoismus vom Treue- bzw. Untreuemotiv auf andere Begehren zu übertragen (z.B. Toleranz aus Liebe, Erhalt der Beziehung, Qualität der Zuwendung), dann kann er sogar zur Eifersuchtsbewältigung genutzt werden. Denn dann kann es eigennützlicher sein, Außenbeziehungen differenziert zuzulassen, als sie pauschal zu untersagen - beispielsweise um einen zufriedeneren Partner zu haben und selbst mehr Freiraum zu gewinnen. Ein Überdenken unseres Egoismus kann auch helfen, die oft fast schon tragische Konsequenz zu durchschauen, daß genau die Eifersuchtsreaktionen, die die eigenen Interessen eigentlich schützen sollen, exakt das Gegenteil bewirken: Abwenden statt Zuwendung, Trennung statt Beziehungserhalt. Es kommt also auf den Inhalt und die Klugheit unseres Egoismus an.

Die widersprüchliche Vielfalt unserer Begehren. Menschen wollen gebraucht *und* nicht eingeschränkt werden, sie suchen das vertraute Alte *und* das unbekannte Neue, sie brauchen Intimität *und* Anonymität, sie möchten Treue *und* wollen untreu sein, sie begehren Gefordertsein *und* Routine, kurz: sie möchten Vieles und Widersprüchliches. In diesem Spannungsfeld sind selbst bei allseitigem und noch so ernsthaftem Bemühen aller Beteiligten keine "sauberen" Lösungen möglich. Wir sind laufend neu gefordert, Prioritäten zu klären und zu setzen, Kompromisse zu schließen und Zugeständnisse zu machen). Dabei *können* wir gar nicht anders, als teilweise auch gegen eigene Interessen zu verstoßen, z.B. wenn wir durch unsere Eifersucht zwar den Wunsch nach Einzigartigkeit (vielleicht sogar erfolgreich) verteidigen, dabei aber das Geliebtwerden oder die Zuwendung aufs Spiel setzen. Dieses Problem der individuellen Interessenvielfalt wird bei Eifersucht selbstverständlich noch verschärft, weil im Normalfall immer die Bedürfnisse und Begehren dreier Beteiligter auszugleichen sind. Was aber, wenn der Rivale eine genauso intensive Beziehung möchte, wie sie bisher der Ausgangspartner hatte? Oder wenn er diesem den Partner völlig ausspannen will? Oder der Fremdgänger zu beiden Partnern mehr Distanz wünscht, als diese zugestehen wollen? Der erforderliche Interessenausgleich (s.S. 94ff.) kann sehr schwierig werden, zumal er aufgrund der Dynamik unserer Begehren auch laufend zu überprüfen und den neuen Umständen anzupassen ist. Allerdings gilt auch hier: Die Optimierung ist schwierig, aber nicht unmöglich, widersprüchliche Interessen *be*hindern die Bewältigung, aber sie können diese nicht *ver*hindern.

Die erstaunliche Konstanz der gesellschaftlichen Kulturen. Trotz der offiziellen Trennung von Kirche und Staat, trotz mehrer sexueller "Revolutionen", trotz der Erprobung und Installierung anderer Formen des Zusammenlebens in diesem Jahrhundert, trotz der offenen Anklage der Ungleichheit von Mann und Frau auch dort, wo sie nicht sein müßte, trotz verschiedener Demokratisierungs- und Individualisierungstendenzen auch in Beziehungen, trotz zahlreicher beziehungsrelevanter Veränderungen in der Arbeits- und Konsumwelt und trotz vieler anderer mehr oder weniger grundlegender Wandlungsprozesse in anderen Bereichen: Die traditionellen Ideale und die üblichen Formen von Partnerschaft, Ehe und Familie haben eine erstaunliche Zähigkeit bewiesen. Zeitungen und Zeitschriften sind voll von traditionellen Partnerschafts- oder Heiratsannoncen, ganze Branchen leben von dem Geschäft mit der Sehnsucht nach (exklusiver) Liebe. Ob von Eltern, Predigern, Gesetzgebern, Schlagersängern, Romanautoren oder Filmregisseuren: aus allen Ecken werden exklusive Zweierbeziehungen propagiert, die ihren Sinn und ihre Qualität durch Liebe und sexuelle Treue erhalten. Da ist es schwer, die Möglichkeit mehrfacher Liebe zu erfahren und einen unbefangeneren, selbstverständlicheren Umgang mit mehreren sexuellen Beziehungen zu gewinnen. Und von daher erscheint es fast unmöglich, Fremdgehen *nicht* als Bedrohung anzusehen.

Obwohl persönliche Erfahrungen und subkulturelle Entwicklungen zeigen, daß auch offenere, weniger eifersuchtsträchtige Beziehungen nicht nur erwogen und propagiert[236], sondern sogar praktiziert werden können: Am exklusiven Liebesideal, am Anstreben und Vorherrschen der Zweierbeziehungen, an der offiziellen Unterstützung von Ehe und Kernfamilie und an den anderen eifersuchtsrelevanten Merkmalen der "vorherrschenden" gesellschaftlichen Kultur läßt sich so schnell und so einfach nichts ändern. Beispielsweise werden in absehbarer Zeit weder die größeren Kirchen ihre restriktive Einstellung zu sexuellen Außenbeziehungen gravierend ändern (wo sie ja zum Teil sogar den Sex innerhalb der Ehe behindern, z.B. durch Verhütungsverbote), noch werden die gegenwärtige oder künftige Bundesregierungen die Institution der monogamen Ehe abschaffen und Mehrehe oder Nebenpartner legalisieren und vielleicht sogar z.B. steuerlich fördern.

Wir müssen also bei unseren Bewältigungsbemühungen mit Religionen/Kirchen, gesetzgebenden Instanzen und öffentlichen Meinungen leben, die eher eifersuchts- als bewältigungsfördernd sind.

Dazu gehören auch Bedingungen, die nicht unbedingt eifersuchtsspezifisch, aber trotzdem bewältigungshinderlich sind. Ein verbreiteter Grund für Eifersucht sind etwa Abhängigkeiten vom Partner, die Angst vor einem Verlust erzeugen. Solange beispielsweise Frauen auf das Einkommen ihres Ehegatten angewiesen sind, solange sie weitgehend alleine die Haushaltsführung und Kinderbetreuung und -erziehung übernehmen müssen (weil Männer nicht bereit sind, sich gleich stark zu beteiligen und weil Frauen schlechter bezahlt werden), solange Frauen ihr Ansehen und ihr Sozialprestige (auch) über das ihrer Partner definieren und erhalten (müssen), solange ist es schwer, eine gleichberechtigte und gleichwertige Selbständigkeit respektive Abhängigkeit zu erreichen.

Allerdings ist diese Konstanz eifersuchtsförderlicher Kulturen zwar eine wichtige Teilerklärung, aber keine ausreichende Entschuldigung für eigenes Nichtbemühen. Wie erwähnt (s.S. 62), ist der Einfluß der sozialen Kulturen weder eindeutig noch einheitlich oder unbegrenzt. «Die meisten kulturenvergleichenden Untersuchungen zeigen, daß die Varianz aufgrund individueller Unterschiede größer ist als die aufgrund soziokultureller Variablen; deshalb ist es unwahrscheinlich, daß der soziokulturelle Einfluß auf die Schwere der Aggressivität in einer Eifersuchtsreaktion groß ist»[237]. Wir haben also trotz aller Vorgaben einen wenn nicht für Überwindung, so doch für Reduzierung und Aushalten individuell nutzbaren Spielraum. Deshalb gelingt es auch so vielen Menschen, trotz sozialen Drucks pro oder kontra Eifersucht eigene und abweichende Wege zu gehen.

Die Beharrlichkeit unserer Persönlichkeit. Obwohl die verschiedenen gesellschaftlichen Kulturen nicht undifferenziert auf uns wirken und damit eine individuelle Veränderbarkeit verdeutlichen: Eine im Sozialisations- oder Enkulturationsprozeß einmal erworbene und angewöhnte individuelle Kultur kann, wie jeder aus eigener Erfahrung am besten weiß, gerade in so besonderen Bereichen wie Sexualität und Beziehungen oft nur sehr schwer und sehr partiell wieder verändert werden. Selbst die Überzeugung und Einsicht, daß es eine verbreitete Lust auf Fremdgehen gibt und daß auch *mein* Partner wahrscheinlich in wenigstens bestimmten Situationen eine solche Lust verspüren und vielleicht sogar verwirklichen kann und wird, garantiert deshalb keinesfalls, daraufhin problemlos das absolute Treuegebot aufgeben zu können. Über die weitgehende Konstanz der biotischen und gesellschaftlichen Ursachen und die daraus resultierenden Einschränkungen hinaus müssen wir also auch mit der relativen Beharrlichkeit und nicht beliebigen Veränderbarkeit unserer privaten Kultur rechnen. Sie wird uns die Bewältigungsarbeit zum Teil sogar ordentlich erschweren, auch wenn sie auf keinen Fall Eifersuchtsbewältigung grundsätzlich verhindern kann. Aber es kommt stark auf unsere eigene Bereitschaft an.

Die eingefahrene Routine der Beziehungen. Was für die Gesellschaft und den einzelnen gilt, stimmt auch fürs Paar. So wie wir im Lauf der Zeit unsere persönlichen Einstellungen und Gewohnheiten festigen (von den vielen, aber fast immer nur äußerlichen und auch da doch noch eng begrenzten Veränderungen, z.B. in der Mode, einmal abgesehen), so passen wir uns auch als Partner aneinander an und entwickeln eine schnell nicht mehr hinterfragte Routine des alltäglichen Umgangs. Wenn diese eifersuchtsförderlich ist, z.B. weil das Paar sich angewöhnt hat, Konflikte auszusitzen, gegenseitig keine Rücksicht zu nehmen, Kompromisse zu hintergehen oder eigene Interessen mit Gewalt durchzusetzen, dann ist es ebenfalls schwierig, diese Routine aufzubrechen und z.B. durch bewältigungsförderliche Umgangsweisen zu ersetzen. Trotz aller Dynamik, die auch Beziehungen auszeichnet. Schwierig, aber nicht unmöglich.

Mangelnde Kompetenz. Wir erfahren und lernen viel in unserer "Informationsgesellschaft". Konkrete alltagsrelevante Kenntnisse und Fähigkeiten gehören aber nicht unbedingt zum klassischen Bildungsideal. Interessengegensätze freundlich aber nicht verletzend artikulieren, Konflikte erkennen und präzise benennen, Lösungsmöglichkeiten gemeinsam auswählen oder erarbeiten, Lösungen vorbereiten und durchführen: All das, was wir nicht nur in der täglichen Beziehungsarbeit bräuchten, gehört höchstens am Rande oder indirekt zum Lehrplan etwa von Schulen, zum öffentlichen Repertoire von Politikern oder Filmhelden. Kein Wunder, daß vielen deshalb die Kompetenz für einen konstruktiv-bewältigenden Umgang mit Untreue und Eifersucht fehlt. Im Gegenteil, was wir vorgemacht bekommen, geübt und gut "drauf" haben, sind die eskalierenden Strategien: das Anklagen, die Polemik, die Revanche, das Selbstmitleid, die Kompromißlosigkeit, die Vorwürfe, der Kommunikationsentzug, die Aggressivität. Wir haben uns zu oft an eine eifersuchtsförderliche Konfliktkultur gewöhnt.

Die Vernetztheit der Faktoren, Wirkungen und Effekte. Doch selbst wenn wir uns wirklich kompetent gemacht haben (was z.B. in auch Erwachsenen zugänglichen Bildungseinrichtungen wie Volkshochschulen geht, die u.a. Entspannungstechniken, Kommunikationstraining oder Selbstsicherheitstrainig anbieten): Untreue, Eifersucht und ihre Bewältigung sind, um im Bild zu bleiben, kein niedlicher Schmetterlingskäscher, sondern ein Treibnetz, sie sind das Ergebnis eines oft sehr komplexen und komplizierten Ursachennetzwerkes, das durch vielfältige Verknüpfungsmuster charakterisiert ist. Jeder Knoten, jede Verzweigung innerhalb dieses Verursachungsnetzes begrenzt oder erweitert dabei die Veränderbarkeit der Eifersucht bzw. ihrer Bewertung in einer meist nicht abschätzbaren Weise. Hier die für Eifersuchtsbewältigung erforderlichen Veränderungen zur richtigen Zeit und am richtigen Ort vornehmen zu können, ist schon deshalb, vor allem aber auch aufgrund der großen Zahl von Faktoren und Wirkungen außerhalb des Einflußbereiches einer agierenden Person, nur sehr begrenzt möglich. *Alle* oder auch nur die wichtigeren der bewältigungsbehindernden wie -fördernden Faktoren wenigstens einigermaßen präzise zu erfassen und gezielt in den Griff zu bekommen, ist also grundsätzlich nicht zu leisten, selbst wenn wir noch so bemüht, bewußt und kontrolliert vorgehen (siehe die öffentlichen Meinungen, die Kirchen oder den Staat). Trotzdem bleiben genug bewältigungswirksam veränderbare übrig, wie die nächsten beiden Kapitel erweisen werden.

Fehlende Akzeptanz und Unterstützung. Viele Menschen nehmen auf Anhieb eher Partei für Eifersüchtige als für Fremdgehende; sie kümmern sich um die "Betrogenen", aber nicht oder nicht so sehr um die "Betrüger" und deren Partner, die Rivalen. Wer gelernt hat, seine Interessen besonnen und freundlich zu vertreten, muß sogar damit rechnen, von Nachbarn oder Freunden der Lieblosigkeit bezichtigt zu werden: “Der ärgert sich ja noch nicht mal, wenn er betrogen wird! Liebt der seine Frau überhaupt noch richtig?”. Bei den Yusufazai-Pakhtun im Swat-Tal im Nordwesten Pakistans muß ein Mann seine ehebrechende Frau erschießen[238], bei den Hidatsa am oberen Missouri in Nordamerika (USA) sie zurückweisen[239], wenn er nicht ausgelacht, verachtet oder ausgestoßen werden will. Aber was macht einer, der seiner Frau verzeihen, sie als Partnerin behalten möchte? Er verlöre, wenn er eine Versöhnung versuchte, durch die Eifersuchtsbewältigung seine Ehre und seine öffentliche Anerkennung (und damit die Befriedigung nicht nur seiner Sozialwert-, sondern vielleicht zudem noch der Unversehrtheitsmotive).

Alles Bemühen, Eifersucht zu bewältigen, kann trotz vorhandener Fähigkeiten und optimierten Interessenausgleichs fruchtlos bleiben, wenn die Umgebung oder Mitwelt solches Bemühen von vornherein torpediert, z.B. als Schwäche bewertet. Wer beispielsweise aufgrund der Einsicht in die Lust auf andere Personen und Beziehungen seinem Ehepartner unter bestimmten Voraussetzungen bestimmte Arten von Außenbeziehungen gestatten will, der wird sich das gehörig überlegen, wenn in seiner Umgebung nur oder überwiegend mit Verständnislosigkeit, Vorwürfen oder sogar Sanktionen (z.B. Meidung oder üble Nachrede) reagiert wird. Wir brauchen nicht nur in vielen Fällen praktische Unterstützung, sondern fast immer auch wenigstens Akzeptanz.

Fazit

Wegen der Universalität und Unverzichtbarkeit der meisten Eifersuchtsmotive, ihrer tatsächlichen Bedrohtheit durch zumindest bestimmte Arten von Außenbeziehungen, der unterschiedlichen Bewertung von Eifersuchtsreaktionen und weil sie teilweise wirklich unerträglich ist, kann Eifersucht zwar nicht unter allen Umständen, aber zumindest gelegentlich bzw. sogar häufig überwunden, reduziert und/oder ausgehalten werden. Deshalb kann es immer nur um eine Optimierung, nie um eine völlige Beseitigung von Eifersucht gehen. Dabei ist nicht nur mit den praktischen Schwierigkeiten beim Entscheiden und Durchführen der Bewältigung zu rechnen. Bereits im Vorfeld sind verschiedene Hindernisse zu überwinden, z.B. unser nicht optimal eingesetzer Egoismus, die Vielfalt und Widersprüchlichkeit unserer Bedürfnisse und Begehren, die Konstanz und Zähigkeit der eifersuchtsrelevanten Einstellungen und Gewohnheiten, d.h. der sozialen, relationalen und personalen Kulturen, unsere oft unzureichende Kompetenz, die Vernetztheit der Ursachen und die fehlende Unterstützung oder wenigstens Toleranz durch die Mitwelt. Behindert, aber nicht gehindert werden wir also allseits: von uns selbst, vom Partner, vom Rivalen, von den Eltern, von den Nachbarn, von den Medien, von der Kirche, vom Staat. Unter diesen finden sich aber auch viele, die uns bei unseren Bewältigungsbemühungen zu helfen bereit und in der Lage sind. Die Hindernisse sind daher nicht unüberwindbar. Es gibt eine große Zahl von geeigneten und bewährten Mitteln zum Überwinden, Reduzieren oder Aushalten von Eifersucht, wie die beiden nächsten Kapitel zeigen werden. Und es gibt viele Menschen, die diese erfolgreich praktizieren und praktiziert haben.

Drittes Kapitel: Eifersuchtsprävention

Die im letzten Kapitel auf ihre allgemeinen Grundprinzipien reduzierte Theorie der Eifersuchtsbewältigung klingt einleuchtend: Wer Eifersucht überwinden, verringern oder aushalten will, muß entweder diese Eifersucht selbst und/oder ihre Bewertung ändern. Er kann dies durch eine Änderung der bislang für die störende Eifersucht verantwortlichen Wahrnehmungen, Kenntnisse, Einstellungen, Körperreaktionen oder Verhaltensweisen an allen Stellen der Eifersuchts- bzw. der Bewertungsprozesse, kurz: durch eine Modifizierung der bisherigen kulturellen Theorie und Praxis. Was aber bedeutet das im einzelnen? Welche *konkreten* Änderungen an welchen Stellen sind erforderlich und auch wirklich bewältigungswirksam?

In diesem Kapitel geht es zunächst um die Möglichkeiten der *Vorbeugung* gegen allzu häufige, heftige und unangemessene Eifersucht, also um die wichtigsten und erfolgversprechendsten der Änderungen, die aus *eifersuchts*förderlichen Auffassungen und Gewohnheiten *bewältigungs*förderliche machen (die Möglichkeiten einer Verbesserung der Eifersucht selbst werden im nächsten Kapitel erörtert). Dabei muß ich mich auf die direkter untreue- und eifersuchtsbezogenen Faktoren beschränken (was nicht ganz ohne eine gewisse Redundanz geht, um nuancieren zu können). Daß eine gewalttätige Konfliktkultur, ein übertriebenes Harmoniebedürfnis, rücksichtsloses Machtstreben, geschlechtsbedingte Chancenunterschiede oder andere allgemeine Faktoren, die *auch* auf Eifersucht einwirken, aus Bewältigungssicht veränderungswürdig sind oder sein können, wird im folgenden und an verschiedenen anderen Stellen des Buches dennoch immer wieder deutlich werden. Die hier erörterten Möglichkeiten widersprechen sich teilweise (u.a. wegen des Gegenteilprinzips, s.S. 110f.) und sind deshalb innerhalb eines Bewältigungsverfahrens nicht immer vereinbar. Da ich nur grundrechtswidrige Wege ausschließen darf, führe ich auch Präventionsmaßnahmen an, die für einige Personen oder Gruppen in unserer Gesellschaft nur schwer oder auf gar keinen Fall akzeptabel und realisierbar sind. Aus diesen Gründen, und weil der Erfolg vieler Maßnahmen sehr von den jeweiligen Umständen abhängt, behalte ich auch konsequent die den eigenen Spielraum und das eigene Entscheidenmüssen verdeutlichende Frageform bei. Eines allerdings ist unausweichlich: Wer Eifersucht routinemäßig überwinden, reduzieren oder aushalten können möchte, der *muß* sich einige der im folgenden genannten Auffassungen zu eigen machen - wenn er diese nicht bereits teilt.

Auffassungsänderung: Welche Kenntnisse und Einstellungen sind bewältigungsförderlich?

Menschen werden eifersüchtig, wenn und weil sie dafür förderliche Kenntnisse, Werte und Normen haben (s.S. 51-66). Solche uns vielfach gar nicht genau bekannten Auffassungen können bewußt gemacht und verändert werden. Eifersuchts- und damit bewältigungsrelevant sind dabei viele Bereiche, vor allem die Theorien der Bedürfnisse und Begehren, der Sexualität, der eigenen Person, der Beziehungen, der Untreue und der Eifersucht.

Die Theorie der Bedürfnisse und Begehren ändern

Besonders eifersuchtsförderliche Auffassungen über unsere Bedürfnisse und Begehren sind vor allem unzureichende Kenntnisse, Desinteresse an den Wünschen der anderen und das verbreitete Ideal der Maximalerfüllung.

Was wollen wir überhaupt? Eine entscheidende Voraussetzung für eine Veränderung von Eifersuchts- und Untreuemotiven ist, sie zu kennen. Diese Voraussetzung ist nicht immer ganz einfach zu erfüllen, nicht nur weil unsere Wünsche teilweise miteinander konkurrieren, sich vielfach überschneiden und manchmal recht rasch wechseln. Wir kennen sie oft gar nicht oder gestehen sie uns nicht zu (beispielsweise Macht- und Dominanzbegehren oder eigene Untreuephantasien; s.a.S. 133). Die eigenen Motive und die z.B. des Partners und des Rivalen zu kennen, ist aber wichtig, um das Ausmaß der Gefährdung und den Grad der Störung bestimmen zu können. Und das heißt dann nicht nur, etwa von den verschiedenen Untreue- und Eifersuchtsmotiven zu wissen, sondern vor allem auch deren genauen Inhalt und ihre Gewichtung und Rangfolge im Vergleich zu anderen Motiven zu kennen. Denn "Ich möchte Zuwendung!" oder "Ich möchte fremdgehen!" oder "Ich möchte sozial anerkannt sein!" kann je nach Person und/oder Situation etwas ganz anderes meinen.

Sind nur die eigenen Bedürfnisse und Begehren wichtig? Eifersüchtigen geht es nicht um die Erfüllung der Motive, die ihren Partner zum Fremdgehen verleiteten, sondern um die eigenen Interessen (s.S. 27f.). Aber auch Partner und Rivalen bekümmern die Begehren des Eifersüchtigen üblicherweise nicht oder weniger. Das ist nicht eifersuchtsspezifisch. Es spiegelt nur den üblichen (und zum Teil sogar unverzichtbaren) egoistischen und egozentrischen Umgang mit Bedürfnissen und Begehren wider. Weil Eifersucht *in Beziehungen* zwischen mindestens zwei Personen auftritt, kann dieser zu Problemen führen. Deshalb, aber auch weil reiner Egoismus (ebenso wie reiner Altruismus) moralisch abzulehnen ist (s.S. 92), ist es wichtig, sich nicht *nur* um die eigenen, sondern auch um die Wünsche anderer, vor allem der Partner zu kümmern und diese nicht nur zur Kenntnis zu nehmen, sondern auch zu beachten. Bewältigungsförderlicher und verantwortbarer ist deshalb der im letzten Kapitel ausführlicher erörterte optimierende Interessenausgleich (s.S. 94ff.). Er ist sogar u.U. auf eine andere Art wieder egoistischer: Wenn der durch Fairneß und Kompromisse erreichbare Erfolg besser ist als der mit Rücksichtslosigkeit erzielbare. Wenn also z.B. der Partner durch egoistische Zugeständnisse dazu animiert wird, sich auch dem Ausgangspartner wieder mehr zuzuwenden, statt sich, wie beim egoistischen Verbot, innerlich wie äußerlich noch weiter zu entfernen. Gerade weil es um die eigenen Interessen geht, muß es fast immer auch um die des Partners und anderer gehen.

Muß es immer das Maximum sein? Eifersüchtige verlangen gerne *absolute* Treue, *ununterbrochene* Zuwendung, *totale* Hingabe. Untreue Partner beanspruchen *völlige* Freiheit, *alleiniges* Entscheidenkönnen, *kein* Rücksichtnehmenmüssen. Beide allerdings mehr in der Auseinandersetzung und in ihren Worten als in der Praxis. Dort berücksichtigen wir meist ganz pragmatisch die Unumgänglichkeit (und ja vielfach auch den Nutzen) von Zugeständnissen. Warum dann nicht auch gleich bei der Formulierung unserer Bedürfnisse und Begehren (s.a.S. 145ff.)?

Die Theorie der Sexualität ändern

Wer Sexualität für etwas Einzigartiges und Außergewöhnliches hält, wer Geschlechtsverkehr und Liebe als untrennbar verknüpft ansieht und wer Sex auf die Ehe oder doch wenigstens auf feste Beziehungen begrenzt, braucht sich über sexuelle Eifersucht nicht zu wundern.

Muß Sexualität befangen machen? Sexualität ist nicht selbstverständlich. Es gilt vielfach als unschicklich, sich durch Pornos oder erotische Programme anregen zu lassen. Viele denken, *Tutti frutti* oder *Liebesstunden* nur anschauen zu dürfen, "um das mal gesehen zu haben", um "informiert" zu sein. Wir arbeiten indirekt, mit Ironie und Anspielungen, wenn wir flirten oder jemanden verführen wollen. Wir können unseren Nachbarn nicht "mal eben so" zum Geschlechtsverkehr einladen, so wie wir ihn ins Konzert oder zum Tennisspielen mitnehmen. Wir wollen es vielleicht auch gar nicht, weil wir Angst haben, dadurch der Sexualität ihren besonderen Reiz zu nehmen, den sie doch haben soll.

Obwohl Sexualität zu ihrem Alltag gehört, obwohl sie ständig sexuellen Reizen ausgesetzt und mit sexuellen Themen konfrontiert sind, ist vieler Menschen Sexualitätskultur eine Kultur des Besonderen, des Außergewöhnlichen (s.S. 59f.). Sie gehen mit dem Sexuellen längst nicht so selbstverständlich und unbefangen um wie beispielsweise mit Essen und Trinken oder Sport, zwei anderen Bereichen, in denen körperliche und psychische Lust und Befriedigung ebenfalls eng verknüpft sind. Das macht Sexualität vielleicht noch spannender, es macht aber auch sexuelle Außenbeziehungen bedrohlicher als andere.

Diese Befangenheit gegenüber Sexualität muß nicht sein, zumindest nicht in dem erheblichen Ausmaß. Nicht nur einzelne Personen, auch zahlreiche Ethnien und Subkulturen belegen die Möglichkeit eines selbstverständlicheren, unbefangeneren Umgangs. Etwa die überwiegend im indischen Bundesstaat Sikkim lebenden Lepcha, die Geschlechtsverkehr als genauso wichtige, angenehme und ergötzliche Angelegenheit wie Essen und Trinken anerkannten[240]. Oder die Tukano in Nordwest-Amazonien, die ihn (auch mit Dritten) für ein so normales Vergnügen hielten, daß sie ihn (selbst in Anwesenheit des Ausgangspartners) so offen und öffentlich praktizierten wie Essen oder Trinken[241]. Und für Swinger hat der Partnertausch etwa die gefühlsmäßige Bedeutung, die für andere ein Kartenspiel mit Freunden hat[242].

Wenn es wenigstens teilweise gelingt, Sexualität *auch* als etwas Normales anzusehen und ein bißchen unbefangener mit ihr umzugehen, wird es leichter, die Bedrohlichkeit sexueller Außenbeziehungen in etwa so differenziert wie die von Sport, Arbeit oder einer Unterhaltung mit Dritten zu betrachten, also z.B. auf den tatsächlichen Zeitaufwand und das Engagement zu beziehen - und nicht auf den Außenkontakt *als solchen*. Dann wird Eifersucht ein ganz normaler Interessenkonflikt unter den vielen anderen, die Paare lösen müssen, wodurch schon einmal viel Extraarbeit entfällt.

Gehören Liebe und Geschlechtsverkehr untrennbar zusammen? Für viele Menschen ist Geschlechtsverkehr ohne Liebe weder nachvollziehbar noch erstrebenswert. Trotz aller anderen Erfahrungen, etwa durch Selbstbefriedigung, Prostitution oder Pornografie, werden Liebe/Erotik und Geschlechtsverkehr vielfach immer noch als untrennbar gekoppelt angesehen, erhofft oder idealisiert. Das kann sogar soweit gehen, daß jemand glaubt, Liebe heucheln zu müssen, nur um Zugang zur Sexualität zu finden. Dadurch werden nicht nur eigentlich rein körperlich-sexuellen Außenbeziehungen romantische Elemente einfach unterstellt (weil es doch gar nicht anders möglich und sonst auch minderwertig und unbefriedigend sei). Es führt auch dazu, daß Außen-*Geschlechtsverkehr* untersagt wird, obwohl im Grunde nur Außen-*Liebe* unerwünscht ist (oder umgekehrt). Doch diese Koppelung ist kein unausweichlicher Zwang. So gab es etwa bei den auf einer südlichen Cook-Insel in Zentral-Polynesien (Ozeanien) lebenden Mangaia keine kulturelle Verknüpfung zwischen dem Wunsch, mit einer Person zu kopulieren, und irgendwelchen Empfindungen der Zuneigung oder Liebe zwischen den Partnern[243]. Und die oben erwähnten Swinger können körperbezogene von personenbezogenen sexuellen Beziehungen trennen; sie unterscheiden zwischen der romantischen Liebe in der Ausgangsbeziehung und der spielerischen sexuellen Tauschbeziehung[244]. Ein solches Trennenkönnen erlaubt, zwischen verschiedenen Arten sexueller Beziehungen zu unterscheiden, wenigstens bestimmte dieser Arten auch außerhalb einer Ausgangsbeziehung zuzulassen und das Eifersuchtsproblem auf ein Vertrauensproblem zu reduzieren. Es würde übrigens auch die AIDS-Prävention erleichtern, weil Liebesromantiker (und das scheinen die meisten zu sein) bei Zufallsbekanntschaften wegen der "Liebes- oder Romantikpflicht" bis an die Bettkante das Ziel (zusammen zu schlafen) verleugnen und deshalb nicht erst einmal kurz über Verhütung und Safer Sex reden, also z.B. auch kein Präservativ überstreifen[245].

Muß Geschlechtsverkehr immer an "feste" Beziehungen gebunden sein? «Vom christlichen Verständnis der Ehe her sind Partnertausch und Gruppensexualität abzulehnen. Partnertausch zwischen einzelnen Paaren, auch zwischen Verheirateten und Unverheirateten oder auch Gruppensexualität zeigen, wie wenig es den Beteiligten gelungen ist, ihre Genitalität in ihre gesamt-menschliche Sexualität und damit in eine personale Partnerschaft zu integrieren»[246]. Nicht nur die protestantische Kirche geht von einer solchen Gebundenheit des Geschlechtsverkehrs an eine "richtige" Beziehung aus, zu der von vornherein zeitlich begrenzte Party-, Urlaubs- oder andere Gelegenheitsbeziehungen, aber auch die Dauerbeziehung zu einem Geliebten nicht zählen. Diese Beschränkung der Sexualität auf "feste" Beziehungen, die übrigens auch einer der Gründe für die oft negative Einstellung zur Selbstbefriedigung sein dürfte, fördert Eifersucht, weil sie z.B. Außenbeziehungen pauschal moralisierend verdammt, statt zwischen den verschiedenen Arten und die wirklichen Bedrohungen zu differenzieren.

Gibt es nur "alles" oder "nichts"? Intensiver und zärtlicher Körperkontakt oder auch der vertrauliche Austausch über Intimes ist für viele Menschen auf eine Person, den (Ehe-)Partner beschränkt. Ansonsten gibt es nur Händedrücken oder vielleicht noch Wangenküsse und eine "geschwisterliche" Umarmung - dazwischen aber nichts. Aufgrund der eben angedeuteten Auffassungen über Sexualität und sexuelle Beziehungen wird bei uns normalerweise nicht differenziert, sind keine Zwischenstufen vorgesehen. Entweder ist alles erlaubt (in der Partnerschaft) oder gar nichts (in allen anderen Beziehungen). Auch hier wäre eine abgestuftere Einstellung bewältigungsförderlich, die z.B. gewisse Zärtlichkeiten und Vertraulichkeiten, etwa mit besonders guten Freunden, zuließe (s.S. 151f.).

Die Theorie des Selbst ändern

Unser Selbstbild (zu dem auch unsere eigene Vorstellung des Bildes *über uns* gehört, das wir bei anderen vermuten) ist ein entscheidender Faktor unseres gesamten Denken und Tuns. Ähnlich wie unsere anderen allgemeinen Auffassungen, z.B. über Moral, Probleme, Konflikte, Harmonie, Gehorsam oder Schicksal, beeinflußt es damit selbstverständlich auch unsere Eifersucht (bzw. unsere Gegenreaktionen auf Eifersucht). Dieser Einfluß ist freilich allgemein und indirekt. Zwei Elemente unseres allgemeinen Selbstbildes werden aber häufig auch als spezifische und direkte Ursachen für Eifersucht genannt: ein schwaches Selbstwertgefühl und eine unbewußte homosexuelle Komponente.

Hilft ein gutes Selbstwertgefühl? «Es ist gegenwärtig modern, anzunehmen, daß ein niedriges Selbstwertgefühl eine [bzw. sogar *die*] entscheidende Ursache für Eifersucht und daß das Anheben dieses Selbstwertgefühls ein guter Weg zur Reduzierung oder 'Heilung' von Eifersucht sei»[247]. Systematische empirische Untersuchungen[248] können diese (übrigens relativ neue) Vermutung so pauschal nicht bestätigen. Das überrascht nicht, denn der Selbstwert ist ja auch nur eines unter vielen Motiven, die für Eifersucht verantwortlich sind (s.S. 21-27). Deshalb kann selbst eine Person mit einem ausgesprochen hohen und stabilen Selbstwert sogar heftig eifersüchtig werden, z.B. wenn sie mehr Zuwendung wünscht oder Angst vor AIDS hat.

Außerdem sind Minderwertigkeitsgefühle oft nicht oder nicht nur die Ursache, sondern die bzw. eine *Folge* der eigenen Eifersucht; die Verknüpfung ist deshalb oft andersherum oder wechselseitig. Hinzu kommt, daß es immer auf den Bezugspunkt ankommt. So geht es bei Eifersucht oft weniger um den *allgemeinen* Selbstwert, als vielmehr um den eigenen Wert *in der Beziehung* - und zwar nicht um den subjektiv empfunden, sondern um den tatsächlichen, um die wirkliche Position und Chance in der Partnerschaft. Hier zu einer *realistischen* Einschätzung zu gelangen, d.h. den eigenen Wert nicht zu über-, aber auch nicht zu unterschätzen, ist sicher bewältigungsförderlich, weil es die eigenen Möglichkeiten und Grenzen zu klären hilft (s.a.S. 136f. oder S. 152f.). Ein in diesem Sinne gutes Selbstwertempfinden *allein* nützt aber nichts.

Bin ich vielleicht homo- oder bisexuell? Manche Psychoanalytiker behaupten, einige oder sogar alle Männer reagierten nur oder vor allem deshalb eifersüchtig, weil sie eigentlich selbst gerne mit ihrem Rivalen schliefen und - so das «krude Bild»[249] - eine Vereinigung der Penisse in der Vagina der geteilten Frau erträumen[250]. Sie gestünden sich ihre homosexuellen Bedürfnisse oder Begehren aber nicht ein. «Dieses Syndrom wird besonders deutlich, wenn sich der Mann aus Ärger über die vermeintliche Untreue der Frau ins Wirtshaus, in den Club oder in irgendeine andere Männergesellschaft flüchtet und damit unbewußt, aber um so zielstrebiger seiner Frau die Gelegenheit bietet - ja geradezu *anbietet* -, nun wirklich aus Einsamkeit und Verbitterung fremdzugehen. In Wahrheit zieht der Mann die Gesellschaft der Männer vor und benutzt seinen E[ifersuchts]-Wahn nur als Alibi, um sich selber vormachen zu können, daß *sie* die Männer liebt, die *er* nicht zu lieben wagt»[251]. Unter Umständen sei mit dieser nicht eingestandenen Lust auf homosexuelle Beziehungen auch eine Angst vor Homosexualität verknüpft[252]. Falls es dieses besondere Neidmotiv gibt (und selbst Therapeuten, die damit arbeiten, scheinen eher skeptisch zu sein[253]), hilft auch hier das Bewußtmachen, Anerkennen und Realisieren des Wunsches.

Die Theorie der Beziehungen ändern

Werbung, Medien, Kirchen, Eltern, Freunde, sogar der Staat propagieren und unterstützen mehr oder weniger akzentuiert die Zweierbeziehung als die ideale Beziehung. Doch Paarbeziehungen, die zugleich Liebesbeziehungen und deshalb exklusiv sind, in denen sich die Partner wechselseitig alles Wichtige und Sinnstiftende bieten sollen und in denen die Männer das

Sagen und das Geld haben: dies alles sind recht eifersuchtsförderliche Vorstellungen.

Gibt es nur die eine wahre Liebe? «Liebe und Treue sind untrennbar miteinander verbunden. Sie gehören zusammen wie Sonne und Mond, wie Wolken und Wind»[254]. Wenn Liebe als etwas so Intimes und Einmaliges angesehen wird, daß sie gleichzeitig oder womöglich lebenslang immer nur mit einer einzigen Person möglich sei (siehe den Mythos von der "ersten Liebe", die ein Leben lang nachhänge und letztlich nie überwunden werde), und wenn Treue nur oder vor allem sexuell verstanden wird, dann ist sexuelle Eifersucht tatsächlich «das Salz im Brotteig der Liebe»[255]. Beides ist aber nicht unausweichlich so. Liebe ist zwar ein besonderes und intensives Beziehungserleben, das aber in zahlreichen Varianten auftritt, vom erotischen Verliebtsein über die Geschwister-, Eltern- oder Kameradschaftsliebe bis hin zum Liebeswahn[256]. Jeder von uns kennt es deshalb eigentlich immer aus mehreren und verschiedenen Beziehungen. Trotzdem bleiben wir beim "Einliebe-Ideal". Auch hier müßte also unsere *Praxis* der vielfältigen Liebesbeziehungen unterschiedlicher Art mit verschiedenen Personen besser in unserer *Theorie* der Liebe berücksichtigt und abgebildet werden: Wir kennen unterschiedliche Liebesarten und können mehrere Personen zugleich lieben, wenn auch sicher nicht alle gleichermaßen intensiv[257] (übrigens unabhängig davon, ob wir diese verschiedenen Lieben auch angemessen auszudrücken imstande sind).

Muß es immer (nur) Liebe sein? «Wir in Europa haben leidenschaftliche und persönliche Liebe zu einem der Haupt-Drehpunkte gemacht, die unsere Gesellschaft bewegen; die Lepcha in Zongu [im indischen Bundesstaat Sikkim im Himalaya] haben sie gänzlich ausgeschlossen, sie ist verantwortlich für extreme Zerwürfnisse, wenn sie aufflammt. Die normale emotionale Situation ist eine vernünftiger Zuneigung, die auf wechselseitigen Rechten und Nutzen basiert; die Leute lieben einander aus anführbaren und erklärten Gründen»[258]. Die Art und die Beweggründe unserer Partnerwahl gehören zu den exotischsten, die die Menschen kennen. Wir suchen unsere Partner nicht anhand der Kriterien, die später das Zusammenleben bestimmen. Wir wählen auch nicht so rational - Preis und Leistung vergleichend - wie zum Teil bei auf begrenzte Zeit angelegten und in ihren Auswirkungen doch meist erheblich weniger gravierenden Einkäufen. Die "wahre" Beziehung hat allein auf akutem Verliebtsein zu gründen, das ideale Auswahlkriterium ist der Zufall. Wer erzählt, er habe seine Partnerin ganz gezielt gesucht (oder gar suchen lassen) und geheiratet, weil sie vermögend ist, gut kochen kann, gern Mutter ist und deshalb seine Karriere statt durch eigenen Ehrgeiz zu stören sogar fördert, der wird vielerorts nicht nur auf Unverständnis stoßen, sondern dem wird möglicherweise auch unterstellt, er scherze oder übertreibe. Solche vernünftigen oder berechnenden Gründe sind nicht schicklich. Zu den Konsequenzen dieser (teilweisen) Irrationalität der Beziehungsbegründung gehören dann freilich nicht nur eifersuchtsfördernde Liebes- und damit Treuevorstellungen sowie Enttäuschungen aufgrund des absehbaren Endes jedes Verliebtseins, sondern auch besondere Abhängigkeiten (s.S. 152ff.), die es ebenfalls schwerer machen können, mit Außenbeziehungen lockerer und gelassener umzugehen.

Gibt es keine Liebe ohne Eifersucht? «Da Eifersucht und Liebe nicht voneinander getrennt werden können und einander bedingen, läßt sich der Grad und die Qualität einer Liebe am Grad und an der Qualität der Eifersucht messen. Sage mir, weshalb du eifersüchtig bist, und ich werde dir sagen, wie du liebst»[259]. Liebe ist gut und unverzichtbar, Eifersucht mißt ihre Qualität, also ist auch Eifersucht gut und unverzichtbar, ist der Versuch ihrer Bewältigung Ausdruck mangelnder Liebe! Wirklich? Was ist mit der aggressiven Gewalttätigkeit aus Eifersucht? Was ist, wenn die Eifersucht zum Zerbrechen der Beziehung führt? Was ist, wenn sie die Eifersüchtigen selbst auf schier unerträgliche Weise quält? Was ist mit der Einschränkung der Liebe des anderen durch das Diktat der Treue? Die Zusammenhänge zwischen Liebe und Eifersucht sind keineswegs so simpel, wie manchmal behauptet und propagiert wird. Eifersucht kann z.B. auch ein Ausdruck mangelnder Liebe sein. Wir sollten daher genauer hinschauen und z.B. die verschiedenen Liebes-, Untreue- und Eifersuchtsarten differenzieren, etwa die egoistische Liebe des Geliebtwerdenwollens und die zumindest von der Intensität her altruistische Liebe des Liebegebenwollens.

Kann* ein *Partner uns alles bieten? Seit die ideologischen Bindungen etwa zur Religion oder zum Staat abbröckelten, seit das gemeinsame Arbeiten und Wirtschaften der Gatten wie der Generationen in einem Haus bzw. Haushalt durch weitgehende Trennung ersetzt wurde, seit die familiären und verwandtschaftlichen Beziehungen in ihrem alltagsbestimmenden Einfluß eingeschränkt wurden und seit die Praxis einer Zweck- oder Vernunftehe durch das Ideal der romantischen Liebesbeziehung verändert wurde, sind Ehen und eheähnliche Beziehungen mit immer mehr Aufgaben beladen. Partner und Partnerschaften müssen heute für Lebenssinn, Prestige, Altersversorgung, Sicherheit, Geborgenheit, Gebrauchtwerden, Lebensqualität, Rückzugsmöglichkeiten, Intimität, Sexualität und vieles mehr herhalten, sollen diese oft sogar allein bieten und garantieren. In einer Gesellschaft, die ansonsten ihr Heil in der Spezialisierung sucht, gilt für Familie und Liebe also das Gegenteil: «Hier soll alles aus der Zweisamkeit geschöpft werden - Verständnis, Freundschaft, Elternschaft, Verzauberung, Selbstentfaltung, Vergebung, Zärtlichkeit, Therapie»[260]. Das macht Partner wegen ihrer ja nicht beliebigen Austauschbarkeit nicht nur scheinbar unersetzlich. Es erfordert auch ein besonderes Augenmerk gegenüber allen potentiellen Gefahren, wie z.B. sexuellen Außenbeziehungen. Hier Entlastungen zu suchen, also vom Partner nicht die Befriedigung *aller wichtigen* Bedürfnisse und Begehren zu verlangen, ist deshalb bewältigungswirksam (siehe auch S. 152ff.).

Brauchen wir unseren Partner? Zu den gravierendsten Befürchtungen bei Eifersucht gehört die Angst vor dem Verlust des Partners. Das hängt u.a. mit dem eben angesprochenen Stellenwert von Partnerschaft/Ehe in unserer Gesellschaft zusammen, der Mythen fördert wie: «Ohne meinen Partner(in) bin ich ein Nichts»[261]. Es liegt aber natürlich auch an den tatsächlichen Abhängigkeiten, die den Mythos zum Teil bestätigen (s.S. 122f.). Dennoch bzw. trotzdem lohnt es, genauer hinzusehen: "War ich nicht auch «vor der Beziehung eine eigenständige Person mit vielen positiven und negativen Eigenschaften und in verschiedenen Rollen und werde [ich nicht] auch ohne mein(e) Partner(in) das meiste davon sein und haben»[262]"? Insbesondere in einer wenig befriedigenden Beziehung kann die Aussicht auf Trennung selbst dann eine letztlich eher positive Perspektive sein, wenn sie finanzielle Einbußen bedeutet und ein neuer Partner nicht sofort in Sicht ist.

Können wir unserem Partner alles bieten? Wer von seinem Partner ununterbrochene Zuwendung beansprucht oder seinen Selbst- und Sozialwert ausschließlich über ihn definiert, verlangt zuviel (siehe oben). Sogar der fürsorglichste, treueste und bemühteste Partner kann unmöglich alle unsere Bedürfnisse und Begehren allein erfüllen, auch nicht die Eifersuchtsmotive. Wir sind also immer auf andere angewiesen, wissen das, sehen darin in vielen Bereichen keinerlei Problem und nehmen diese fremde Hilfe bei der Befriedigung unserer Wünsche gerne und vielfältig entgegen. Nur wenn es um sehr Persönliches, um Sex und/oder um Liebe geht, wollen wir keine Unterstützung haben, verlangen wir von unserem Partner absolute sexuelle Treue, dürfen keine anderen bei der Erfüllung seiner sexuellen, romantischen und intimen Begehren helfen. Das bedeutet aber, daß wir dem Partner entweder die Erfüllung aller dieser Interessen selbst garantieren müssen (trotz z.B. nachlassender gegenseitiger sexueller Anziehung) - oder davon ausgehen, daß dieser auf die Befriedigung all der Wünsche verzichtet, die wir ihm nicht erfüllen können. Und es bedeutet, daß wir unserem Partner in diesem Bereich ein Recht auf Selbstbestimmung und Abwechslung verweigern. Eine außerhalb des Sexuellen abstruse Idee.

Können Beziehungen exklusiv bleiben? «Außereheliche körperliche Sexualbeziehungen werden von der evangelischen Kirche selbstverständlich nicht gutgeheißen. Die Ehe ist eine exklusive Gemeinschaft zweier Menschen ...»[263]. Die hier mittels einer vermeintlich empirischen Aussage («Die Ehe *ist* ...») als quasi naturgesetzlich bekräftigte Norm ist letztlich illusorisch. Totale Exklusivität ist in Partnerschaften nicht erreichbar. Nicht nur, weil Paare höchstens in Ausnahmefällen völlig eremitisch leben, also auf Beziehungen mit anderen verzichten wollen und können. Auch, weil sich Wunschdenken und Phantasie nicht einsperren oder auf andere Weise an "Außenkontakten" hindern lassen. Die aber sorgen dafür, daß sich (fast) jeder wenigstens ansatzweise und kurzfristig einmal verliebt hat oder eine diffuse sexuelle oder andere Lust auf andere als den Gatten/Freund verspürte und deshalb mit dem Gedanken einer wenn auch vielleicht nur äußerst flüchtigen Außenbeziehung spielte - *obwohl* er in einer festen Beziehung stand. Die weite und zunehmende Verbreitung "nachpartnerschaftlicher Untreue", die sich in Folgen von Verbindungen (Ehen) und Trennungen (Scheidungen) äußernde "serielle" Polygamie, belegt diese Lust auf Mehr genauso wie die Außenbeziehungen selbst. Ein anderer Hinweis ist z.B. das Fehlen einer Zärtlichkeitsexklusivität bei Kleinkindern, die auch den anderen Elternteil beim Schmusen mit einbeziehen wollen, wenn sie nur mit *einem* schmusen. Völlige sexuelle Exklusivität scheint also (wenn wir die Phantasie mit berücksichtigen) nicht nur unmöglich, sondern zumindest für einen selbst wohl auch gar nicht unbedingt erwünscht. Warum auch sollten (sexuelle) Beziehungen der einzige verbliebene Hort der Festigkeit, Beständigkeit und Konstanz sein, wo doch die Treue zu Berufen, Kleidungsstücken, Eßgewohnheiten, Automarken, Parteien, Fernsehkanälen und sogar zu einzelnen TV-Sendungen so rapide abgenommen hat («Nur noch ein bis zwei Prozent der Zuschauer ... halten einen ganzen Film ohne Seitensprung durch»[264]).

Dürfen wir Treue verlangen? «Das Bestehen auf Treue ist eine legitime Forderung in einer von Liebe getragenen Partnerschaft, denn die Treue ist das Haus der Liebe»[265]. Selbstbestimmung ist aber doch ein Grundrecht und ein solches Verlangen absoluter Treue, sei es durch ausdrückliche Verbote oder auch in versteckter Form, etwa durch eine gar nicht wörtlich und ernst gemeinte Delegation der Verantwortung ("Du mußt selbst entscheiden, was Du tust!"), ist eine Einschränkung der Selbstbestimmung des Partners, also Fremdbestimmung. Ist es deshalb unzulässig? Nicht unbedingt und vor allem nicht in einer eingeschränkten Form mit Vetorecht, als Verlangen von relativer Treue oder Bevorzugung. Denn es kann von niemandem erwartet werden, für ihn Unerträgliches auszuhalten. Außerdem hat die eigene freie Entfaltung ihre Grenzen bei der unserer Partner, sind wir, zumal in Partnerschaften, immer selbst- *und* fremdbestimmt. Wir dürfen daher durchaus Treue verlangen, *wenn* wir uns mit unserem Partner darüber ausdrücklich und einvernehmlich verständigt haben, und wenn wir die Option auf eine neue Entscheidung offenhalten, falls sich Schwierigkeiten herausstellen. Entscheidend sind die eindeutige Vereinbarung, die Widerrufbarkeit und der Interessenausgleich.

Was heißt überhaupt "Treue"? Wer unter "Treue" absolute sexuelle Exklusivität in Gedanken wie Taten versteht und uneingeschränkt alle sexuellen Außenbeziehungen als "Untreue" wertet, wer Treue also auf *sexuelle* Treue bezieht oder gar begrenzt, muß sich "betrogen" fühlen und eifersüchtig reagieren, wenn er einen Seitensprung entdeckt. Aber abgesehen davon, daß Ausschließlichkeit ein schwer erfüllbares Ideal ist: Muß Treue mit sexueller Treue gleichgesetzt werden? Die Bundestagsvizepräsidentin Renate Schmidt erzählte einmal in einer Talkshow, daß sie es nicht für einen *Treue*bruch halte, wenn ihr Mann mit einer anderen Frau *schlafe*[266]. Besonders unter reichen Burundi in Zentralafrika konnte eine Frau ihre *Treue* zu ihrem Gatten beweisen, indem sie mit seinem Vorgesetzten ins Bett ging, um diesen zu besänftigen oder wertvolle Informationen von ihm zu gewinnen[267]. Treue läßt sich also auch ganz anders verstehen und etwa am Grad der Aufopferung, Zuverlässigkeit, Zuwendung, Redlichkeit oder Rücksichtnahme des Partners festmachen - und nicht oder nicht nur daran, daß der Partner nie mit anderen redet, flirtet oder schläft.

Ist Exklusivität wirklich erstrebenswert? Wer uneingeschränkte sexuelle Exklusivität verlangt, begibt sich in mehrerlei Hinsicht in Zugzwang: Er verpflichtet sich, wenn er keine Doppelmoral praktizieren möchte, u.a.
– dem Partner alle seine Wünsche *selbst zu erfüllen* (und verbietet ihm damit zugleich die Befriedigung der z.B. sexuellen oder sonstigen Wünsche, die er nicht erfüllen kann oder will),
– das vom Partner verlangte auch *selbst zu leisten* (d.h. selbst auch absolut treu in Gedanken, Worten und Taten zu sein),
– bei Verstößen gegen die Exklusivität konsequent die angekündigten

Sanktionen einzusetzen (also z.B. den Partner auch wirklich zu verlassen) und
- das Einhalten des Treuegebots laufend und gewissenhaft zu *kontrollieren* (d.h. dem Partner ggf. auch nachspionieren zu müssen).

Im Grunde eher beschwerliche und in der Konsequenz wenig rosige Aussichten. Nicht nur die Unterschiedlichkeit der Bedrohung durch Außenbeziehungen (s.S. 84ff.) legt es also nahe, das immer totale oder uneingeschränkte Exklusivitätsmotiv durch ein eingeschränktes und damit zugleich realistisches *Bevorzugungsmotiv* zu ersetzen (s.S. 96).

Die Theorie der Außenbeziehungen ändern

Die angedeuteten eifersuchtsförderlichen Sexualitäts- und Beziehungskulturen bedingen auch entsprechende Auffassungen über sexuelle Außenbeziehungen (s.a.S. 146ff.).

Ist Untreue immer überraschend? Obwohl wir nahezu täglich mit Berichten über Fremdgehen konfrontiert werden: Wenn es uns selbst erwischt, wenn unser eigener Partner seine Lust auf andere äußert oder einen Seitensprung gesteht, haben wir meist nicht wirklich damit gerechnet. Das mag mit der Angst vor Außenbeziehungen und ihren unabsehbaren Folgen zu tun haben: Unangenehmes drängen wir gerne beiseite. Es ist aber nicht immer geschickt. Erstens, weil Unerwartetes in Verbindung mit mangelnder Kompetenz zu der negativen Emotionalisierung und dem Streß führen, die uns an Eifersucht so stören und die auch nicht zur besten Lösung des Problems beitragen. Und zweitens, weil das Verdrängen eines relativ wahrscheinlichen Problems verhindert, sich reflektierend, lernend und übend mit diesen Schwierigkeiten und Aufgaben vertraut zu machen, also die erforderliche Kompetenz im Umgang z.B. mit Untreue (bzw. Eifersucht) zu gewinnen - was dann zusätzlich die Emotionalisierung verstärkt. Wer eine Beziehung eingeht, muß wenigstens damit rechnen, daß der Partner nicht immer alles mit einem teilen will, auch nicht die Liebe und den Sex.

Dürfen wir anderen untersagen, was wir uns selbst zugestehen? «Eine Frau, die unter mürrischer Duldung ihres Mannes zwei Jahre lang eine schwärmerische Beziehung zu einem ebenfalls verheirateten Freund unterhielt, verliert völlig die Fassung, als ihr Mann sich seinerseits verliebt. Das, sagt sie, sei 'etwas völlig anderes'. Sie selbst dagegen habe auch während ihrer 'Spinnerei auf den anderen' immer nur ihren Mann geliebt»[268]. Eine solche Unterscheidung zwischen dem eigenen Tun und dem des Partners ist verbreitet. Aber ist sie auch angebracht (s.S. 97ff.)?

Sind alle Außenbeziehungen gleichermaßen bedrohlich? Von Puertorikanern wird die sehr bewältigungswirksame (und selbstverständlich auch für Männer gültige) Einsicht berichtet, daß eine Frau schließlich kein Stück Seife sei, welches sich bei "Gebrauch" auflöst[269]. Bei den zu den "Waldland"-Mande gehörenden Mende in Westafrika haben einige Männer, vor allem in Gegenden, wo Arbeitskräfte knapp sind, keine Einwände gegen Affären ihrer Frauen, solange deren Freunde für sie arbeiten[270]. Für sie sind die anderen Männer dann zwar sexuelle Rivalen, aber zugleich auf dem Feld willkommene Mitarbeiter. Ähnlich sind die Verhältnisse in machen polygynen Beziehungen. Schließlich kann ein Außenpartner ja auch entlasten; er kann Freiräume schaffen, neue Impulse vermitteln, unerwünschte Aktivitäten nicht nur sexueller Art abnehmen usw. Wir können von anderen, aber auch durch eigenes Erleben lernen und uns bewußt machen, daß unsere Beziehung nicht gleich auseinanderfällt, wenn unser Partner selbständige und alleinige Außenbeziehungen hat[271]. Es ist deshalb nicht nur angemessen, sondern eigentlich unverzichtbar, einmal *grundsätzlich* und im Vorhinein zu überlegen, welche Personen und welche Arten von Außenbeziehungen unter welchen Umständen überhaupt wie bedrohlich sind oder werden könnten (s.S. 84-87).

Ist Untreue ein Vergehen oder gar ein Verbrechen? «Bei den Lesu [in Neuirland, Melanesien {Ozeanien}] wird außerehelicher Geschlechtsverkehr durch sozialen Brauch und Haltung gebilligt und so weitgehend als korrekt angesehen, daß jeder, der ihn nicht praktiziert, als unnormal und höchst ungewöhnlich gilt»[272]. Das sehen längst nicht alle Menschen so. Einige wenige Eifersüchtige reagieren gelegentlich, als sei "Betrügen" ein schweres Verbrechen, was auf die härteste Weise zu bestrafen sei: durch Todesstrafe. Nicht nur unser Staat billigt das sogar in gewisser Weise (s.S. 99f.). Doch auch hinter den üblichen weniger schweren Reaktionen, z.B. dem verbreiteten Getuschele und oft üblen Gerede über tatsächlich oder vermeintlich Untreue, steckt die durchaus allgemeiner verbreitete Auffassung, daß Fremdgehen nicht korrekt, sondern ein Vergehen, ein Treuebruch, ein Betrug sei - mindestens ab einer gewissen Häufigkeit und bei einer bestimmten Art (s.S. 44). Das kann für *Untreue an sich* allerdings nur stimmen, wenn tatsächlich ein ausdrücklicher und absoluter Treuevertrag geschlossen wurde, z.B. durch eine kirchliche Trauung. Der Staat verlangt in Deutschland kein solches "Treueversprechen" und bewertet konsequenterweise "Ehebruch" seit dem Ersten Strafrechtsreformgesetz (1969) auch nicht mehr als Straftat. Daß bestimmte *Arten von Außenbeziehungen*, etwa totale Rücksichtslosigkeit gegenüber den Interessen des Ausgangspartners oder das ungefragte Verjubeln des mit diesem gemeinsam erarbeiteten Vermögens in der Außenbeziehung, moralisch und/oder juristisch verwerflich sein können, ist etwas anderes. Das liegt dann nicht an der Handlungs*art* “Fremdgehen”, sondern an deren mißbräuchlicher Verwirklichung. Wir dürfen *im Zusammenhang* mit Untreue begangenes Unrecht nicht mit jener selbst identifizieren.

Ist Fremdgehen eine besondere Leistung? Nicht nur in jugendlichen Cliquen gibt es das Konzept und Image des erfolgreichen Verführers, das Zustimmung, Bewunderung und Beifall impliziert. Im Gegensatz zur offiziellen Moral, die Untreue angeblich immer verdammt, wird zumindest in bestimmten Subkulturen ein Mann durchaus positiv bewertet und mit Aufmerksamkeit aufgewertet, der sich als Playboy oder erfolgreich bei Frauen ausgewiesen hat. Eine solche (übrigens nur in sexistischer Einseitigkeit verbreitete) Einstellung kann die Bereitschaft zu Außenbeziehungen fördern. Ihre Änderung ist schon aus Gründen der Gleichbehandlung von Frauen und Männern angesagt. Sie ist aber auch bewältigungsförderlich, weil dann das Motiv “Statusgewinn” als Grund für Seitensprünge wegfällt und mit diesen der Auslöser für Eifersucht.

Ist "Betrogenwerden" unbedingt ein Makel? Mit dem positiven Image des erfolreichen Verführers korrespondiert der Hautgout des "Betrogenen". Auch in dieser Hinsicht werden Frauen und Männer unterschiedlich behandelt. «Die Untreue eines Mannes wirkt sich nicht nachteilig für die Frau aus, da solches Verhalten als ‘normal’ gilt und der ‘polygamen Natur’ des Mannes zugeschrieben wird und nicht Fehlern oder Mängeln der Frau. Eine betrogene Frau erfährt normalerweise volle soziale Akzeptanz und wird sogar darüber hinaus wegen des Vergehens ihres Mannes als leidende Märtyrerin betrachtet»[273]. Diese traditionelle griechische Auffassung findet sich durchaus auch bei uns. Ganz anders sieht es aus, wird ein Mann betrogen: «Untreue der Frau bereitet einem Mann Schande; er ist dann ein *Keratás* - die schlimmste denkbare Beleidigung für einen griechischen Mann, ein unehrenhafter Beiname mit Konnotationen von Schwäche und Unzulänglichkeit»[274]. Auch solche Einstellungen sind keineswegs etwa eine mediterrane Spezifität, obwohl die Konsequenzen nicht überall so drastisch sind wie z.B. früher in Griechenland. Aus Bewältigungssicht gilt es hier, die automatische und damit "blinde" Koppelung zwischen Untreue und Ansehen zu zerschneiden und in jedem Einzelfall genauer hinzusehen.

Sind Außenbeziehungen immer offenzulegen? Sexuelle Außenbeziehungen werden nicht nur bei uns, sondern weltweit eher diskret und heimlich eingegangen und praktiziert. Dies ist ein oft gut funktionierendes Bewältigungsmittel nach dem Schema “Was ich nicht weiß, macht mich nicht heiß”, welches übrigens auch in der zum Teil weitgehenden und nicht nur räumlichen Trennung der Lebensbereiche der Partnerinnen in Mehrehen angewandt wird, die sich ja gegenseitig auch oft als Rivalinnen einstufen. Es findet sich genauso in der verbreiteten Trennung der Lebensbereiche z.B. der Geliebten und der Gatten. Aber ist dieses Verheimlichen sinnvoll und mit gegenseitigem Vertrauen, mit Ehrlichkeit und mit Offenheit vereinbar? «Heimliche Untreue zerstört immer das Vertrauensverhältnis zum anderen»[275]. Auch hier ist die zitierte Pauschalisierung unangebracht. Insbesondere bei kurzfristigen Außenbeziehungen ohne große Folgen (bei wirklichen "Seitensprüngen") und in an sich guten Beziehungen kann Offenlegen mehr Probleme schaffen als lösen. So z.B. wenn das Fremdgehen nicht im Gefühl mangelnder Attraktivität des eigenen Partners begründet ist und dieser keinerlei bemerkbare Einbußen bei der Erfüllung seiner Begehren hat. Verheimlichen kann also angemessen sein, wenn es aus Rücksichtnahme geschieht und wenn durch die Diskretion mehr Nutzen als Schaden für *alle* Beteiligten erreichbar ist. Die Kunst besteht darin, auf dem Grat zwischen Vertrauen und Offenheit sowie Diskretion und Rücksichtnahme nicht so auszurutschen, daß es z.B. zum Sturz aus der Beziehung kommt. Diskretion darf jedenfalls (ähnlich Abhängigkeit [s.S. 152f.] oder Untreue [s.S. 90f.]) nicht pauschal als falsch oder inakzeptabel abqualifiziert werden. Verheimlichen ist nicht nur aus Egoismus, sondern auch aus Achtung möglich und kann bei der Bewältigung helfen, ohne unbedingt gegen Grundrechte zu verstoßen (siehe das Verheimlichungsprinzip Höflichkeit). Es kann zudem schön und spannend sein, Geheimnisse zu haben.

Die Theorie der Eifersucht ändern

Jeder von uns hat bestimmte Auffassungen über Eifersucht und die Chancen und Grenzen ihrer Bewältigung. Jeder von uns hat im Verlauf seines Lebens ganz persönliche Muster erworben und entwickelt, nach denen er seine Eifersucht lebt und erlebt. Unter diesen Auffassungen und Mustern gibt es ausgesprochen eifersuchtsverstärkende, z.B. die geringsten Anlässe als Auslöser zuzulassen, härteste Reaktionen zu fordern und einzusetzen oder vernünftige Eifersuchtsreaktionen mit eskalierenden Gegenreaktionen zu beantworten. Deshalb ist es sinnvoll, das eigene Muster, die eigene Theorie (und Praxis) der Eifersucht einmal etwas genauer unter die Lupe zu nehmen und die eifersuchtsförderlichen durch bewältigungsförderliche Auffassungen zu ersetzen (siehe als Anregung dazu dieses Buch).

Tabelle 10: Bewältigungsrelevante Kenntnisse und Einstellungen (Theorien)

Eher bewältigungshinderlich	*Eher bewältigungsförderlich* (siehe Text!)
***Theorie der Bedürfnisse und Begehren*:**	
Ich weiß nicht, was ich will	Ich weiß, was ich will
Nur meine Interessen sind wichtig	Auch die Interessen anderer, vor allem des Partners, sind mir wichtig
Es muß immer Maximalerfüllung sein	Es sollte immer Optimalerfüllung sein
***Theorie der Sexualität*:**	
Sexualität ist nur außergewöhnlich	Sexualität ist normal *und* besonders
Kein Sex ohne Liebe	Sex und Liebe sind trennbar
Sex nur in festen Beziehungen	Sex wann und mit wem nach Lust/Gelegenheit
Mit dem Partner alle, mit anderen keine Sexualität/Intimität	Verschiedene Grade/Stufen von Sex und Intimität mit verschiedenen Personen
***Theorie des Selbst*:**	
Ich bin nichts oder wenig wert	Ich habe meine Qualitäten/Stärken, aber auch Schwächen/Mängel
Verleugnen homosexueller Begehren	Anerkennen und Ausleben derselben
***Theorie der Beziehungen*:**	
Liebe ist nur zu einer Person möglich	Liebe gleichzeitig zu mehreren möglich
Liebe entscheidet über Partnerwahl	Liebe nur eines der Partnerwahlkriterien
Liebe bedingt Eifersucht	Liebe schließt Eifersucht aus
Mein Partner muß mir alles bieten	Mehrere Partner bieten mir je Besonderes
Ohne den Partner bin ich ein Nichts	... bin ich eine eigenständige Person
Ich biete meinem Partner alles	Mein Partner braucht auch andere
Beziehungen müssen exklusiv sein	Beziehungen können nicht exklusiv sein
Treue ist zu erwarten	Treue ist ausdrücklich zu vereinbaren
Selbstbestimmung endet beim Sex	Selbstbestimmung gilt auch für Sex
Treue meint sexuelle Exklusivität	Treue = Zuwendung, Rücksichtnahme ...
Treue ist immer erstrebenswert	Treue kann auch lästig sein
***Theorie der sexuellen Außenbeziehungen*:**	
Mein Partner geht nie fremd	Auch mein Partner kann fremdgehen
Was ich mir erlaube, darfst Du nicht	Du darfst, was ich darf
Untreue ist immer bedrohlich	Untreue ist manchmal für bestimmte Motive bedrohlich
Untreue bedroht immer gleich	Untreue bedroht immer unterschiedlich
Untreue ist ein Vergehen/Verbrechen	Untreue kann rücksichtslos und ein Vertrauensbruch sein
Untreue ist eine besondere Leistung	Untreue ist keine besondere Leistung
"Betrogenwerden" ist ein Makel	"Betrogenwerden" ist kein Makel
Untreue ist immer offenzulegen	Untreue darf auch verheimlicht werden

Fazit

Unsere Kenntnisse und Einstellungen bestimmen unsere Eifersucht (wie genauso unsere Gegenreaktionen auf Eifersucht) auf entscheidende Weise: Sie beeinflussen unsere Bedürfnisse und Begehren, die Kriterien ihrer Erfüllung, die Art und Weise, in der wir Untreue beurteilen, und unsere Reaktionsstile. Diese allgemeinen wie besonderen Theorien zu verändern eröffnet nicht nur Bewältigungschancen, sondern ist letztlich unverzichtbar, selbst wenn wir "nur" die Reaktionen ändern wollen. Gefordert sind dabei nicht nur die Eifersüchtigen, ihre Partner und ihre Rivalen. Auch Institutionen, der Gesetzgeber, die Kirchen oder die Medien müßten ihre Auffassungen ändern und die bewältigungsförderlichen propagieren, *wenn* ihnen an Eifersuchtsbewältigung gelegen ist.

Bewältigungswirksam ist im Vergleich zur verbreiteten pauschalen Auffassung des “Entweder-oder” insgesamt eine differenzierte Kultur des “Sowohl-als-auch”, in der statt absoluter Treue, uneingeschränkter Exklusivität, reiner Monogamie, exklusiver Liebe und anderen Absolutismen besser eine den Menschen angemessene Grundhaltung vorherrscht, die das Vorhandensein einer Lust auf Fremdgehen genauso wie das eines Wunsches nach Treue akzeptiert und so dazu beiträgt, *beide* Motive gleichermaßen zu erfüllen. Wie eine solche Kultur aussehen könnte, ist in der rechten Spalte der Tabelle 10, S. 143, angedeutet.

Auffassungsänderungen können immer nur indirekt und unsicher wirken. Sie sollen und werden vor allem eine Modifizierung der Eifersuchtsmotive (insbesondere des Einzigartigkeitsmotivs) und/oder der Bedrohlichkeitskriterien und damit eine Abschwächung des absoluten Treuegebots ermöglichen. Sie werden aber auch direkt auf die Wahrnehmungen, Abwägungen und damit Reaktionen wirken. Der Erfolg ist freilich abhängig von den Folgeveränderungen, die durch die neuen Auffassungen dann tatsächlich ausgelöst werden (siehe dazu auch das nächste Kapitel).

Praxisänderung: Welche Verhalten und Gewohnheiten sind bewältigungsförderlich?

Unsere Einstellungen sind eng, aber keineswegs zwangsläufig mit unseren Verhalten und Gewohnheiten verknüpft. Die eben erörterten Auffassungsänderungen sind also auch in die Lebenspraxis umzusetzen. Wie aber können wir unsere Eifersuchtsmotive, Treuegebote, Ausgangsbeziehungen, Außenbeziehungen und die Folgen von Eifersucht bewältigungsförderlich gestalten?

Die Eifersuchtsmotive ändern

Eifersucht kann bewältigt werden, ohne irgendwelche Änderungen an den Eifersuchtsmotiven vorzunehmen. Etwa über die Einsicht, daß einseitig Schuld zuschreibende und nur vom Partner Konsequenzen einfordernde Vorhaltungen nicht immer die geschicktesten Vorgehensweisen sind, um interpersonale Interessenkonflikte auch zur eigenen Zufriedenheit zu lösen. Dennoch bleiben die Möglichkeiten einer Abwägungs- wie Reaktionsänderung ohne eine Modifizierung auch der Eifersuchtsmotive begrenzt. Dies gilt nicht nur für das uneingeschränkte Verlangen sexueller Exklusivität, welches, konsequent beachtet, keinerlei Abwägungsspielraum mehr läßt. Deshalb sind das Ändern der Eifersuchtsmotive und auf diese Weise ein Einschränken des Treuegebots zentrale Bewältigungsmittel (s.a.S. 94ff.).

Was ist wichtiger, Ausschließlichkeit oder ...? Anamat-Frauen in Trinidad, Mittelamerika, scheint vor allem gestört zu haben, daß ihre Männer den anderen Frauen Geld gaben[276]. Die zu den Tswana gehörenden Kgatla im Nordwesten Südafrikas hatten (auch für Ehepartner) ein Verbot von Geschlechtsverkehr während der Menstruation, aus Angst vor Infektionen und ihren Folgen (z.B. Sterilität). Deshalb galt es als wichtige Pflicht jeder Frau, ihren Mann davon zu unterrichten, wenn eine der Nachbarinnen ihre Tage hatte. Denn wenn der Gatte schon mit anderen schlief, dann wollten sie wenigstens nicht angesteckt werden. Kgatla-Frauen war Exklusivität zwar eigentlich wichtig, aber doch nicht so sehr wie die eigene Gesundheit[277]. Eine Kgatla-Frau erlaubte ihrem Gatten sogar am Hochzeitstag, sich zwei Mädchen als Geliebte zu nehmen: «Du bist noch ein junger Mann, deshalb nehme ich an, daß Du mehr als eine Frau brauchst; aber mache Deine Affären nicht allzu publik und denke daran, daß wir auch ein eigenes Baby wollen»[278]. Die verschiedenen Eifersuchts- und Untreuemotive können also ganz unterschiedlich bewertet werden. Deshalb können der Mann in Abb. 1 (S. 9) und die Frau in Abb. 10, S. 146, auch so seelenruhig und souverän reagieren. Ihnen kommt es offenkundig nicht auf Exklusivität, sondern vor allem auf ihren Sozialwert bzw. eine intakte Installation an. Nur deren Gefährdung scheint sie zu stören.

Ein nachahmenswertes Prinzip, diese ausdrückliche und bewußte *Betonung* besonders wichtig erachteter Interessen. Sie funktioniert nicht mit allen Motiven (siehe den Effekt einer Betonung des Zuwendungs- oder gar des Einzigartigkeitsmotivs). Besonders gut wirkt sie aber beim Bestandsmotiv. Denn wenn es vor allem darum geht, die Beziehung um (fast) jeden Preis zu erhalten (aus welchen Gründen auch immer), werden Außenbeziehungen des Partners wenigstens bis zu einem gewissen Grad ertragbar, einfach weil die Beziehung insgesamt wichtiger ist als ihre (sexuelle) Exklusivität. Voraussetzung dafür ist freilich eine lohnende und funktionierende Beziehung, die die möglichen Kosten des Fremdgehens aufwiegen kann.

Abb. 10: Die unterschiedliche Wichtigkeit von Eifersuchtsmotiven[279]

Wann sind wir zufrieden? Wenn wir Liebe oder andere Arten von Zuwendung von unserem Partner verlangen, ist damit noch nicht automatisch gesagt, in welcher Form, wie oft und wie intensiv wir diese brauchen oder wollen. Um Eifersucht zu bewältigen, können wir deshalb erstens die angestrebten *Qualitätsansprüche* lockern: Die Beziehung soll (nicht mehr) um jeden Preis erhalten werden; die Anspruchserfüllungen oder Zuwendungen sollen einen bestimmten Standard nicht unterschreiten; die Gleichbehandlung wird nur auf bestimmte Aktivitäten bezogen; die soziale Anerkennung muß ein bestimmtes Maß nicht überschreiten. Und zweitens können wir die geforderte *Häufigkeit* der Erfüllung der eifersuchtsrelevanten Motive verringern: Es wird nicht laufend Zuwendung oder ununterbrochenes Gebrauchtwerden verlangt; die Dauer der Beziehung wird von vornherein als zeitlich begrenzt angesehen; der Einzigartigkeitsanspruch wird nicht in jeder Situation gestellt, sondern z.B. nur während der Zweisamkeit. Beide Bewältigungsmittel verlangen nicht, die Motive selbst aufzugeben (was ja, mit Ausnahme des Exklusivitätsmotivs, auch gar nicht geht; s.S. 118f.). Nur die *Bedrohlichkeitskriterien* für Außenbeziehungen sind wenigstens teilweise und vorübergehend aufzugeben oder zu modifizieren, und zwar nicht nur de facto, sondern auch in der Artikulierung. Denn in unseren Gesprächen verlangen wir häufig noch Maximalerfüllung, obwohl wir längst Optimalerfüllung praktizieren.

Das Treuegebot ändern

Zwar ist es möglich, *jegliche* Art sexueller Außenbeziehungen *immer* als Bedrohung für *alle* eigenen Interessen zu interpretieren und deshalb von einem Partner *absolute* sexuelle Treue zu verlangen. Sie im Verlauf einer längeren Beziehung aber dann tatsächlich zu erhalten, ist jedoch eher unwahrscheinlich. Nicht nur, daß z.B. außerehelicher Geschlechtsverkehr selbst dort vorkommt, wo er gesellschaftlich verboten ist (s.S. 95f.). Es wird, wenn überhaupt, nur wenige Menschen geben, die sich im Verlauf einer Beziehung nicht wenigstens gelegentlich und diffus von einer anderen Person als ihrem Partner angezogen fühlten, die eine ganze Partnerschaft lang auf jegliches Anbandeln und Spielen mit Dritten verzichten oder in deren Tagträumen keinerlei Flirts, Affären, Seitensprünge oder auch Ausstiegsgedanken vorkommen bzw. vorkamen. Die meisten von uns berücksichtigen das, selbst wenn sie ihr Treuegebot immer uneingeschränkt artikulieren: Wenn es passiert, differenzieren wir zwischen den verschiedenen Varianten sexueller Außenbeziehungen und zeigen wir durchaus unterschiedliche Reaktionen.

Ein solches realistisches und den ja immer auch kulturspezifisch unterschiedlichen Bedrohlichkeiten verschiedener Außenbeziehungsvarianten angemessenes Differenzieren und Relativieren kann bewußt und gezielt zur präventiven Eifersuchtsbewältigung eingesetzt werden. Nicht nur, um für sich selbst falsche Erwartungen und damit unnötige Emotionalisierungen zu vermeiden, sondern auch, um dem Partner einen angemessenen Spielraum zu geben und damit zu einem vernünftigen Interessenausgleich zu kommen. Der Weg ist ein *Einschränken* des Treuegebots und damit ein ausdrückliches *Zulassen* zumindest bestimmter Varianten sexueller Außenbeziehungen. Dieses Einschränken und Zulassen darf zwar nicht erzwungen werden. Es muß aber auch nicht unbedingt mit Begeisterung geschehen. Allerdings sollte es auf eigener Einsicht basieren - und sei es "nur" in die Klugheit und Verantwortbarkeit einer konfliktreduzierenden Rücksichtnahme auch auf die nicht geteilten Wünsche des Partners.

Wie wird das Treuegebot eingeschränkt? Menschen haben zahlreiche und oft erhebliche Differenzierungen des Treuegebots bzw. Unterscheidungen von sexuellen Außenbeziehungen entwickelt. «Als Ehebruch (*kabong*, pl. *kabonsa*) wird [bei den Bulsa in Nord-Ghana] nur der unerlaubte Geschlechtsverkehr einer verheirateten Frau mit einem anderen verheirateten oder unverheirateten Mann angesehen, nicht jedoch etwa der Beischlaf eines verheirateten Mannes mit einer unverheirateten Frau. Auch der verheirateten Frau ist der Geschlechtsverkehr mit anderen Männern zu bestimmten Gelegenheiten erlaubt, z.B. bei der Bestattungsfeier eines bedeutenden Mannes, beim Erntefest *fiok* (November - Dezember) und bei den Feierlichkeiten, die mit bedeutenden Opfern des Erdherrn (*teng-nyono*) an die Erde (*teng*) verbunden sind»[280].

Eines der differenziertesten Muster wird von den Aschanti in Westafrika berichtet: Hier wurden zahlreiche verschiedene Arten/Klassen von "Ehebruch" unterschieden und mit jeweils unterschiedlichen (oder auch keinen) Sanktionen versehen:[281]

- Erstes Unterscheidungskriterium sind die ausgeführten *sexuellen Aktivitäten*: 1) *di obi 'ye'* (eines anderen Frau essen): sexueller Verkehr; 2) das Ziehen an oder Spielen mit der Nase, den Ohren, den Brüsten oder irgendeinem anderen Körperteil einer Frau; 3) das Betätscheln der Perlschnur um der Frauen Taille; 4) das Kitzeln der Handfläche einer Frau; 5) jeglicher Versuch, eine Frau verbal zu verführen; 6) ein Versuch, eine schlafende Frau zu verführen.
- Zweites Unterscheidungskriterium sind die *Partner* (bzw. auch der *Ort*): 1) Ehebruch, der im 'Busch' oder im 'Laub' vollzogen wird mit a) einer unverheirateten Frau, b) einer verheirateten Frau oder c) des Missetäters eigener Frau; 2) Ehebruch eines Häuptlings mit der Frau eines Untergebenen; 3) Ehebruch eines Meisters mit der Frau eines Sklaven; 4) *At-*

webenefie-Fälle: Ehebruch mit a) einer Halbschwester väterlicherseits, die eine andere Klanmutter hat, b) einem Vater-Bruder-Kind, c) irgendjemandem aus der gleichen *Ntoro*, d) des Bruders Frau, e) des Sohns Frau, f) der Ehefrau Mutter, g) eines Onkels Frau, h) der Frau irgendeines Angehörigen derselben *fekuo* (Gesellschaft), i) der Frau irgendeines Angehörigen derselben Gilde oder desselben Gewerbes, j) der Frau eines eigenen Sklaven, k) einer anderen Frau des Vaters, die nicht dem gleichen Klan angehört wie die eigene Mutter, l) der (verheirateten oder unverheirateten) Schwester der eigenen Frau.

Es gibt noch zahlreiche andere erprobte und bewährte Möglichkeiten der Relativierung des Treuegebots, wie ein globaler Vergleich der Einstellungen und Praxen erweist[282]:

Situationsspezifik. Nicht nur im Rheinland gehören Flirts und Seitensprünge während des Karnevals zum vorübergehenden Ausstieg aus dem Trott und den Begrenzungen des Alltags. Bei den Tarahumara und anderen hispanisierten Indianern in Nordwest-Mexiko sind, nicht zuletzt aufgrund des Einflusses von Alkohol, Promiskuität und Frauentausch während der *fiestas* verbreitet[283]. Doch nicht nur während besonderer Feste und Feierlichkeiten, auch in sexuellen "Notsituationen" wie einer Zeugungsunfähigkeit oder während der Schwangerschaft und Stillzeit, in denen in vielen Ethnien sexueller Verkehr verboten ist, aber auch ab einer gewissen Dauer der Beziehung bzw. einem bestimmten Lebensalter der Partner werden sexuelle Außenbeziehungen vielfach wenn nicht von vornherein erlaubt, so doch toleranter bewertet und behandelt.

Personenspezifik. Zu den weltweit verbreitetsten Arten der Ermöglichung sexueller Außenbeziehung gehört neben der Prostitution das Einbeziehen der Schwestern bzw. Brüder der Gatten oder anderer Verwandter in den Kreis der erlaubten Sexualpartner, ob als Mitfrau bzw. (selten) als Mitmann in Mehrehen oder außerhalb der Ehe. Auch wird vielfach ein Unterschied gemacht zwischen Angehörigen der eigenen Ethnie, die als Außenpartner eher geduldet werden, und Fremden, mit denen sexuelle Beziehungen grundsätzlicher ausgeschlossen und auch härter bestraft werden. Oder der sexuelle Ausschließlichkeitsanspruch wird nicht auf Konkurrenten gleichen Geschlechts ausgedehnt, d.h. homosexuelle Außenbeziehungen werden in heterosexuellen Ausgangsbeziehungen toleriert und umgekehrt.

Artspezifik. Untreue wird auch aktivitätsspezifisch zugelassen, etwa von Zuhältern bzw. von Freunden von Prositutierten, wenn er nicht lustvoll und befriedigend ist[284], oder von Swingern (privat oder in Clubs partnertauschenden Paaren), wenn er rein körperlich bleibt und nicht zu persönlichen, "romantischen" Bindungen führt[285].

Zweckspezifik. Berichtet wird auch über die Erlaubnis oder Duldung sexueller Außenbeziehungen, weil davon der "Betrogene" und/oder dessen ganze Gruppe profitieren. Etwa bei den Kaingáng im südöstlichen Hochland Brasiliens, wo eine Affäre den Außenpartner motivieren kann, der Lokalgruppe der Frau beizutreten und damit die Anzahl der Jäger in dieser Gruppe zu erhöhen[286]. Oder das Motiv ist Gastfreundschaft mit dem Hintergedanken der Erwiderung, beispielsweise bei *den* Tschuktschen im äußersten Nordosten Sibiriens[287] oder bei *den* Inuit [Eskimo] in der nordamerikanischen Arktis[288], die ihre eigenen Frauen auswärtigen Gästen "angeboten" haben. Auch ein Ausgleich für eigene Untreue oder für die darin begründete Vernachlässigung des Partners kann ein Grund sein, Außenbeziehungen zuzulassen.

Institutionalisierungen. Es gibt viele Beispiele regelrecht institutionalisierter sexueller Außenbeziehungen. So die *sore*-Beziehungen verheirateter Männer mit unverheirateten Mädchen bei den Nama, einem Stamm der Khoikhoin [Hottentotten] in Südwestafrika[289]. Die Mädchen werden quasi Konkubinen des Mannes, können aber später heiraten, wenn sie wollen, und damit die *sore*-Beziehung beenden. Die Kinder aus einer solchen Beziehung verbleiben bei ihrem genetischen Vater und haben die gleichen Rechte wie die Kinder mit der rechtmäßigen Ehefrau, die oft recht eifersüchtig auf die *sore*-Partnerin reagiert. Ein anderes Beispiel ist das *ajoi*-System bei den zu den Xinguanos zählenden Kuikuru im Norden des brasilianischen Mato Grosso, an dem nahezu alle Erwachsenen teilnehmen[290]. Der außereheliche Partner wird *ajoi* genannt, die Außenbeziehungen sind relativ konstant und (obwohl Geschlechtsverkehr im Privaten praktiziert wird) nahezu jedem bekannt. Durchschnittlich hat jeder Erwachsene vier *ajoi.* Die *ajoi*-Beziehungen sind nicht allein sexuell, sondern können auch andere Freundlichkeiten einschließen, z.B. den Austausch von Geschenken. Generell werden offen die Namen der *ajoi* des Dorfes mitgeteilt - mit Ausnahme der eigenen *ajoi* und der des Gatten. Auch die "utopischen" Gemeinschaften in einer der verschiedenen westlichen Alternativbewegungen wie z.B. Kerista Village in San Francisco, USA, sind Varianten institutionalisierter sexueller Außenbeziehungen. Die neun Frauen und sechs Männer der "Familie" befolgten ein rotierendes Muster der Zweisamkeit, durch welches Zeiten des exklusiven Zusammenseins geregelt wurden, die je nach Stimmung und Lust auch für Zärtlichkeiten usw. genutzt werden konnten. Sexuelle Beziehungen außerhalb der "Familie" waren allerdings nicht erlaubt[291]. Weitere Beispiele sind die offene oder verdeckte Prostitution und der Partnertausch in Clubs oder über einschlägige Kontaktzeitschriften. Vielleicht kann auch der "offene Ringtausch", wie er von den Anamat in Trinidad (Mittelamerika) berichtet wird, zu diesen Institutionalisierungen gerechnet werden. Dort verläßt der Mann abends sein Haus, um sich mit der Freundin oder dem Freund zu treffen. Dadurch hat seine Frau die Möglichkeit, einen ihrer "Bewunderer" zu empfangen. Und der schafft seinerseits Platz für einen weiteren Mann - usw.[292]

Was können wir daraus lernen? Die vielfältigen menschlichen Erfahrungen beweisen, daß ein totales sexuelles Treuegebot durchaus eingeschränkt werden kann und wird. Auch vor dem Hintergrund unserer eigenen Fähigkeit und Praxis, selbst bei unreflektierteren Abwägungen durchaus den Bedrohlichkeiten angemessene Differenzierungen vornehmen zu können, lohnt es sich daher, einmal genauer darüber nachzudenken, ob nicht wenigstens ab und an zumindest

- bestimmte *Arten* sexueller Außenbeziehungen (z.B. nicht lustvolle, rein körperliche, "platonische", nicht zu einer Schwangerschaft führende, keine Penetration enthaltende oder ungewöhnliche Sexualpraktiken umfassende)
- in bestimmten *Situationen* (z.B. in Zeiten der arbeits-, trennungs- oder anders begründeten Lustlosigkeit oder Verhinderung sexuellen Verkehrs, bei Festen oder Feierlichkeiten, im Urlaub, auf Tagungen, bei einem bestimmten Stand bzw. nach einer gewissen Dauer der Beziehung oder ab einem gewissen Alter) und/oder
- mit bestimmten *Personen* (z.B. Freunden, Klubmitgliedern, Prostitutierten, Kollegen, Verheirateten, Unverheirateten oder Angehörigen des eigenen Geschlechts) und/oder
- zu bestimmten *Zwecken* (z.B. zur Abwechslung, um von der Außenbeziehung zu profitieren, aus Höflichkeit oder Gastfreundschaft, aus Neugier, zur Erfüllung von Pflichten oder als Ausgleich/Entschädigung für eigenes Fremdgehen bzw. für die Vernachlässigung des Partners)

zugelassen werden können. Wobei 'zulassen' bedeutet, die Außenbeziehung zu *erlauben* (freiwillig, gerne, aus eigener Überzeugung), zu *dulden* (eher unfreiwillig, ungern, aber sich den Verhältnissen beugend) oder zu *ertragen* (eher unfreiwillig, ungern, aber aus eigener Einsicht) und deshalb nicht mehr als (eine so starke) Bedrohung anzusehen - *wenn* der Partner dabei trotzdem die eigenen Bedürfnisse und Begehren (mit Ausnahme des dafür aufzugebenden Einzigartigkeitsmotivs) in ausreichendem Maße erfüllt.

Ein solches eingeschränktes Zulassen von Außenbeziehungen ist deshalb ein besonders geeignetes Bewältigungsmittel, weil es die Außenbeziehungen auf zeitlich oder anderweitig beschränkte und normalerweise überschaubare Bereiche, Ereignisse oder Phasen begrenzt und damit für die meisten Motive die Bedrohung bzw. Nichterfüllung klein, abschätzbar und kontrollierbar hält. Es ist zugleich der einzige wirklich realistische und gleichberechtigte Ausgleich zwischen der Lust auf sexuelle Untreue und dem Wunsch nach sexueller Treue. Übrigens zeigt auch der ähnlich kontrollierte Umgang mit Drogen in vielen Ethnien, wie die realistische Optimierung in einem Konflikt zwischen zwei eigentlich unvereinbaren Begehren aussehen kann, bei den Drogen zwischen dem Wunsch nach Gesundheit und der Lust auf Berauschung und/oder außergewöhnliche sinnliche Erfahrungen.

Die Ausgangsbeziehung ändern

Nicht nur unsere manchmal eher diffusen und wechselhaften Auffassungen über Beziehungen (s.S. 133ff.) bestimmen unsere Eifersucht, auch ganz handfeste ihrer Eigenschaften wirken sich aus, etwa die wechselseitige Zufriedenheit oder Abhängigkeit. Wobei auch hier nochmals ausdrücklich darauf hingewiesen sei, daß *beide* Beziehungen des untreuen Partners in der üblichen Dreieckssituation eine solche Ausgangsbeziehung sind: Auch der hinzugekommene Rivale hat ein Interesse z.B. an Zuwendung, an Unversehrtheit, an Gebrauchtwerden, an Beziehungserhalt usw. (s.S. 29f.).

Hilft Abhängigkeit? «Ein Großteil des Terrors, der die Frauen ergriff, deren Männer untreu wurden, stammte von der Bedrohung, die dies für ihre wirtschaftliche Sicherheit bedeutete. Was, wenn die andere Frau den Mann für immer weggewinnen könnte?»[293] Diese verbreitete Situation könnte den Schluß nahelegen, daß "Abhängigkeit", die ja grundsätzlich einen schlechten Ruf hat, auch besonders eifersuchtsförderlich und deshalb im Bewältigungsinteresse zu beseitigen sei. Das stimmt so pauschal formuliert aber nicht, wie beispielsweise die Kaingáng im südlichen Hochland Brasiliens erweisen, bei denen es keine wirtschaftliche Abhängigkeit zwischen Ehepartnern gab, aber Eifersucht (obwohl fast alle fremdgingen)[294].

Nun sollen Partner viele Bedürfnisse und Begehren erfüllen, nicht nur wirtschaftliche. Wir brauchen sie. Immer dann, wenn sie die wichtigsten oder einzigen Erfüller unserer Motive sind und wenn gleichwertiger Ersatz zumindest auf die Schnelle nicht beschaffbar ist (die typische Situation für Paarbeziehungen), sind wir bei der Befriedigung unserer Wünsche von ihnen abhängig. Diese Abhängigkeit verstärkt selbstverständlich die Angst vor dem Verlust des Partners, z.B. durch eine Außenbeziehung, erst recht, wenn sie *einseitig* ist, wenn der fremdgehende Partner also weniger vom eifersüchtigen abhängig ist (oder nach dessen Eindruck, z.B. aufgrund seiner Selbstwahrnehmung als inadäquatem Partner, zu sein scheint) als umgekehrt[295]. Trotzdem wirkt Abhängigkeit nicht nur eifersuchtsverstärkend, sondern oft auch -vermindernd. Denn gerade die wenigstens momentane Unverzichtbarkeit des Partners trägt häufig dazu bei, über die Art und Heftigkeit der Eifersuchtsreaktionen (wie umgekehrt genauso der Außenbeziehungen und der Gegenreaktionen) doch recht gründlich nachzudenken. Schließlich bedeutet der Verlust der Beziehung oft auch den Verlust des Lebensstandards, der gemeinsamen Geschichte, Freunde und Verwandten, der Kinder, der Altersversorgung, des sozialen Prestiges oder auch "einfach nur" des Partners. Und diesen Verlust auszugleichen ist beispielsweise für Frauen mittleren Alters, womöglich mit Kindern, aufgrund des Zustands und der Merkmale unserer Gesellschaft nicht ganz einfach, manchmal sogar unmöglich.

Wer im Alleinleben keine gleichwertige Alternative sehen und damit glücklich werden kann, braucht Bindungen und kommt damit um Abhängigkeiten nicht herum. Oft *suchen* wir diese ganz gezielt, sogar mit immensem Aufwand und verzweifelt, obwohl wir wirtschaftlich völlig autark sind und uns in unserem Sozial- und Selbstwert frei fühlen: z.B. mit dem unermüdlichen Streben nach Verliebtsein und Lieben (bis hin zur täglichen oder fast stündlichen Frage: "Liebst Du mich noch?"). Und deshalb können Außenbeziehungen und damit Eifersucht sogar wahrscheinlicher werden, wo solche Abhängigkeiten fehlen: «Charakteristisch für eine dyadische Beziehung vor dem Übergang in eine Dreierbeziehung sind eine fehlende emotionale Bezogenheit beider Partner bei äußerer Distanz oder äußerer Verklammerung, eine Verkümmerung des partnerschaftlichen Wechselspiels von affektiver Annäherung und Distanzierung, eine wechselseitige Entwertung von Mann und Frau als Liebespartner»[296].

Hilft Unabhängigkeit? Eifersucht wird wahrscheinlicher bei Personen, die annehmen, keine oder nur wenige Alternativen zu ihrer gegenwärtigen Ehe zu haben[297]. Wäre es leichter, Ersatz zu finden und wären Trennungen von weniger privaten, sozialen und womöglich auch beruflichen Brüchen begleitet, müßten wir auch nicht soviel Angst vor einem Verlust des Partners haben. Die Chorotí auf der paraguayschen Seite des Pilcomayo im Gran Chaco z.B. lösen Partnerkonflikte und Eheprobleme häufig einfach durch Trennung. «In einer Gruppe, in der jeder jeden kennt, ist trotz Trennung niemand allein. Es sind immer genügend andere da, die einem helfen. Die ehemaligen Partner wohnen weiterhin im selben Dorf und verstehen sich womöglich besser als vorher, als sie unter einem Dach wohnten. Die Kinder gehen mal zu diesem oder jenem Partner und sind darüber hinaus in der Gruppe emotional gut aufgehoben. Die 'Regelung des elterlichen Sorgerechts' entfällt»[298]. Wenn Trennung nicht mehr schreckt, sind auch Außenbeziehungen nicht mehr so bedrohlich - freilich nur fürs Bestandsmotiv, und das ist nur eines unter vielen Eifersuchtsmotiven (s.S. 21ff.).

Unabhängigkeit oder Selbständigkeit ist deshalb zwar auch bewältigungsförderlich, etwa wenn dadurch die wegen des Fremdgehens fehlende Zuneigung anderweitig ausgeglichen werden kann, wenn wir unseren Selbst- und Sozialwert nicht mit dem Partner verknüpfen oder wenn wir frei entscheiden können, wieviel Abhängigkeit wir wünschen und wann wir die Grenze als erreicht ansehen. Insgesamt ist es aber ein Sowohl-als-auch: Abhängigkeit *und* Selbständigkeit sind bewältigungsförderlich *und* eifersuchtsförderlich. Die Aufgabe und Kunst besteht darin, hier das richtige Verhältnis und Maß zu finden und vor allem dem bedrohten Partner die entsprechenden *Sicherheiten* zu geben.

Hilft Zufriedenheit? Auf die an Verheiratete in der damaligen Bundesrepublik Deutschland und in West-Berlin gestellte Frage «Würden Sie sagen, daß Sie in Ihrer Ehe in sexueller Hinsicht ein ausgeglichenes Leben führen?» antworteten 1963 16% der Männer und 29% der Frauen mit «nein» oder «unentschieden», 1986 waren es sogar 28% bzw. 33%[299]. Solche Unzufriedenheit kann nicht nur ein Auslöser für Seitensprünge, sie kann auch ein Faktor für Eifersucht sein. Denn wer sexuell und/oder in beliebiger anderer Hinsicht nicht so befriedigt und zufrieden ist, wie er es gerne wäre, kann dem Partner eine (tatsächlich oder vermeintlich) glücklichere Sexualität oder andere Befriedigung außerhalb der Ausgangsbeziehung z.B. mißgönnen. Deshalb können Partner nicht nur Außenbeziehungen verhindern (s.S. 156f.), sondern zumindest zur Reduzierung der Eifersucht beitragen, indem sie über das Fremdgehen hinaus keinen Grund zur Klage bieten, d.h. die Eifersuchts- und sonstigen Bedürfnisse und Begehren so weit wie möglich zu befriedigen helfen; also etwa ausreichend auf die Befindlichkeit und Zärtlichkeitswünsche des Partners eingehen. Dort, wo Mehrehen durch wenig Eifersucht gekennzeichnet waren, ist dies offensichtlich berücksichtigt worden, etwa in Polynesien (Ozeanien): «Um Kontroversen zwischen den verschiedenen Frauen zu verhindern oder wenigstens zu reduzieren, nutzten die Polynesier eine Reihe geschickter Arrangements, von denen vier erwähnenswert sind: 1. Die Frauen wurden in der Reihenfolge ihres Ranges plaziert. 2. Die Arbeit wurde zwischen ihnen aufgeteilt. 3. Sie hatten eigene separate Häuser oder Schlafplätze. 4. Der Ehemann besuchte sie abwechselnd im regelmäßigen Turnus»[300]. Daß es auch in diesem Zusammenhang nicht ausreicht, z.B. das Fortbestehen der Zuneigung oder die Sicherheit der Beziehung nur verbal zu versichern, ist einleuchtend. Es bedarf auch der Verdeutlichung durch konkrete Handlungen. Schließlich erhöht hohe Zufriedenheit mit dem Partner auch die Verlustangst.

Hilft heiraten? Eifersucht mag ein Motiv sein, den Partner möglichst schnell vertraglich an sich zu binden. Die Ehe ist schließlich die staatlicherseits am meisten geschützte Beziehungsform, der Staat duldet nur bestimmte (s.S. 44) und die Kirche gar keine Außenbeziehungen und der soziale Druck und die institutionellen Hindernisse beim Auflösen sind hier mit Abstand am größten. Der Partner wird sich also nicht nur genauer überlegen, welche Art von Außenbeziehung er eingeht, er wird auch länger zweifeln, ob und wie schnell er die Ausgangsbeziehung zugunsten des neuen Partners aufgibt. Das kann, muß aber nicht zu größerer Toleranz gegenüber Außenbeziehungen führen. Erstens kann ich innerhalb dieses Vertragssystems meinen Gatten auch mit heftigerer Eifersucht bestrafen (er wird trotzdem bleiben, und ich bekomme sogar noch mehr Verständnis für mein hartes Durchgreifen als "betrogener" Gatte); und zweitens geht es bei Eifersucht eben nicht nur um Beziehungserhalt, sondern um viele andere Interessen. Und von denen sind einige sozusagen "institutionalisierungsneutral" (z.B. das Zuwendungs- oder Unversehrtheitsmotiv). Nur zu heiraten, um Eifersucht zu bewältigen, ist also nicht angezeigt. Dem Partner alle Befriedigung und Sicherheit zu geben, die nötig sind, ist die bessere Strategie.

Hilft Getrenntleben? Viele Paare suchen zumindest im Anfangsstadium der Beziehung das enge Beieinandersein und das Zusammenleben auf engstem Raum. Damit verbunden ist meist eine starke Anlehnung an den Partner, von dem vor allem ein hohes Maß an Zuwendung und gemeinsam verbrachter Zeit verlangt wird. Wenn in solch einer Situation der Partner dann mal eine Nacht wegbleibt, scheint es nur eine einzige Interpretationsmöglichkeit zu geben: “Der geht fremd!”. Deshalb ist es bewältigungsförderlich, getrennt zu leben, einfach weil Unsicherheiten und Verdächtigungen usw. wegfallen oder leichter zu ertragen sind. In immerhin gut einem Viertel der polygynen Ehen wird eine solche räumliche Trennung praktiziert: da schlafen die Frauen in einem anderen Raum als ihr Mann[301].

Die Außenbeziehungen ändern

Selbst weitgehend zurückgenommene Interessen und das eingeschränkteste Treuegebot sind durch Außenbeziehungen potentiell bedroht. Wenn Eifersüchtige ihre Kompromißfähigkeit ausgeschöpft haben, helfen auch Abwägungsänderungen nicht mehr. Um dann Eifersucht trotzdem noch bewältigen zu können, sind die Außenbeziehungen (bzw. ihre Wahrnehmung) so zu ändern, daß sie entweder gar nicht mehr oder als ein nicht so starker *Eifersuchts*reiz wirken, z.B. durch Verheimlichen (s.S. 141f.). Dies ist vor allem das Bewältigungsfeld der Partner und der Rivalen.

Muß Fremdgehen (immer) sein? Wenn ein Partner sich nicht selbst befriedigt oder mit erotischen oder pornografischen Medien stimuliert, nicht flirtet, nicht mit anderen tanzt, schmust oder schläft und auch keine platonische Liebesbeziehung außerhalb der Ausgangspartnerschaft phantasiert, plant oder unterhält, ist höchstens noch unbegründete Eifersucht möglich. Nun antworteten 1987 immerhin 90% und 1988 93% der *Befragten* in der damaligen Bundesrepublik Deutschland auf die Frage «Haben Sie zur Zeit sexuelle Beziehungen neben Ihrer Ehe/Partnerschaft?» mit «nein»[302]. Einmal abgesehen von der begrenzten Zuverlässigkeit eines solchen Ergebnisses (andere Untersuchungen schwanken zwischen 26% und 67% männlicher sowie 18% und 69% weiblicher Seitenspringer[303]): Fremdgehen ist für viele Menschen kein Thema, sie können darauf verzichten und haben keinerlei Probleme, einem Partner wenn vielleicht nicht gedanklich, so doch in Taten sexuell treu zu sein. Es ist für sie auch kein Verlust an Lebensglück. Diese Möglichkeit der Treue ohne Einbußen in der Lebensqualität kann zumindest zum Nachdenken anregen. Uns sind die eigenen Motive für Außenbeziehungen oft gar nicht so genau bekannt. Unter Umständen folgen wir beim Fremdgehen mehr irgendwelchen angenommenen äußeren "Zwängen" (Zeitgeist, Cliquendruck, Leistungsdenken) als der eigenen Überzeugung und setzen dabei unbedacht vielleicht mehr aufs Spiel als wir gewinnen können. Deshalb ist es nicht nur spannend, sondern auch bewältigungsförderlich, sich ab und an grundsätzlich und im konkreten Fall etwas genauer damit auseinanderzusetzen, ob Außenbeziehungen wirklich nötig sind, warum und wozu wir sie wünschen und praktizieren, was wir dadurch gewinnen bzw. verlieren und ob wir nicht vielleicht wenigstens ab und an darauf verzichten können.

Sollte Untreue unterbunden werden? In zahlreichen Gesellschaften wird versucht, sexuelle Außenbeziehungen durch öffentlichen und/oder privaten Druck und entsprechende Kontrolle zu verhindern[304]. Meistens durch wirtschaftlichen, sozialen, religiösen oder psychischen Druck oder durch konkrete Maßnahmen, etwa mittels Kontaktbehinderung (Einsperren vor allem der Frauen) oder mit dem genauso berühmten wie umstrittenen Keuschheitsgürtel. So hinderten etwa bei den im Staat Oaxaca in Mexiko lebenden Zapoteken Männer, die es sich leisten konnten, ihre Ehefrauen an der Feldarbeit und hielten sie unter der Aufsicht weiblicher Verwandter im Hause[305]. Die mit der bürgerlichen Ehevorstellung sich ausbreitende Beschränkung der Frauen auf Küche, Kinder und Kirche kann als ähnliche Maßnahme interpretiert werden. Im Kontext der hier zugrundegelegten Grundwerte und -rechte sind dies inakzeptable Mittel der Eifersuchtsbewältigung, zumal Untreue - wenn es denn sein soll - auch auf ganz andere Weise verhindert werden kann:

Warum Außenbeziehungen nicht überflüssig machen? Bei den im Alto Xingu im Norden des brasilianischen Mato Grosso lebenden und zu den Xinguanos gehörenden Mehinaku sollen Männer mit ihren Geliebten vier- bis fünfmal so häufig Geschlechtsverkehr gehabt haben wie mit ihren Frauen, einfach weil jener weitaus erregender gewesen sei als der mit der Gattin[306]. Statt durch mehr oder minder massiven Druck, der nicht nur grundrechtswidrig ist, sondern auch die Gefahr unerwünschter Nebenfolgen in sich birgt (s.S. 99f.), könnte Untreue also auch verhindert werden, indem die eigene und die Attraktivität der Beziehung verbessert wird, gerade auch in sexueller Hinsicht. Eine Strategie, die eine Frau der Guajiro [Wayú] auf der Guajira-Halbinsel (Kolumbien/Venezuela) recht plastisch beschreibt: «Ich bin sehr eifersüchtig, wenn mein Mann auch nur das geringste Interesse an einer anderen Frau zeigt und ich vermisse ihn, wenn er unterwegs ist. Ist er zu Hause, gebe ich ihm das Gefühl, gut umsorgt zu sein. Ich bereite ihm ein nettes Mahl, das ihm Kraft gibt. Schildkrötenfleisch ist besonders geeignet, ihn sexuell empfänglich zu machen. Später frage ich ihn dann, ob er Lust habe, mit mir in die Hängematte zu gehen, um 'warm zu werden'. Das mache ich immer, wenn er kalt oder nicht begeistert ist. Wenn wir uns zusammen hingelegt haben, fange ich an, seinen Penis zu manipulieren und lege seine Hand auf meine Brüste und Vagina. Ich erzähle ihm, wie sehr ich ihn begehre. Wenn er nicht gerade betrunken ist, kommt er auch bald zur Sache und wir haben Geschlechtsverkehr. Ich mache mit ihm die ganze Nacht durch, wenn ich denke, daß er das wünscht. Ich weiß, daß er dann am nächsten Tag netter zu mir ist»[307]. Auf solche auch Männern empfehlenswerte und keinesfalls nur auf den sexuellen Teil der Partnerschaft zu beziehende Weise sind allerdings nur solche Außenbeziehungen verhinderbar, die auf eine tatsächliche oder vermeintliche Unattraktivität des eigenen

Partners zurückzuführen sind. Untreue, die z.B. einfach durch einen davon völlig unabhängigen Wunsch nach Abwechslung ausgelöst wurde, bleibt davon unberührt - auch bei großer Zufriedenheit mit der Ausgangsbeziehung.

Warum nicht Rücksicht nehmen? Vielen gelingt es nicht, auf Außenbeziehungen gänzlich zu verzichten. Auch die bemühteste Zuwendung kann sie nicht immer verhindern. Trotzdem bleiben Möglichkeiten, sie bewältigungsrelevant zu verändern. Untreue ist ja vor allem dann eifersuchtsprovozierend, wenn sie *unfair* oder *rücksichtslos*, d.h. ohne jegliche oder ausreichende Anerkennung und Berücksichtigung der Bedürfnisse und Begehren des Partners praktiziert wird. Also etwa, wenn der Partner sowieso schon besonders belastet ist, z.B. in Gefangenschaft oder vor einer wichtigen Prüfung. Das muß nicht sein. Eine bzw. sogar die beste Kompromißmöglichkeit zwischen der Lust auf Untreue und dem Wunsch nach Treue sind der Verzicht auf Exklusivität zugunsten von Bevorzugung (s.S. 95f.) und das Einschränken des Treuegebots auf bestimmte Arten, Personen, Situationen und/oder Zwecke (s.S. 147-52). Damit ist Eifersuchtsbewältigung aber nur erreichbar, wenn der fremdgehende Partner sich auch an die Abmachungen und ggf. Vetos hält, d.h. nur die ausdrücklich oder stillschweigend zugelassenen Arten von Außenbeziehungen eingeht und unterhält. Außerdem sind diese eindeutig und erkennbar der Ausgangsbeziehung unterzuordnen, also klar als zweitrangig zu leben und zu bewerten (wenn der Außenpartner damit einverstanden ist! [s.S. 29f.]). Dieses Rücksichtnehmen und Beschränken ist ein wechselseitig die Motiverfüllung der Partner ausgleichendes und optimierendes und deshalb besonders geeignetes Bewältigungsmittel. Es verlangt zwar vielleicht, gegen ein unkontrolliertes Sichverlieben und -verführenlassen angehen zu müssen und damit einen besonderen Reiz und eventuell auch Intensität preiszugeben, bietet dafür aber die Sicherheit absehbarer Folgen - eine Geschmacksfrage.

Hilft es, den Außenpartner einzubeziehen? Eine der verbreitetsten Arten der Ermöglichung auch sexueller Außenbeziehungen ist Polygamie bzw. (in der überwiegenden Zahl der Fälle) Polygynie, obwohl diese keineswegs immer oder womöglich nur den Zweck hat, sexuelles Fremdgehen zu ermöglichen und zu legalisieren. Läßt sich durch ein solches *Einbeziehen* des Außenpartners in die Ausgangsbeziehung Eifersucht bewältigen? Nicht unbedingt (s.S. 16 oder 117). Ein gedeihliches Zusammenleben scheint nur unter bestimmten Voraussetzungen gut zu gelingen (s.S. 154f.). Eifersuchtsbewältigung durch Erweitern der beiden Zweier- zu einer gleichberechtigten Dreierbeziehung ist also ein zwar ganz neue Erfahrungen versprechender, aber nicht ganz einfacher Weg. Nicht nur, weil damit ja z.B. auch die alltäglichen, eifersuchtsunabhängigen Partnerschaftsprobleme um 50% vermehrt werden. Hinzu kommen, rein anzahlbedingt, neue Aufgaben und Schwierigkeiten, etwa bei allen Fragen, die der gemeinsamen Entscheidung bedürfen.

Wissen wir überhaupt, was wir da verurteilen? Wen die Seitensprünge seines Partners stören, der urteilt häufig über eine Sache, die er gar nicht genau kennt, zumindest nicht aus eigener Erfahrung. Das muß kein Nachteil sein, wird aber häufig doch zu Einschätzungen führen, die von denen abweichen, die auch auf eigener Anschauung und eigenem Erleben basieren. Hier kann die Erfahrung *eigener* sexueller Außenbeziehungen helfen, z.B. weil sie das Nachlassen der besonderen sexuellen Anziehung des Außenpartners oder die Verflüchtigung des anfänglichen Verliebtseins belegen kann. Manche Eifersuchts-Therapeuten ermöglichen ihren Klienten deshalb, selbst solche Erfahrungen zu gewinnen, etwa im Austauschen von Zärtlichkeit mit anderen als dem eigenen Partner während eines Workshops[308]. Das kann eindrücklich verdeutlichen, daß der eigene Körper oder der des Partners nicht "beschmutzt" oder gar "abgenutzt" werden und daß es auch keine Abscheu, Ekel oder andere Empfindungen hervorrufen muß, wenn andere einen selbst oder den Partner berühren, mit ihm schmusen. Solche Erfahrungen können zu einer anderen Einstellung gegenüber dem eigenen Fremdgehen und dem des Partners führen. Sie müssen es allerdings nicht: Bei einer Befragung von Eheberatern in den USA wurde Eifersucht als die am häufigsten genannte Ursache für das Beenden von Partnertausch durch die konsultierenden Paare genannt[309]. Es gilt also auch hier: Erfahrungsverbesserungen allein reichen nicht aus. Außerdem fördern schlechte Erfahrungen ablehnende Einstellungen ("Nie wieder!") und gute Erfahrungen zustimmende ("Warum nicht?"). Es kommt mal wieder darauf an ...

Die Folgen von Eifersucht ändern

In mediterranen Gesellschaften findet (bzw. fand) der Mann, der seine ihn "betrügende" Frau tötet, alle Beipflichtung und Anerkennung: «Die traditionellen griechischen Normen berechtigten einen entehrten ["betrogenen"] Mann zu einer "Ehren-"Tat, d.h. seine Frau (aber nicht unbedingt den anderen Mann) zu töten. Indem er mit Blut die Beleidigung seiner Ehre "wegwusch", konnte er seine in Frage gestellte Männlichkeit beweisen»[310]. Bei den Burundi in Zentralafrika galt ein Mann, der eifersüchtig auf den Liebhaber seiner Frau war, als närrisch oder schwachsinnig[311]. Bei uns werden eifersüchtige Gewalttaten als wenn nicht akzeptable, so doch verständliche Verbrechen aus Leidenschaft gesehen und vergleichsweise milde sanktioniert. Und bei den Me'udana auf der Insel Normanby in Papua Neuguinea (Ozeanien) konnte fortgesetzte unbegründete Eifersucht sogar das Eingehen vorher gar nicht bestehender Außenbeziehungen bewirken[312].

Tabelle 11: Bewältigungsrelevante Gewohnheiten und Verhalten (Praxen)

Eher bewältigungshinderlich	*Eher bewältigungsförderlich* (siehe Text!)
Eifersuchtsmotive:	
Einzigartigkeit	Bevorzugung
Maximalerfüllung	Optimalerfüllung
Alle Motive sind gleich wichtig	Motive *x* (z.B. Bestand und Unversehrtheit) sind am wichtigsten
Treuegebot:	
Keinerlei Außenbeziehungen zulassen	Zulassen von Außenbeziehungen bestimmter Art, mit bestimmten Personen, in bestimmten Situationen und/oder zu bestimmten Zwecken
Ausgangsbeziehung:	
Abhängigkeit vom Partner	Unabhängigkeit vom Partner
Unabhängigkeit vom Partner	Abhängigkeit vom Partner
Unzufriedenheit mit dem Partner	Zufriedenheit mit dem Partner
Fehlende Sicherheit	Sicherheit der Beziehung
Gemeinsam leben	Getrennt leben
Außenbeziehung:	
Fremdgehen	Auf Fremdgehen verzichten
Untreue unterbinden	Untreue überflüssig machen
Rücksichtslosigkeit	Rücksichtnahme
Eifersuchtsfolgen:	
Reduzierte Eifersucht bestrafen	Reduzierte Eifersucht belohnen
Heftige Eifersucht belohnen	Heftige Eifersucht konstruktiv bestrafen

Eifersucht kann also die unterschiedlichsten Folgen haben (s.a.S. 47f.). Über die Auswertung eigener wie fremder Erfahrungen, aber auch durch die gedankliche Vorwegnahme solcher Folgen lassen sich unter Umständen die Eifersuchtsmotive, vor allem jedoch die Entscheidungen und damit die

Reaktionen ändern. Der Mechanismus ist einfach und entspricht dem "Gesetz des Erfolges": Erwünschte Eifersucht wird *belohnt* oder positiv verstärkt, unerwünschte wird *bestraft* oder negativ verstärkt. Dabei sind alle für gesellschaftliche Vorgaben und öffentliche Meinungen so typischen Pauschalisierungen ungeeignet: Eifersucht darf nicht grundsätzlich bestraft oder grundsätzlich belohnt werden, sondern ist fall- und situationsspezifisch zu beantworten.

Fazit

Eifersucht tritt in Beziehungen auf (auch in denen zwischen Partner und Rivale!), wenn eine Außenbeziehung des einen vom anderen Partner als “bedrohlich” für die Erfüllung eigener Interessen angesehen wird bzw. aufgrund der Umstände auch tatsächlich ist oder sein kann. Diese Motive und die Eigenschaften der Ausgangsbeziehung wie der Außenbeziehung sind deshalb eifersuchts- und damit bewältigungsrelevante Merkmale, genauso wie die Folgen, die Eifersucht nach sich zieht. Wie diese kulturelle Praxis bewältigungsförderlich gestaltet werden kann, ist in der rechten Spalte in Tabelle 11, S. 160, zusammengefaßt (s.a. Tabelle 10, S. 143).

Viertes Kapitel: Eifersuchtsoptimierung

Wer die im letzten Kapitel angedeuteten Präventionsmaßnahmen erfolgreich absolviert, hat eine gute Chance, seltener und besser eifersüchtig zu werden, d.h. klüger und verantwortbarer wahrzunehmen, abzuwägen, zu entscheiden, zu reagieren und zu antworten - oder die Eifersucht auszuhalten. Welche Möglichkeiten es für eine solche Verbesserung oder *Optimierung* von Eifersucht gibt, zeigt dieses Kapitel.

Nun ist Eifersucht nur in Ausnahmefällen allein oder vorwiegend eine Sache der Eifersüchtigen. Der Verlauf von Eifersuchtsprozessen hängt entscheidend auch von der Art der Gegenreaktionen z.B. der Partner und Rivalen ab. Ich muß deshalb beide Seiten berücksichtigen. Das geht weitgehend in einem Zug: Eifersüchtige wägen über Untreue ab - die von ihr Betroffenen über die Eifersucht; Eifersüchtige reagieren, weil ihnen das Fremdgehen mißfällt - Partner oder andere reagieren, weil ihnen die Eifersucht nicht paßt. Zwar sind die Auslöser, Inhalte und Ergebnisse unterschiedlich, die Umstände, Abläufe und Verfahren sind aber wenn nicht gleich, so doch recht ähnlich. Das Folgende ist also, woran ich immer wieder mal erinnern werde, weitgehend auch auf die *Optimierung der Gegenreaktionen* übertragbar (siehe auch Abb. 11, S. 163).

Abwägungsänderung: Welche Überlegungen und Entscheidungen wirken bewältigend?

Um besser auf Seitensprünge oder auf Eifersucht reagieren zu können, müssen Eifersüchtige wie die von ihr Betroffenen zunächst einmal anders wahrnehmen, nachdenken und entscheiden, denn es gibt keine Reaktionen ohne Wahrnehmungen von Reizen (s.S. 17) und ohne wenigstens rudimentäre Abwägungen (s.S. 33ff.). Die Abwägungen sind aber auch deshalb so wichtig, weil wir es meist sozusagen mit einer Art langem "Reißverschluß" zu tun haben, in dem Überlegungen und Entscheidungen auf der einen mit Kognitionen, Affekten, Körperreaktionen und Verhalten auf der anderen Seite abwechselnd und eng verknüpft ineinandergreifen (s.S. 40ff.).

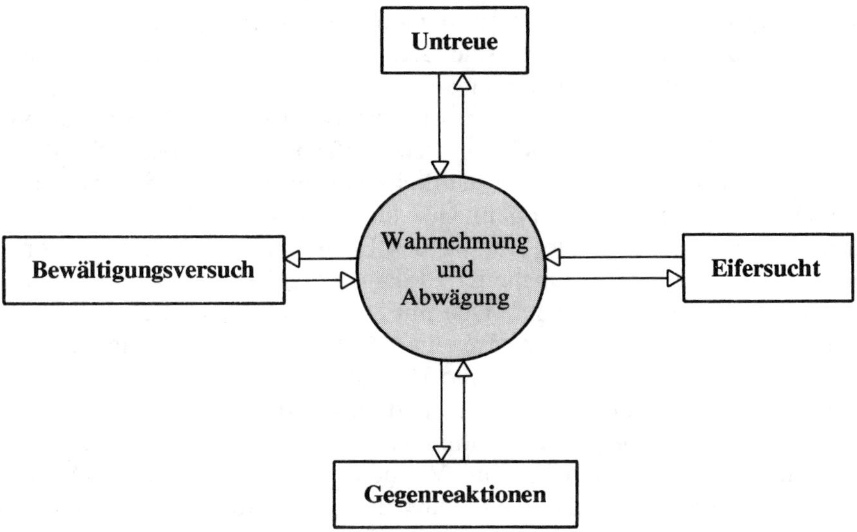

Abb. 11: Die enge Verknüpfung zwischen Untreue, Eifersucht, Gegenreaktionen und Bewältigungsbemühungen

Die Wahrnehmung der Außenbeziehung bzw. der Eifersucht ändern

Untreue *muß* keine Eifersuchtsabwägungen auslösen. Möglicherweise tut sie es sogar überhaupt nur in Ausnahmefällen, weil die meisten Menschen zumindest ihre phantasierten, versuchten und kurzfristigen Außenbeziehungen erfolgreich verheimlichen (s.S. 141f.). Jedenfalls kommen vor den Abwägungen sowohl über Eifersucht als auch über Gegenreaktionen die Wahrnehmungen, und auch die können bewältigungswirksam geändert werden.

Geht der Partner überhaupt fremd? Eifersucht basiert oft auf Befürchtungen oder Unterstellungen, auf einem bloßen Verdacht oder Argwohn, auf undifferenzierten und ungenauen Wahrnehmungsprozessen, die in dieser Form sogar gesellschaftlich anerkannt oder verlangt sein können. Die Folge ist nicht begründbare und/oder nicht fundierbare Eifersucht. Diese ist oft besonders problematisch, etwa weil dem Partner dabei alle Verteidigungsversuche als feige und falsche Vertuschung und Rechtfertigung auslegbar sind. Genauso können natürlich Wut und Kommunikationsverweigerung oder andere Verhalten durch oberflächliche Wahrnehmung als Eifersucht interpretiert werden, obwohl sie gar nicht durch Untreue ausgelöst wurden, sondern ganz anders begründet sind. Die Frage für Eifersuchtsbetroffene lautet also: “Ist der Partner überhaupt eifersüchtig?”

Solche Fehler können durch eine genauere Betrachtung der befürchteten oder unterstellten Außenbeziehung bzw. Eifersucht vermieden werden. Beispielsweise durch eine Nachweispflicht wie bei den Soara/Savara in Indien, wo der Mann seine Frau beim Geschlechtsverkehr mit einem anderen Mann *gesehen* haben mußte, um sie des Ehebruchs bezichtigen zu können[313]. Oder wie bei den Arapaho in Nordamerika (USA) durch das Verbot, den Ort zu betreten, an dem der Gatte mit dem Rivalen vermutet wird, weil diesem sonst vielleicht Unrecht angetan würde[314]. Es ist bewältigungsförderlich, auf Hörensagen, Klatsch und Unterstellungen als Eifersuchts- wie Gegenreaktionsgründen zu verzichten und alle verdächtigen Wahrnehmungen erst einmal genauer zu überprüfen. Obwohl mit der genaueren Kenntnis auch das gesamte und bei den Vermutungen vielleicht unterschätzte Ausmaß der Außenbeziehung und ihrer Bedrohlichkeit offenbar werden kann. Deshalb ist vor genaueren Recherchen immer auch die Frage zu stellen:

Ist es nicht vielleicht besser, wegzuschauen? Außenbeziehungen werden oft verheimlicht. "Betrogene" forschen aber häufig auch nicht besonders intensiv nach. Waru, ein Wogeo in Neuguinea (Ozeanien), äußerte sehr anschaulich die dahinterstehenden Überlegungen: Alle Frauen hätten Liebhaber, seine eigene eingeschlossen. «‘Ich wünsche mir, daß sie mir treu bleibt, aber wie kann ich ihr Umherziehen stoppen?’ ... ‘Ich kann doch nicht von Sonnenaufgang bis zur Dunkelheit und wieder bis zum Sonnenaufgang meine Finger in ihre Vagina stecken, wie Wiap, der törichte Kerl das versucht, also halt ich’s Maul. Ich mache nur Ärger, wenn irgendjemand erzählt, er hätte sie im Wald mit einem anderen Mann gesehen’»[315]. Bei den Igbo [Ibo] im Südosten Nigerias (Afrika) wird dieses Ignorieren, das andere Wogeo als Waru eher zum Schmunzeln denn nachahmenswert finden, sogar erwartet[316]. Solange es nicht erzwungen ist, kann es aus den beim Verheimlichen näher erläuterten Gründen (s.S. 142) durchaus zweckmäßig sein, insbesondere sporadische Seitensprünge oder unbedeutende Affären (bzw. eher schwache Eifersucht) zwar vielleicht grundsätzlich zur Kenntnis zu nehmen, aber nicht allzu hartnäckig anzusprechen, eher oberflächlich zu betrachten und wenig penibel zu analysieren, d.h. weitgehend zu *ignorieren*. Auch aus der Überlegung heraus, ob es lohnt, eine an sich ganz oder sogar sehr gute Beziehung nur aus Eifersucht (bzw. wegen der Gegenreaktionen) aufs Spiel zu setzen oder zu belasten[317].

Warum nicht selbst an der Außenbeziehung teilnehmen? In dem Film «Die unerträgliche Leichtigkeit des Seins» schlägt die Frau dem Mann in ihrer eifersuchtsbedingten Verzweiflung vor, bei seinen Affären dabei zu sein, die Rivalinnen auszuziehen und zu baden, um dadurch ihren eigenen Schmerz zu verringern. Auch Swinger achten auf das eigene Beteiligt- oder wenigstens Anwesendsein. Eine solche Teilnahme kann bewältigend wirken, wenn die Untreue vor allem deshalb als unerträglich empfunden wird, weil der Partner sie allein praktiziert und damit dem "Betrogenen" nicht nur Einblicks- oder Kontrollmöglichkeiten, sondern auch Vertrautheit oder Intimität nimmt. Wer dabei ist, kann u.a. feststellen, daß das Fremdgehen so schlimm gar nicht ist, kann ggf. begrenzend eingreifen und kann schließlich sogar selbst Gefallen daran finden. Natürlich kann er auf diese Weise auch eine ansonsten eher verborgen gebliebene besondere Bedrohlichkeit erleben und erfahren.

Die Abwägungen selbst ändern

Die Ergebnisse von Denkprozessen werden auch dadurch mitbestimmt, *wie* diese ausgeführt werden und verlaufen. Vor allem der Zeitraum, die Gründlichkeit und die Rationalität der Überlegungen sowie die Anzahl der Abwägenden sind bewältigungsrelevante Merkmale.

Diskursiv oder intuitiv entscheiden? Wer bisher einigermaßen sicher und regelmäßig bereits mit ganz unmittelbaren Entscheidungen ohne große Reflexion seine Eifersucht reduzieren oder sogar überwinden konnte, kann bei diesen *intuitiven* Entscheidungen bleiben. Allen anderen sind aber gründlichere, vollständigere und systematischere Überlegungen, also *diskursive* Abwägungen zu empfehlen. Es sind, wie in diesem Buch verdeutlicht, einfach zu viele Dinge und Aspekte zu bedenken, wenn eine sexuelle oder andere Außenbeziehung (oder auch die Eifersucht des Partners) wahrgenommen wird und in ihrer Bedrohlichkeit für eigene Interessen bewertet werden muß. Auch schlechte Erfahrungen mit oft tagelangem Grübeln und immer wieder Hin- und Herüberlegen sprechen nicht gegen diesen Vorschlag.

Sie sind eher ein Anzeichen für einen unzureichenden Diskurs als ein Beweis für die mangelnde Eignung des diskursiven Prinzips. Selbst die Gefahr, durch genaueres Hinsehen das ganze Ausmaß einer Bedrohung überhaupt erst zu erkennen, ist kein prinzipieller Einwand: Wenn die Bedrohung wirklich groß ist, muß ich sie auch erkennen, um sie abwenden oder mit ihr fertigwerden zu können.

Rational oder irrational entscheiden? Was für die Gründlichkeit der Abwägungen stimmt, gilt auch für ihre Vernünftigkeit. Nur wer bisher, subjektiv mehr dem Gefühl und nicht so sehr dem Verstand gehorchend, zu befriedigenden Ergebnissen kam, kann bei seinen (vermeintlich oder tatsächlich) *irrationalen* Entscheidungen bleiben. Wer damit schlechtere Erfahrungen gemacht hat, sollte es einmal mit mehr Verstand und Vernunft, also *rationaleren* Abwägungen versuchen. Aber auch wer mit rationalen Überlegungen regelmäßig scheiterte, hat keine andere Chance, als es nochmal zu versuchen, wenn er nicht auf zufällige Bewältigungserfolge hoffen will. Die Fragen und Antworten in diesem Buch sind eine gute Hilfe, die Rationalität zu verbessern.

Sofort oder später entscheiden? Es gibt einen grundlegenden Ratschlag für Suizid-Gefährdete, der sich auch für Eifersüchtige verallgemeinern läßt: "Entscheiden Sie, was immer Sie wollen, nur entscheiden Sie's nicht mehr heute Nacht!" Wegen falscher Erwartungen (bezogen auf die Treue des Partners) und geringer Kompetenz für Eifersuchtssituationen (mangels Erfahrung und Übung) wirkt die Wahrnehmung von Außenbeziehungen oft sehr emotionalisierend. Das heißt zugleich, daß bewußte Abwägungen zunächst einmal wegfallen und mehr oder weniger direkt Terminierungs- und andere Notfallreaktionen einsetzen, die üblicherweise eher störend und unbefriedigend als reduziert und konfliktlösend sind (s.S. 38). Wie für die Reaktionen ist deshalb auch für die Abwägungen zu empfehlen, durch den Einsatz von Entspannungs-, Ablenkungs- oder Zeitgewinntechniken (s.S. 179) zwar nicht unbedingt die Überlegungen, aber doch auf jeden Fall die *Entscheidungen* nicht nur diskursiver und rationaler zu treffen, sondern auch zumindest auf den nächsten Morgen zu verschieben - außer die bisherigen Erfahrungen mit spontanen Entscheidungen waren regelmäßig positiv.

Schnell oder langsam entscheiden? Ob eine durchdachte Nacht ausreicht oder womöglich mehrere Tage und vielleicht sogar Wochen erforderlich sind, um eine Außenbeziehung (oder Eifersucht) angemessen bewerten und über den eigenen Umgang mit ihr vernünftig entscheiden zu können, hängt von so vielen Faktoren ab (z.B. von der anfänglich oft noch gar nicht absehbaren Art der Außenbeziehung, der Zahl der Beteiligten, der Klarheit der eigenen Interessen, der Routine des Umgangs mit Untreue sowie dem Wissen über die Wünsche von Partner und Rivale), daß allgemeine Anhaltspunkte dafür nicht gegeben werden können: Es kommt darauf an ... Allerdings ist immer dann, wenn das Ungeklärtsein und das Mit-sich-Herumtragen belasten und quälen, eine schnelle Entscheidung vorzuziehen: Klarheit ist dann meist besser als die Unsicherheit, selbst wenn dabei alle Hoffnungen zerplatzen.

Allein oder mit anderen entscheiden? Auch hier gilt: Wer es allein schafft, bewältigungswirksame Entscheidungen zu treffen, braucht sich nicht um Unterstützung zu bemühen. Wer aber auf sich selbst gestellt zu lange braucht, sich herumquält oder andere Schwierigkeiten hat und zu keinen befriedigenden Ergebnissen kommt, der sollte sich mit Freunden, Verwandten, Beratern, Anwälten, Therapeuten, dem Partner und/oder dem Rivalen besprechen. Wann mit wem, ist schwer zu empfehlen, auch wenn das Hinzuziehen Unbeteiligter *vor* einer als unangenehm empfundenen Auseinandersetzung mit dem Partner oder gar Rivalen meist ein guter Weg ist, weil dann wenigstens die eigene Position geklärt ist und dem Partner gegenüber entsprechend vertreten werden kann. Wer mit diesem Buch zurechtkommt, ist z.B. bei einem Kognitiven oder Rational-Emotiven Verhaltenstherapeuten gut aufgehoben.

Die Abwägungskriterien ändern

Nachdenken und Entscheiden impliziert Vergleiche, Bewertungen und Teilentscheidungen. Dafür sind, neben den auslösenden Reizen, *Kriterien* erforderlich, die jeweils mehr oder weniger eifersuchts- bzw. bewältigungsförderlich sind. Für Eifersucht verantwortlich sind alle durch Außenbeziehungen gefährdbaren Bedürfnisse und Begehren, also die Eifersuchtsmotive und ihre Erfüllungskriterien (s.S. 21ff.), aber auch allgemeine Auffassungen über Sexualität, Beziehungen, Konflikte, Untreue, Eifersucht usw. Wie letztere bewältigungswirksam modifiziert werden können, habe ich im letzten Kapitel gezeigt. Neben diesen grundlegenden oder Rahmenkriterien gibt es aber immer noch fall- und situationsspezifische, die ebenfalls zu Bewältigungszwecken veränderbar sind. Dies sind vor allem die Motivationen und die Ziele (auf weitere gehe ich verschiedentlich noch ein).

Wie motivieren? In einem konkreten Eifersuchtsfall bestimmt nicht die immer sehr große und widersprüchliche Gesamtmenge der eigenen Motive, sondern allein die Teilmenge der aktuell daraus gewählten bzw. verfügbaren *Motivationen* die Abwägungen (s.S. 34f.). Dieser Unterschied zwischen der Gesamtheit aller Bedürfnisse und Begehren sowie dem kleinen Ausschnitt der jeweils situativ wirksamen schafft einen gewissen Freiraum, der zur Eifersuchtsbewältigung genutzt werden kann. Vor allem, weil wir aus dem Spektrum der Eifersuchtsmotive (s.S. 21ff.) bewußt oft nur oder vor allem das Einzigartigkeitsmotiv aktualisieren und dabei die anderen Motive und ihre Erfüllung gerne vergessen. Nur so ist auch zu erklären, warum selbst harmlose Flirts oder Affären zu Reaktionen führen können, deren *Auswirkungen* andere Motive (z.B. das Zuwendungs- oder auch das Bestandsmotiv) mehr gefährden als jene selbst. Hier ist es daher nützlich, durch die generelle Bewußtmachung der eigenen Motive und eine "vorübergehend grundsätzliche" Festlegung ihrer Wertigkeit und damit Rangfolge (s.S. 145f.) auch im spezifischen Fall eine bewußtere Auswahl und Entscheidung (Motivation) zu ermöglichen. Also z.B. das Bestandsmotiv in den Vordergrund zu rücken zuungunsten des Einzigartigkeitsmotivs (so wir beide als prinzipiell gleichwertig verfolgen).

Wozu Eifersucht bzw. wozu Gegenreaktionen? Eifersüchtige ebenso wie darauf Reagierende können sehr unterschiedliche Ziele verfolgen, z.B. Motiverfüllung, Genugtuung, Bestrafung und/oder Terminierung (s.S. 36f.). Das ist ihnen aber oft gar nicht so klar, und vielfach wollen sie eigentlich etwas ganz anderes als beispielsweise die Bestrafung des Partners. Deshalb lohnt es, nicht nur die eigenen Motive und deren relative Werte zu klären, sondern auf dieser Basis auch entsprechende Entscheidungskriterien festzulegen. Also beispielsweise wie in diesem Buch als oberstes Ziel für Eifersucht wie für Gegenreaktionen *verantwortbare* und *kluge* Motiverfüllung festzusetzen und zu diesem Zweck einen *optimierenden Interessenausgleich* zwischen allen Beteiligten, uneingeschränkte *Gleichberechtigung* und *Gleichbehandlung*, konsequente *Gewaltverhinderung* und die Verhinderung bzw. Verminderung negativer Emotionalisierung anzustreben (s.S. 93-103).

Warum nicht bestechen und sich bestechen lassen? Aborigines-Frauen in Arnhem Land im Norden Australiens reduzierten die Eifersucht ihrer Männer durch Lippenbekenntnisse an deren formale Autorität und durch das Eingehen auf deren sexuelle Wünsche[318]. Sie bestachen ihre Männer also, und diese ließen sich anscheinend bestechen. Auch bei uns ist *Bestechung* durch den "betrügenden" Partner ein verbreitetes Bewältigungsmittel, sei es durch besondere Freundlichkeit, Aufmerksamkeit und Zuneigung, durch wiedergewonnene oder gesteigerte Lust am eigenen Partner, durch das Zugestehen von mehr Freiheit für den Gatten, durch das Mitbringen von Blumen, Pralinen oder wertvollen Geschenken (Schmuck) oder durch das Akzeptieren teurer Anschaffungen. Dieses Bestechen, das auch Eifersüchtige einsetzen, darf auf keinen Fall mit Erpressen verwechselt werden (bei dem nicht mit Belohnungen, sondern mit Strafen gearbeitet wird). Da es der Norm der Reziprozität (Gegenseitigkeit) genügt, darf es als ein zu den Kompromißlösungen zählendes Ausgleichsprinzip auch nicht von vornherein und grundsätzlich abgelehnt werden. Es funktioniert, weil Menschen immer zahlreiche Bedürfnisse und Begehren haben und diese (miteinander vergleichend) nach Wichtigkeit sortieren. Die resultierenden Rangunterschiede der Interessen erlauben es, auf die Befriedigung bestimmter Motive zu verzichten, wenn dafür andere (momentan oder grundsätzlich wichtigere) erfüllt werden. Dann kann Untreue sogar befriedigender sein als Treue und der Verzicht auf bestimmte Gegenreaktionen mehr bringen als ihre Ausübung (nicht nur im Extrembeispiel Todschlag).

Das ist freilich nicht der Fall, wenn die Bestechung so praktiziert wird wie von einigen Kanuri-Männern in der Stadt Fachi in Nordafrika: «Eheliche Untreue des Mannes führt unweigerlich zum Streit, wenn die Ehefrau davon erfährt. Sie verläßt das Haus, verlangt die Scheidung, die sie entweder erhält oder ein großes Geschenk versöhnt sie wieder, vorausgesetzt, daß der Mann für die Zukunft Besserung verspricht. Bei derartigen Versöhnungsgeschenken bedienen sich die Männer gern einer 'List'. Sie schenken nämlich der erzürnten Ehefrau großzügig zahlreiche Dattelpalmen, in deren Besitz die Frau jedoch niemals kommt, weil sie die Standorte nicht so genau kennt, um die Palmen zu identifizieren. Sie hat auch keine Möglichkeit, diese Palmen zu verkaufen, weil in Fachi niemand ein derartiges Palmengeschenk, das nur der Beschwichtigung der Ehefrau dient, als rechtlich verbindlich betrachtet und sich auf deren Kauf niemals einlassen würde. Kluge Frauen nehmen daher als Versöhnungsgeschenk nur Bargeld, einen Teppich oder ähnliche Wertgegenstände an. Eindeutig bevorzugt wird bares Geld»[319]. Also ist Vorsicht geboten!

Die Abwägungsinhalte ändern

Von Eifersuchtsabwägungen bleiben uns normalerweise vor allem die Ergebnisse im Gedächtnis haften: "Die betrügt mich, weil ich so unattraktiv bin!" "Die andere ist viel hübscher als ich und umgarnt ihn viel mehr!" "Die wird mich bald verlassen und mit ihm zusammenziehen!" Das liegt auch daran, daß wir oft gar nicht lange überlegen, sondern mehr oder weniger unbedacht und unüberprüft einfach fertige Diagnosen und Urteile aneinanderreihen. Dabei bedienen wir uns auch genauso gern wie beliebig unseres reichen Schatzes an Klischees, Vorurteilen und Stereotypen. Das ist, z.B. wegen der undifferenzierten Treuegebote und pauschalen Vorstellungen über die Auswirkungen von Untreue, meist nicht besonders bewältigungsförderlich. Es lohnt also der genauere Blick, auch für auf Eifersucht Reagierende.

Wer sich die folgenden Fragen offen und ehrlich stellt und sich bemüht, sie auch wirklich differenziert und vollständig zu beantworten, der hat eine gute Chance, Eifersucht (bzw. Gegenreaktionen) zu reduzierenden oder sogar zu überwinden, wenn er zugleich bereit ist, ggf. erforderliche Änderungen an den eigenen Kenntnissen und Einstellungen vorzunehmen (ich verzichte hier auf die Wiederholung der weitgehend übereinstimmenden Fragen aus der Position eines Gegenreagierenden):

- *Was macht der Partner eigentlich?* Hat der Partner überhaupt was mit anderen? Von welcher Art, Dauer und Intensität ist die Außenbeziehung?
- *Warum macht er das?* Was gibt es für Gründe oder Anlässe für die Außenbeziehung? Welches sind die Motive (Bedürfnisse und Begehren) des Partners?
- *Welchen Anteil habe ich selbst* am Fremdgehen meines Partners? Bin ich oder ist mein Verhalten überhaupt ein Grund dafür?
- *Was macht und will mein Rivale?* Was hat er für Gründe und Hintergründe für die Beziehung mit meinem Partner? Welches sind seine Interessen?
- *Was will ich überhaupt?* Was sind meine eigenen Bedürfnisse und Begehren? Grundsätzlich, und bezogen auf meine Beziehung und meinen Partner?
- *Warum will ich das eigentlich?* Was sind die Gründe für meine Wünsche und Interessen?
- *Was stört mich denn an der Außenbeziehung?* Welche meiner Motive sind auf welche Art und Weise durch sie bedroht? Ist mein Außenpartner wirklich mein Rivale? In welcher Hinsicht ist er es?
- *Ist Eifersucht nötig?* Ist die Bedrohung oder Gefährdung meiner Bedürfnisse und/oder Begehren tatsächlich so groß, daß ich dagegen etwas unternehmen, also eifersüchtig reagieren muß? Kann und sollte ich mich "bestechen" lassen?
- *Was will ich mit meiner Eifersucht erreichen?* Welche Ziele habe ich, wenn ich eifersüchtig reagiere? Motiverfüllung? Genugtuung? Bestra-

fung? Terminierung? Welche Ziele sind angemessen und erfolgversprechend?
- *Wie gehe ich am besten vor, um das zu erreichen?* Auf welche Weise kann ich meine Ziele optimal erfüllen? Welche Vorgehensweisen sind klug *und* verantwortbar?

Es hat sich in Therapien als äußerst nützlich erwiesen[320], diese (und ähnliche, ggf. auch alle anderen in diesem Buch gestellten) Fragen auf leere Blätter in ein Heft zu schreiben und die Beobachtungen und Antworten dort schriftlich festzuhalten. Das zwingt zur Beantwortung, zum wirklichen Nachdenken und zur Vollständigkeit. Zudem erschwert es die Formulierung immer wieder beliebig neuer Antworten und die darin zum Ausdruck kommende willkürliche Flucht vor den Konsequenzen einmal gewonnener Einsichten und gefällter Entscheidungen.

Die Abwägungsergebnisse ändern

Ein uneingeschränktes "Eifersucht ja!" ist kein bewältigungswirksames Ergebnis. Es entspricht meist auch nicht dem tatsächlichen Überlegungsstand, der durchaus differenzierter ist - und sei es nur durch Widersprüche und Schwankungen. Mit einer Beantwortung der eben vorgeschlagenen Fragen lassen sich aber präzisere und differenziertere Entscheidungen fällen. Im besten Fall lautet das Ergebnis dann: "Diese Außenbeziehung bedroht und stört mich gar nicht oder in vernachlässigenswerter Weise!". Damit wäre die Eifersucht *überwunden.* Ist eine Überwindung nicht möglich, bieten die für eine befriedigende Lösung unverzichtbare *Akzeptierung* des Konflikts und ein möglichst konkret und genau formuliertes Ergebnis die besten Chancen für *reduzierte* Reaktionen. Also z.B.: "Die Außenbeziehung (bzw. Eifersucht) bedroht die Erfüllung meiner Motive ... in folgender Weise ..., weil ...!".

Die Reaktionsentscheidung sollte dann immer lauten (s.a.S. 109ff.): *Gemeinsam* mit dem Partner, vielleicht auch mit dem Rivalen und/ oder mit anderen in *Gesprächen* und *Verhandlungen*
- die direkten und indirekten *Ursachen* des Konfliktes zu suchen und zu klären;
- die *Änderungsmöglichkeiten* für jede dieser Konfliktursachen zu erörtern (die potentiellen Problemlösungen);
- eine konkrete und realistische *Änderungsstrategie* zu entwerfen (das konkrete Lösungsverfahren) und
- die beschlossenen *Änderungen* bewältigungswirksam *vorzunehmen* (den Konflikt zu lösen).

Tabelle 12: Bewältigungsrelevante Wahrnehmungen und Abwägungen

Eher bewältigungshinderlich	*Eher bewältigungsförderlich* (siehe Text!)
***Wahrnehmungs- und Abwägungsumstände*:**	
Trunkenheit, Drogeneinfluß	Nüchternheit
Übermüdung, Streß, Angespanntsein	Ausgeschlafensein, Entspanntsein, Ruhe
Zeit- und Termindruck	Ausreichend verpflichtungslose Zeit
Zwang zu Alleinsein/Auseinandersetzung	Frei Entscheidenkönnen über Alleinsein oder Auseinandersetzenwollen
Zwang zu Distanz bzw. Nähe	Entscheidenkönnen Distanz bzw. Nähe
Ab- bzw. Anwesenheit Dritter	An- bzw. Abwesenheit Dritter
***Wahrnehmungen*:**	
Verdacht, Unterstellung	Nachweis, genaue Überprüfung
Genauestes Nachforschen	Ignorieren, nur zur Kenntnis nehmen
Nicht Beteiligtsein	Mitmachen, Dabeisein
***Abwägungen selbst*:**	
Intuitive Überlegungen	Diskursive Überlegungen
Irrationale Überlegungen	Rationale Überlegungen
Sofortige Entscheidungen	Herausgezögerte Entscheidungen
***Abwägungskriterien*:**	
Kompromißlosigkeit	Kompromißbereitschaft, -fähigkeit
Unbewußte, diffuse Motivation	Gezielte, differenzierte Motivation
Terminierung, Genugtuung, Bestrafung	Motiverfüllung, Interessenausgleich, Gewaltverhinderung, Gleichbehandlung
Unbestechlichkeit	Bestechlichkeit
***Abwägungsinhalte*:**	
Keine, beliebige, diffuse Fragen	Gezielte, systematische, folgerichtige Fragen (s.S. 170f.)
Ungenaue, widersprüchliche, vorgefertigte, pauschale Antworten	Präzise, vollständige, offene, situationsspezifische Antworten
***Abwägungsergebnisse*:**	
Uneingeschränktes "bedrohlich!"	Differenziertes "bedrohlich, aber ...!" bzw. "nicht bedrohlich!"
Keine bewußten Reaktionsentscheidungen	Gezielte Reaktionsvorgaben (s.S. 171)

Für alle vier Schritte finden sich in diesem Buch zahlreiche nützliche Hinweise, die eine gute Überlegungs- und Entscheidungsgrundlage sind.

Die Abwägungsumstände ändern

Wer betrunken ist oder unter dem Einfluß anderer Drogen steht, kann vielleicht kurzfristig die Symptomatik kaschieren, aber er kann sich nicht vernünftig mit seinem Partner oder mit den Gründen seiner Eifersucht auseinandersetzen. Wer aufgrund beengter Wohnverhältnisse und durch häusliche Verpflichtungen (z.B. zu beaufsichtigende Kinder oder zu pflegende Eltern) keine Möglichkeit hat, sich vorübergehend von seinem Partner zurückzuziehen, dem wird die räumliche, zeitliche oder innere Distanz fehlen, die Eifersuchtssituation wirklich einmal in Ruhe durchdenken zu können. Wer sich gerade als völlig unattraktiv einschätzt und in letzter Zeit für einen schlechten Partner hielt, wird die Bedrohung einer Liebelei anders bewerten als jemand, der sich momentan besonders attraktiv findet und zuletzt sehr um den Partner kümmerte. Unmittelbar nachdem sie beim Schmusen "erwischt" und womöglich noch unterbrochen worden sind, werden Partner und Rivalen, aber auch die Eifersüchtigen selbst, kaum zu einem sachlich-klärenden Gespräch bereit und in der Lage sein.

Es gibt also Umstände, die abwägungsförderlich und solche, die eher -hinderlich sind. *Generell* günstige Umstände sind eine stabile körperliche und psychische Konstitution, eine gute Partnerschaft und eine erfolgreich absolvierte Eifersuchtsprävention (siehe das dritte Kapitel), die freilich kurzfristig nicht herstellbar sind. In *konkreten Belastungssituationen* kann aber immerhin noch darauf geachtet werden, Entscheidungen frühestens *eine Nacht* (ob durchschlafen oder durchwacht) nach dem auslösenden Ereignis zu fällen (s.S. 166) und möglichst dann, wenn alle Beteiligten *nüchtern* und soweit es geht *ausgeruht* und *entspannt* sind, eventuellen engen *Zeit-* oder *Termindruck* z.B. durch Delegation von Arbeiten an andere oder durch Urlaub von sich genommen haben, *zur Diskussion bereit* sind sowie die "technischen" Möglichkeiten haben, *Distanz* und *Nähe* sowie *Alleinsein* und *Auseinandersetzung* eigenverantwortlich bestimmen zu können. Auch die bloße *Anwesenheit Dritter*, die nicht direkt in die Auseinandersetzung eingreifen, kann sich als nützlich erweisen.

Fazit

Wer Eifersucht überwinden oder reduzieren oder Gegenreaktionen verbessern will, muß anders nachdenken und entscheiden. Ein Mittel hierzu ist, die *Abwägungen selbst* zu verändern. Im spezifischen Fall sicher zu wenig konkret, aber doch wenigstens etwas die Richtung andeutend, ist für bewältigungsförderliche Abwägungen zu empfehlen, *so diskursiv, rational, spät, schnell und allein wie möglich* und *so intuitiv, irrational, früh, langsam und mit so vielen wie nötig* zu überlegen und zu entscheiden. Ein zweites Mittel ist, die Motivationen und die Zielfestlegungen bewußter und wirksamer vorzunehmen, d.h. die *konkreten Entscheidungskriterien* zu modifizieren. Sehr effektiv ist schließlich drittens eine Verbesserung der *Abwägungsinhalte*, also beispielsweise die Frage nach den Taten und Motiven *aller* Beteiligten, nach deren Gründen, nach dem Ausmaß der Interessengefährdung, nach dem Zweck der Eifersucht bzw. Gegenreaktionen und nach dem optimalen Vorgehen. Auf diese Weise lassen sich, wenn die *Umstände* stimmen, dann auch die *Abwägungsergebnisse* differenzieren und präzisieren und können "überwindende" Eifersuchts- und reduzierende Reaktionsentscheidungen gefällt werden (siehe Tabelle 12, S. 172).

Trotz aller Unterstützungsmöglichkeiten: Verbessern können Abwägungen letztlich nur die Eifersüchtigen bzw. Gegenreagierenden und die sonst noch entscheidend (im wörtlichen Sinne) Beteiligten selbst. Die Bewältigungswirkung ist bei einer Änderung der Abwägungsweise, der Kriterien und der Inhalte indirekt (weil immer auch noch die Entscheidungen geändert werden müssen) und unsicher (weil trotzdem anders entschieden werden kann). Nur eine Änderung der Ergebnisse wirkt direkt und sicher bewältigend. Erreichbar sind Reduzierungen und Überwindungen.

Reaktionsänderung: Welche Erlebnis- und Ausdrucksweisen wirken bewältigend?

Wenn es uns nicht gelingt, eine Außenbeziehung als “nicht bedrohlich!” zu bewerten, dann ist die einzige *aktive* Bewältigungschance, die Reaktionen so zu verändern, daß sie nicht mehr als so “störend” empfunden werden (auf die passive Möglichkeit des Aushaltens gehe ich im nächsten Unterkapitel ein). Auch das gilt wiederum genauso für die Gegenreaktionen auf Eifersucht.

Welche Reaktionsweisen sind belästigend und deshalb zu vermeiden?

Wer gerade eine leidenschaftliche Affäre auslebt, dem ist es u.U. ganz recht, daß der Freund deswegen äußerst "sauer" reagiert, die Kommunikation verweigert und ihn aus der gemeinsamen Wohnung aussperrt; das bringt schließlich mehr und sogar quasi "genehmigte" Zeit für den Geliebten. Aggressive Ausbrüche können auch genutzt werden, um von eigenem Verhalten abzulenken, einseitig Schuld zuzuschreiben und die schon längst nicht mehr wirklich gewünschte Beziehung sozusagen "aus gutem Grund" und nach außen hin auf respektable Weise zu beenden. Die Androhung oder Praktizierung von Gewalt kann so einschüchtern, daß der andere die Außenbeziehung aufgibt bzw. die Eifersucht nicht mehr artikuliert.

Es gibt viele solcher Beispiele, die belegen, daß die *gleichen* Reaktionsweisen einmal als quälend und verletzend, von anderen aber als nützlich und vorteilhaft bewertet werden können. Der Störungsgrad durch Eifersuchts- wie durch Gegenreaktionen und damit der Bewältigungsbedarf ist also sehr unterschiedlich (s.S. 76-79). Können wir angesichts dieser weitgehend subjektiven Einschätzung von Gefahr dann aber überhaupt allgemein feststellen, welche Reaktionen so belastend und bedrohlich sind, daß sie reduziert werden sollten? Und kann ich hier, ohne die Möglichkeit des konkreten Bezugs auf einen spezifischen Einzelfall, allgemeine Empfehlungen geben? Ja, denn die Subjektivität hat ihre Grenzen.

Grenzen der Subjektivität. Die Beurteilung des Störungsgrades hängt nicht so sehr von den Reaktionen selbst ab, sondern vielmehr von den jeweils aktuellen Motiven der Betroffenen, von deren Dickfelligkeit respektive Dünnhäutigkeit gegenüber der Art, Lautstärke oder Intensität der Reaktionen, von deren Stellung in der Eifersuchtssituation (Eifersüchtige, Partner, Rivalen und andere Beteiligte haben bereits rein positionsbedingt ganz unterschiedliche Interessen) und von vielen weiteren Faktoren. Trotzdem dürfen wir uns nicht immer auf die subjektiven Bewertungen der Betroffenen verlassen. Wenn z.B. eine Frau in einer einseitig dominierten und seitens des Mannes gewohnheitsmäßig gewalttätigen Beziehung von der dauernden Unterdrückung und physischen wie psychischen Peinigung schon so kraftlos, abgestumpft und resigniert ist, daß sie jeglichen Widerstand aufgegeben hat und deshalb inzwischen verbal-aggressive Attacken und Eingesperrtsein geradezu als Erleichterung gegenüber der üblichen Prügel empfindet, dann darf diese subjektive Bewertung eines zermürbten Opfers nicht zum allgemeinen Maßstab gemacht werden. Genausowenig wie wir uns nach Leuten richten dürfen, die sich selbst Außenbeziehungen und gewalttätige Eifersucht (bzw. Gegenreaktionen) zugestehen, ihrem Partner jedoch nicht (s.S. 97ff.).

Im Rahmen der hier als Bewertungssystem gewählten "westlichen" Grundeinstellung (s.S. 92) dürfen wir aus rechtlichen und moralischen Gründen nicht nur vom individuellen Gestörtsein ausgehen. Wir *müssen* vielmehr alle Aktivitäten ablehnen und zu vermeiden helfen, die die körperliche und/oder psychische Unversehrtheit, die Gleichberechtigung und Gleichbehandlung und/oder den vermittelnden Interessenausgleich zwischen den Beteiligten und Betroffenen über das für ein gedeihliches Zusammenleben zwischen Menschen unumgängliche Maß hinaus gefährden.

Welche Reaktionen sind zu vermeiden? Ohne auf ein bestimmtes Bewertungssystem Bezug nehmen zu müssen, lassen sich zwei allgemeine Empfehlungen geben, die kulturunabhängig und trotzdem keine Leerformeln sind: Es sollten generell alle die Reaktionen verhindert, aufgegeben und/oder durch andere ersetzt werden, die (obwohl unter Umständen recht effektiv) *nicht vertretbar* sind, weil sie gegen gültige Grund- oder andere Rechte der jeweiligen Gesellschaft verstoßen, und die *unklug* sind, weil sie (obwohl vielleicht vertretbar) unter den gegebenen kulturellen Bedingungen nicht zu einer optimalen Lösung der die Eifersucht auslösenden und durch die Eifersucht bedingten Konflikte führen.

Innerhalb unseres Werte- und Gesellschaftssystems können beispielsweise die folgenden Eifersuchts- und Gegenreaktionen als nicht vertretbar und/oder unklug gelten (siehe aber auch S. 183):

- alle Formen und Varianten des Androhens und Zufügens *körperlicher Verletzungen* z.B. durch Ohrfeigen, Verprügeln oder Selbst- bzw. Fremdtötung;
- das Drohen mit und Zufügen von *psychischen Verletzungen*, etwa durch bewußt manipulativen Einsatz oder auch Unterdrücken von Gefühlen, durch Trotz, Schikanieren, Ironie, Bissigkeit, Provokation, tagelanges Schweigen, Nichternstnehmen, Lächerlichmachen oder Beleidigen;
- jegliches *Zerstören* oder *Beschädigen* von Dingen, die anderen (z.B. dem Partner oder Rivalen) gehören und von diesen geschätzt werden;
- alle Arten von gravierenden *Behinderungen*, die von Erwünschtem oder Unverzichtbarem wie beispielsweise von Schlaf, produktiver Arbeit, kreativem Genuß oder wirklicher Entspannung abhalten;
- alle Arten der *Freiheits- und Freizügigkeitsberaubung* gegen den Willen des anderen, also etwa das Verbot oder die Verhinderung des Kontakts mit Dritten (als potentiellen Außenpartnern) durch Einsperren o.ä.;
- ein konsequentes *Meiden* oder *Ignorieren* der durch die Eifersucht entstandenen Probleme und Konflikte auch dann noch, wenn das oft durchaus angebrachte Verdrängen nicht mehr angemessen ist;
- das ausdauernde *Verweigern einer klärenden Auseinandersetzung*, z.B. durch Weglaufen, Zurückziehen, Schweigen, Diskussionsverbot, Antwortverzicht oder andere Arten der gezielten wie hilflosen oder unbewußten Kommunikationsverweigerung;
- alle Arten wirkungsloser, willkürlicher und ungerechtfertigter, d.h. *destruktiver Bestrafung*, sei es durch nörgelndes Zustimmen, leidende Miene, Auslachen, Anklagen, schlechtes Gewissen machen, triumphierendes Provozieren, Jammern, Klagen, Drohen etc.;

- ein pauschales *Abwerten* der Wünsche, Gedanken, Gefühle und Verhalten der anderen, vor allem des Partners und des Rivalen;
- alle Versuche, rücksichtslos gegenüber den Bedürfnissen und Begehren der anderen *nur die eigenen Interessen* durchzusetzen ("Es ist mir völlig egal, was Du für Wünsche hast. Ich verlange unbedingte Treue von Dir!" bzw. "Ich schlafe mit wem ich will und bin Dir weder Rechenschaft noch eine Diskussion darüber schuldig!");
- entsprechend aber genauso das einseitige und bedingungslose *Unterordnen* unter die Interessen des Partners ohne ausreichende Berücksichtigung der eigenen Befindlichkeit und Wünsche;
- *Unflexibilität* und fehlende Bereitschaft, Kompromisse zu suchen und einzugehen, z.B. durch eine starre Fixierung auf bestimmte, von Anfang an und unverändert vertretene Lösungsideen;
- aber auch die *beliebige*, für andere nicht nachvollziehbare *Veränderung* von Positionen, Zielen und Strategien;
- *ungerechtfertigtes einseitiges Beschuldigen* oder Ins-Unrecht-setzen der anderen (z.B. "Betrugs"vorwürfe, obwohl der Partner sich nie auf ein Exklusivitätsversprechen eingelassen hatte);
- solche *Vergeltungsmaßnahmen*, die erfahrene Überschreitungen, Verletzungen oder Einschränkungen mit gleichem zurückzahlen, also Zurückschlagen oder andere Formen der bewußten Rache bzw. Revanche;
- alle Arten von *Doppelmoral* ("Bei mir [als Mann/Frau] ist das ja ganz was anderes als bei Dir [als Frau/Mann]!") und *Doppelsanktionierung* ("Ich würde solche Argumente ja verstehen, aber Du [als Mann/Frau] brauchst offensichtlich immer erstmal richtig einen vor den Kopf!").

In der Regel also alle für einen selbst wie für andere direkt einschränkenden, verletzenden, destruktiven oder sonstwie negativen Aktivitäten, die, abgesehen von vielleicht kurzfristiger Befriedigung, auf die Dauer frustrierend, zerstörend, konfliktzementierend oder eskalierend statt vermittelnd, ausgleichend und konfliktlösend wirken. Den Bezugsrahmen bilden zum einen die eigenen *und* fremden *personalen* Bedürfnisse und Begehren. Zu berücksichtigen sind aber darüber hinaus immer auch die *relationalen* und *sozialen* Erfordernisse gedeihlichen Zusammenlebens in Partnerschaften und Gemeinschaften bzw. Gesellschaften.

Nun ist der Ratschlag, die genannten und andere nicht vertretbare und/ oder unkluge Reaktionen zu vermeiden, zwar richtig, doch allein kaum wirklich hilfreich. Was sollen wir denn statt dessen tun? Die bisher nur Reaktionen ausschließende Erörterung bedarf also noch der positiven Konkretisierung.

Wie reagieren und gegenreagieren?

Reagieren muß nur, wer sich an der Außenbeziehung (bzw. Eifersucht) seines Partners gestört hat und diese mißbilligt, wer also bereits entschieden hat, eifersüchtig zu sein (bzw. auf Eifersucht zu antworten). Denn die Abwägungen sind ja bei jeder einzelnen Reaktion sozusagen abgeschlossen, auch wenn es sich de facto meist um vielfache Rückkoppelungen und längere Abwägungs-Reaktions-Gegenreaktions-Abwägungs-Reaktions-usw.-Netze oder -Folgen handelt. Trotzdem können und sollten immer alle Beteiligten aktiv werden, denn interpersonale Konflikte lassen sich nur gemeinsam lösen. Welche Reaktionen aber sind klug *und* verantwortbar?

Eifersuchtsreaktionen zulassen? Wir sind niemals völlig frei, wenn wir eifersüchtig sind oder auf Eifersucht reagieren. So wird beispielsweise von Frauen in vielen Gesellschaften (auch bei uns) verlangt, nicht nur ihre Eifersucht auszuhalten, sondern sie möglichst gar nicht erst auszudrücken und zuzulassen. Und Männer haben oft gelernt, bestimmte Eifersuchtsreaktionen, vor allem Gefühle wie Traurigkeit oder Angst, zu unterdrücken oder wenigstens nicht zu zeigen bzw. durch vorgetäuschte Souveränität, vielleicht sogar durch Spott, Lustigmachen o.ä. zu überspielen. Das ist nicht immer klug. Denn wer seinen Partner wegen dessen Fremdgehen haßt, der muß diesen Haß akzeptieren und zulassen, um sich mit ihm auseinandersetzen und ihn überwinden zu können. Das gilt nicht nur für Gefühle wie Ärger, Wut, Lust oder Scham, sondern genauso für körperliche Beschwerden, für Kognitionen (z.B. für eigene Untreuephantasien oder hinterhältige Gedanken) und für Verhalten. Es kommt also zwar darauf an, gemeine und zerstörerische Auswüchse zu verhindern, nicht jedoch die Vielfalt der Reaktionen an sich einzuschränken oder gar zu verleugnen. Wer lernt, *alle Arten von Reaktionen* zunächst einmal als mögliche Konsequenz eines Konflikts wie dem zwischen dem eigenem Wunsch nach sexueller Treue und des Partners Lust auf sexuelle Außenbeziehungen *anzuerkennen* und (soweit sie vertretbar sind, siehe oben) *zuzulassen*, statt sie zu verdrängen oder wegzurationalisieren, der kann sie auch leichter kritisch reflektieren und dann ggf. verändern.

Wie können wir die Emotionalisierung stoppen oder vermindern? Ein zweites Erfordernis und eine weitere Voraussetzung für den Einsatz fast aller anderen Mittel zur Reduzierung von Eifersuchtsreaktionen ist in den meisten Fällen das *Abmildern* oder vielleicht sogar *Stoppen* der üblichen *Emotionalisierung* (die eigentlich anzustrebende [weil wirkungsvollere] Verhinderung ist an dieser Stelle des Eifersuchtsprozesses ja nicht mehr möglich). Auch dabei geht es nicht um die Unterdrückung oder Verleugnung jeglicher Affekte, Körperreaktionen oder Gedanken. Es geht allein um die Verhinderung bzw. Verminderung des mit einer negativen Emotionalisierung verbundenen Kompetenz- und vor allem Kontrollverlustes und seiner unerwünschten Folgen (s.S. 37ff.). Es geht darum, die Eifersucht kognitiv und emotional in den Griff zu bekommen, um die Gedanken und Empfindungen aktiv steuern zu können und um ihre Ursachen gezielt verändern zu können. Das läßt sich zwar letztlich meist auch durch Abwarten erreichen, weil Emotionalisierung nicht unbegrenzt anhält. Aber dabei kann zuviel passieren, vor allem auch nicht oder nur schwer Wiedergutmachbares. Effektivere und vor allem erträglichere Vorgehensweisen sind beispielsweise:

- das *bewußte Wahrnehmen* der eigenen Gedanken und vor allem Gefühle, anstatt sie sofort "blind" auszuagieren;
- die unmittelbare und gezielte Anwendung von *Entspannungstechniken* (die zu lernen deshalb eine sehr gute Präventionsmaßnahme ist), z.B. von Autogenem Training, Yoga oder Progressiver Muskelentspannung, ggf. auch von Biofeedback;
- die Schaffung vorübergehender *räumlicher Distanz* zum Partner (und/oder zum Rivalen), nicht nur stundenweise, ggf. auch tage- oder wochenlang;
- kurzfristig der Einsatz von *Ablenkungs-* oder *Zeitgewinnmethoden*, also etwa:
- irgendetwas *Besonderes unternehmen*: ins Kino, zu einer Sportveranstaltung, ins Theater, in ein Konzert, ins Café oder Restaurant oder anderswohin außer Haus gehen;
- den *Körper aktivieren*, z.B. durch Radfahren, Schwimmen, Joggen, Spielen, Gymnastik, Wandern, Spazieren gehen oder Sauna;
- alltägliche *aktive Tätigkeiten ausführen*, z.B. die Wohnung oder das Fahrrad putzen, Wäsche waschen, die Wiese mähen, Strümpfe stopfen, Einkaufen, Kochen, Backen oder den Garten umgraben;
- *andere Menschen besuchen* oder *einladen*, egal ob Freunde, Bekannte, Verwandte oder Kollegen;
- einem *Hobby nachgehen* oder
- vorübergehend *Überstunden* machen.

Alle diese Aktivitäten sind Lösungen, die dann erforderlich sind, wenn es nicht gelungen ist, die Emotionalisierung zu verhindern. Es sind aber nicht nur *Not*lösungen, da Emotionalisierung nicht generell verhinderbar ist (weil kein Mensch alles vorhersehen und niemand für alles kompetent sein kann). Außerdem greifen sie nur, wenn sie im Lauf der Zeit von den im folgenden genannten selbstreflexiven und kommunikativen Verfahren begleitet und *als Bewältigungsstrategien* durch diese ersetzt werden.

Was ist über die Symptombekämpfung hinaus möglich? Die bisher aufgelisteten Bewältigungsmittel sind letztlich nur dazu geeignet, etwas an den Symptomen "herumzudoktern". Auf Dauer können sie nicht wirklich helfen, weil sie die *Gründe* für die Eifersucht bzw. die Gegenreaktionen völlig unangetastet lassen. Für deren Veränderung sind weitere Schritte erforderlich. Ist es gelungen, nicht mehr völlig oder weitgehend unkontrolliert emotional zu reagieren, dann sind folgende Reaktionsweisen realisierbar (die zum Teil bereits im letzten Kapitel ausführlicher erörtert wurden):

- ein erneutes, bewußteres Beurteilen der Bedrohlichkeit der Außenbeziehung bzw. der Eifersucht, also ein *neuerliches Abwägen*;
- ein *Überdenken* und ggf. *Verändern* der eigenen Bedürfnisse und Begehren, d.h. vor allem der für die eigene Eifersucht bzw. die Gegenreaktionen mitverantwortlichen *Motive*;
- eine *Veränderung* der auslösenden sexuellen oder sonstigen *Außenbeziehung* bzw. der Eifersucht;
- eine *Überprüfung* der eigenen *Wahrnehmung* dieser Reize;
- eine *Bewußtmachung* der möglichen oder bereits absehbaren *Folgen* des eigenen Tuns;
- eine kritische *Reflexion* und erforderlichenfalls *Änderung* der eigenen *Persönlichkeit*;
- genauso der *Beziehung* zum Partner
- und der *Gesellschaft*.

Es kommt also darauf an, schnellstmöglich an die direkten und indirekten *Ursachen* der Eifersucht bzw. der Gegenreaktionen heranzukommen und diese selbst zu ändern, d.h. konstruktiv konflikt- oder problemlösend vorzugehen.

Wie vorgehen? Um diese für eine umfassende Eifersuchtsbewältigung letztlich unumgängliche Ursachenklärung und -veränderung vornehmen zu können, sind immer verschiedene *Auseinandersetzungen*, *Überlegungen*, *Verhandlungen* und *Abschlüsse* erforderlich: mit sich *selbst* und (weil Eifersucht auch ein Beziehungsproblem ist) mit dem *Partner*, ggf. auch mit dem *Rivalen*, vielleicht sogar mit weiteren Personen bzw. auch Institutionen. Für diese Selbstreflexion und Kommunikation gibt es eine große Zahl von Vorgehensweisen, die sich als effektiv *und* verantwortbar erwiesen haben, die aber alle keinesfalls eifersuchtsspezifisch, sondern ganz allgemeine Problemlösungs- und Kommunikationstechniken sind. Beispiele sind

- eine sorgfältige *Klärung* der eigenen *Befindlichkeit, Standpunkte* und *Wünsche* (Gefühle, Kenntnisse, Bedürfnisse, Begehren, Motive) genauso wie z.B. der des Partners;
- die *selbstbehauptende* und die *eigenen Interessen vertretende* (statt z.B. aggressive) sowie *offene* (statt z.B. verschleiernde) *Darlegung* und *Mitteilung* dieser eigenen Befindlichkeit, Kenntnisse, Vorstellungen usw.;
- Hinzuziehen Unbeteiligter»das *Hinzuziehen Unbeteiligter* zum Mitüberlegen und Mitentscheiden (z.B. von Verwandten, Freunden, Bekannten, Kollegen, Zufallsbekannten, anderen Betroffenen, Beratern oder Therapeuten) und ggf. das *Zusammentun* mit anderen Betroffenen in einer Selbsthilfegruppe;
- ein aktives, verständnisvolles, genaues und nicht vorschnell ab- oder unterbrechendes *Hinein-* (bei sich selbst) bzw. *Zuhören* (bei anderen);
- die kenntnisgebende, zustimmende oder ablehnende Artikulation von Bewertungen und Wünschen in eindeutigen und möglichst inhaltlich konkreten *Ich-Botschaften* ("Ich habe Angst um unsere Beziehung!") statt z.B. in Du-Botschaften ("Du sollst nicht mit anderen schlafen!") oder in Man-Botschaften ("Man betrügt sich nicht!") - auch sich selbst gegenüber;
- das eindeutige *Klären* und konsequente *Abstecken* und *Beibehalten* der eigenen *Grenzen* oder *Schwellen* ("Wenn Du nicht bereit bist, Deine Außenbeziehung zumindest einzuschränken, dann werde ich mich von Dir trennen!")
- das *Dranbleiben* am Konflikt, zeitlich, inhaltlich und was den Kontakt mit den anderen angeht;
- das grundsätzliche *Anerkennen* (und damit bis zu einem gewissen Grad auch *Verzeihen*) der Bedürfnisse, Begehren, Kenntnisse, Einstellungen, Empfindungen und Verhalten der anderen Beteiligten;
- *Offenheit* bei der *Lösungssuche*, z.B. durch zunächst unkommentiertes Zusammentragen von Lösungsvorschlägen (statt Festhalten an ganz bestimmten und im vorhinein vertretenen Lösungsvorstellungen);
- der *Verzicht* auf *Vorwürfe* und einseitige *Schuldzuschreibungen* (weder an sich selbst, noch an den Partner, den Rivalen oder an andere) zugunsten einer umfassenden *Ursachensuche*;
- das *spezifische Äußern* (Wünsche als Wünsche, Vermutungen als Vermutungen, Empfindungen als Empfindungen usw.);
- ein differenziertes *Feedback* (z.B. nur dann, wenn Annahmebereitschaft vorhanden ist, möglichst konkret, immer positiv *und* negativ, jederzeit umkehrbar, in Ton und Inhalt dem Gegenüber angemessen);

- das *positive Verstärken* oder *Belohnen* erwünschter Verhaltensweisen, etwa von Kompromißbereitschaft oder Gewaltverzicht;
- das *negative Verstärken* oder *konstruktive Bestrafen* (vgl. S. 184) störender Aktivitäten (wie Kompromißlosigkeit oder Gewalteinsatz), z.B. durch ausdrückliches Mißbilligen, Unterbrechen der Kommunikation, Vorenthalten von besonderen Belohnungen oder u.U. sogar Verlassen des Partners;
- eine vorübergehende *räumliche Trennung* während der Zeit der Auseinandersetzung, die ein Zusammenkommen nur für die Gespräche ermöglicht;
- sprechendes oder *lautes Denken* und *Aufschreiben* von Ideen und Gedanken;
- das *Unterbrechen* der Kommunikation bei subjektiv empfundenen *Störungen.*

Für eine ausführlichere Erörterung der spezifischen Einsatzmöglichkeiten und -grenzen sowie der Vor- und Nachteile dieser und der vielen weiteren Reflexions- und Kommunikationsstrategien sei auf die einschlägige Literatur verwiesen[321].

Unter welchen Umständen? Das zu den optimalen Abwägungsumständen Gesagte gilt auch hier (s.S. 172f.). Vor allem das Abwarten einer Nacht und Nüchternheit sind günstige und relativ einfach erreichbare Reaktionsumstände, vielleicht auch die Anwesenheit Dritter.

Die hohe Kunst der Reaktion und der Gegenreaktion

Die eben genannte reine Anwesenheit von Dritten kann ein eifersüchtig streitendes Paar mäßigen, sie kann aber z.B. auch einen der Partner dazu verleiten, besonders autoritär und uneinsichtig zu argumentieren. Nicht nur Gewaltanwendungen, auch freundlich-konstruktive und allseits befriedigende Auseinandersetzungen können z.B. von anderweitigem kreativem Genuß oder von der alltäglichen Arbeit abhalten. Mit Ich-Botschaften allein lassen sich echte Wert- und Interessenkonflikte (“Ich verlange Treue!”, “Ich will fremdgehen!”) nicht lösen, es sind auch Verhandlungen und Zugeständnisse nötig. Manchmal ist eine unmittelbare hitzig-heftige Diskussion, evtl. mit anschließendem Zusammenschlafen, befreiender und vielleicht sogar letztlich konfliktlösender als eine vorübergehende Trennung mit einem betont ruhigen und "vernünftigen" Gespräch erst am nächsten Tag. Unter Umständen sind auch blaffende und beleidigende Ausbrüche gegen den anderen hilfreicher als die vorsichtige Artikulation der eigenen

Wünsche, beispielsweise wenn der Partner sonst gar nicht merken würde, wie es um einen steht.

Für fast alle auf den letzten Seiten gegebenen Empfehlungen lassen sich Ausnahmen finden, in denen das gegenteilige Vorgehen klüger und vielleicht sogar verantwortbarer ist. Das hängt unter anderem mit der Breite des Spektrums der Eifersuchtsauslöser (Nichtstun bis Geliebter), ihrer unterschiedlichen Wichtigkeit und Bedrohlichkeit, den individuellen Streitkulturen und dem Wechselspiel von Reaktion und Gegenreaktion zusammen. Klug und verantwortbar eifersüchtig zu sein bzw. auf Eifersucht zu reagieren, ist also eine hohe und eine schwierige Kunst, die freilich viele von uns sehr viel besser beherrschen als sie meinen oder sich zugestehen.

Die Streitkulturen nivellieren? Auch wenn der Katalog der Reaktionsvorschläge auf den ersten Blick vielleicht diesen Eindruck erwecken mag: Es kann, wie ja auch die Beispiele eben belegten, keinesfalls um eine Vereinheitlichung von individuellen Umgangs- oder Beziehungskulturen, um das Abschaffen von persönlichem Temperament und Stil gehen. "Reinigende Gewitter", Ironie, Klartext oder ruppige Umgangsformen können akzeptabel sein, wenn alle Beteiligten daran gewöhnt sind und damit konstruktiv und effektiv umzugehen gelernt haben. Es müssen und sollen nicht plötzlich alle nur noch sanft säuseln und sämtliche Belastungen und Wünsche in übervorsichtigen Sätzen wie "Ich möchte gerne, daß Du einmal weißt, daß ich eigentlich wünsche, von Dir nicht betrogen zu werden" formulieren. Wir brauchen nicht ununterbrochen verbindlich, freundlich, besorgt um andere, einfühlend oder verständnisvoll zu sein (wir könnten es auch gar nicht). Wir dürfen eigene Interessen haben und sollten unsere Wut und unseren Ärger zwar nicht austoben, aber artikulieren. Eifersucht ist ein Konflikt, und eifersüchtiges Auseinandersetzen ist oft ein Streit um fundamentale Werte und Interessen und kein Kaffeeklatsch.

Ziel bewältigender Veränderungen der Eifersuchtsreaktionen ist einzig und allein das Ersetzen *unverantwortlicher* und *unkluger* Reaktionen. Nur bezogen auf diese beiden Randbereiche des Spektrums der Reaktionsmöglichkeiten ist eine Nivellierung der personalen, relationalen und sozialen Streitkulturen angesagt, in keiner anderen Hinsicht sonst. Anzustreben und erreichbar sind nicht schematisch nach einem (immer nur vermeintlich) optimalen Muster funktionierende Maschinen-Menschen, sondern "nur" *etwas* klügere, vorsichtigere, respektvollere und rücksichtsvollere Menschen. Das macht schon genug Arbeit und Mühe.

Was, wann, wo, wie und mit wem? Auch wenn es Ausnahmen von den oben aufgelisteten Empfehlungen gibt: Es ist auf keinen Fall verkehrt, es mit den dort genannten wenigstens einmal zu versuchen. Also die Gefühle und Gedanken zunächst einmal zu akzeptieren, mögliche Kontrollverluste durch ein Stoppen oder Vermindern der Emotionalisierung zu verhindern versuchen und mit angemessenem Abstand zum auslösenden Ereignis daran zu gehen, die Ursachen zu klären und zu verändern. Ob hierfür zunächst einmal eine ausführlichere Selbstreflexion, ein Gespräch mit Unbeteiligten, die Auseinandersetzung mit dem Partner und/oder ein Treffen mit dem Rivalen angebracht ist, läßt sich allgemein nicht empfehlen. Wenn hier eine Entscheidung allerdings Schwierigkeiten macht, sollte Hilfe und Beratung eingeholt werden (s.S. 167).

Wo sind die Grenzen? Nicht alle Partner (und u.U. Rivalen) sind zu einer die Ursachen klärenden Auseinandersetzung in der Lage oder bereit, und wenn sie es sind, zeigen sie oft überhaupt kein Interesse an einem noch so einseitigen Kompromiß. Zwar läßt sich Eifersucht auch unter solchen nicht kooperativen Umständen reduzieren oder sogar überwinden, doch hat der Eifersüchtige dann die gesamte Bewältigungsarbeit ganz allein zu übernehmen. Er kann dann nur noch versuchen, die Ursachen zu verändern, die er selbst (mit-)verantwortet, z.B. die Abwägungen und die Motive. Hält der Partner an seinen Außenbeziehungen fest, bedeutet das also letztlich immer, daß der Eifersüchtige diese Außenbeziehungen und ggf. die eigenen Eifersuchtsreaktionen auszuhalten hat. Kann oder will er das nicht (weil es unerträglich oder einfach nicht mehr zumutbar ist), dann sollte er die Strategie der "flexiblen Rigidität" wählen[322]: Er sollte *Kompromißbereitschaft* signalisieren, aber zugleich auch *Grenzen setzen*, die dem Partner und dem Rivalen klarmachen, wie weit sie gehen können, und daß eine Ausbeutung der Kooperationsbereitschaft nicht akzeptiert werden kann. Dabei hat er zugleich deutlich zu machen, was passiert, wenn diese Grenzen überschritten werden, sind also *Ultimaten zu stellen.* Und er hat schließlich die angekündigten *Konsequenzen zu ziehen*, wenn der Partner und der Rivale alle Ultimaten ignorieren, also z.B. den Partner dann auch tatsächlich zu verlassen, sich von ihm zu trennen - selbst wenn das ein Schritt ins Ungewisse ist. Wer den nicht gehen mag oder, z.B. aufgrund der familiären oder gesellschaftlichen Situation, gar nicht beschreiten kann, der muß mit dem Partner auskommen, so wie er ist - und weiterarbeiten. Ein Schicksal, das viele teilen, und das eine viel zu große Macht für die bedeutet, die hier in der richtigen Position sind (wie z.B. immer noch zu viele Männer).

Notwehrrechte? Eifersüchtige und Gegenreagierende, aber auch "Betrügende", bedrohen ihre Partner und/oder Rivalen manchmal in einer direkt lebensbedrohlichen Weise. Wenn Flucht nicht möglich ist, ist in solchen Fällen tätlicher Angriffe die Anwendung von Gegengewalt unausweichlich, vertretbar und legal. Normalerweise beleidigen, belügen, ignorieren, vernachlässigen oder verlassen Partner zwar die "Betrogenen" durch ihre Außenbeziehung, stecken sie diese vielleicht auch an (z.B. mit HIV-Viren), aber greifen sie damit nicht tätlich und mit direkter Tötungsabsicht an. Eifersüchtige können sich also nicht immer auf legitime Notwehr berufen, wenn sie Gewalt anwenden. Auch dann nicht, wenn sie die Außenbeziehungen noch so verletzend, enttäuschend oder bedrohlich finden. Weil es genügend andere Strategien gibt und solange die Möglichkeit zum Rückzug besteht (z.B. durch Trennung, mag diese noch so nachteilig sein und schwerfallen), ist eine Ausnahme vom Verzicht auf (Gegen-)Gewalt nicht zu rechtfertigen, selbst wenn sie verständlich ist.

Fazit

Zwar stören die gleichen Reaktionen verschiedene Leute auch unter identischen Umständen auf ganz unterschiedliche Weise. Trotz dieser weitgehenden Subjektivität gibt es aber einen allgemeinen Maßstab: Es sind alle Reaktionen zu verhindern, aufzugeben und/oder durch andere zu ersetzen, die (obwohl effektiv) *nicht vertretbar* sind, weil sie gegen allgemein anerkannte legale oder moralische Rechte der jeweiligen Gesellschaft verstoßen, und die *unklug* sind, weil sie (obwohl vertretbar) unter den gegebenen kulturellen bzw. gesellschaftlichen Bedingungen nicht zu einer optimalen Lösung der die Eifersucht auslösenden und durch die Eifersucht bedingten Probleme und Konflikte führen (siehe Tabelle 13, S. 186).

Weil immer die individuellen Umstände des Einzelfalles zu berücksichtigen sind und es immer Ausnahmen von den aufgelisteten Reduzierungsmitteln gibt, ist es schwer, allgemeine Empfehlungen zu geben. Die besonderen Streitkulturen und Gegenreaktionen der beteiligten Personen, Paare und Gesellschaften verlangen vielfältige individuelle Rücksichtnahmen und Entscheidungen. Deshalb sind kluge und verantwortbare Reaktionen eine hohe und schwierige Kunst, die immer von allen Beteiligten zu leisten ist. Sie müssen gemeinsam ihren jeweils eigenen Weg finden.

Die Reaktionsveränderungen wirken zwar direkt, aber nicht immer sicher, weil der Störungsgrad einer Reaktionsweise von den betroffenen Personen, ihrer Position in der Eifersuchtssituation, ihren Bedürfnissen und Begehren, ihrer Schmerztoleranz und vielen anderen Faktoren abhängt. Erreichbar ist höchstens eine Reduzierung der Eifersucht, weil Überwinden ja die Entscheidung "Eifersucht nein!" voraussetzt und dann gar keine Eifersuchtsreaktionen mehr zur Folge haben kann. Dennoch sind bessere Eifersuchtsreaktionen alles andere als eine Notlösung.

Tabelle 13: Bewältigungsrelevante Reaktions- und Gegenreaktionsweisen

Eher bewältigungshinderlich	*Eher bewältigungsförderlich* (siehe Text!)
Reaktionsumstände:	
Trunkenheit, Drogeneinfluß	Nüchternheit
Übermüdung, Streß, Angespanntsein	Ausgeschlafensein, Entspanntsein, Ruhe
Zeit- und Termindruck	Ausreichend Zeit ohne Verpflichtungen
Zwang zu Alleinsein/Auseinandersetzung	Frei Entscheidenkönnen über Alleinsein oder Auseinandersetzenwollen
Zwang zu Distanz bzw. Nähe	Entscheidung über Distanz bzw. Nähe
Ab- bzw. Anwesenheit Dritter	An- bzw. Abwesenheit Dritter
Reaktionsweisen:	
Reaktionen verleugnen	Reaktionen akzeptieren
Kontrollverlust ermöglichen/zulassen	Emotionalisierung bremsen durch Entspannungstechniken, Distanz, Ablenkung oder Zeitgewinnen
Symptombekämpfung	Ursachenklärung und -veränderung
Klärungs- und Kommunikationsverweigerung	Auseinandersetzung, Verhandlung, ausgleichende Abschlüsse
(Siehe im einzelnen Liste S. 176f.)	(Siehe im einzelnen Liste S. 181f.)

Bewertungsänderung: Wie kann Eifersucht ausgehalten werden?

Auch wenn es nicht gelungen ist, die Eifersucht zu überwinden oder zu reduzieren, bleibt immer noch eine gute und viel zu oft übersehene Bewältigungschance. Weil "Belästigtwerden", die Voraussetzung für ein Änderungsinteresse, ein subjektives und damit relatives Kriterium ist, kann Eifersucht bewältigt werden, ohne an ihr selbst auch nur das Geringste zu verändern: durch Aushalten (s.S. 81).

Was ist dafür zu tun? Grundsätzlich das Gleiche wie beim Überwinden und Reduzieren, d.h. Prävention durch Einstellungs- und Praxisänderung (s.S. 127-61) und Verbesserung der Bedrohlichkeitsbewertung durch Wahrnehmungs- und Abwägungsänderungen (s.S. 162-86). Da hier weitestgehende Übereinstimmungen bestehen, sei an dieser Stelle nur auf wenige Besonderheiten des Aushaltens hingewiesen.

Die Theorie des Aushaltens ändern

"Meine Frau hat mich betrogen! Das macht mich rasend! *Ich halte das nicht aus*!" Gerade in Streßsituationen sind wir schnell bei der Hand mit forschen Diagnosen. Also: Ist Eifersucht aushaltbar? Sollte sie ausgehalten werden? Und ist Aushalten überhaupt ein Problemlösungsmittel?

Ist Aushalten eine realistische Bewältigungsmöglichkeit? Ich habe hier neben dem Überwinden und Reduzieren auch das Aushalten als dritte Bewältigungsart vorgeschlagen (s.S. 79ff.). Das mag manche irritiert haben. Viele denken bei dem Stichwort "Bewältigen" von Problemen nur an aktive Lösungen, bei denen die Problemursachen beseitigt werden, aber nicht an passives Ignorieren, das an den Gründen gar nichts ändert. Deshalb z.B. auch die verbreitete Diffamierung der Problemlösungsform *Verdrängen*, die vielfach durchaus angebracht und zweckmäßig ist[323]. Dies liegt u.a. daran, daß das konstruierte Element von Problemen und Konflikten übersehen wird: Es gibt im Bereich der Begehren keine Schwierigkeiten, wenn wir uns keine konstruieren (s.S. 77f.). Deshalb können wir Probleme wegdefinieren, d.h. aushalten.

Um das Bewältigungsmittel Aushalten einsetzen zu können, ist also u.U. eine grundlegende Kenntnis- und Einstellungsänderung erforderlich. Aushalten ist als eigenständiger, positiver, zweckmäßiger und vollwertiger Bewältigungsweg anzuerkennen und nicht als irgendeine Notlösung für die abzuwerten, die Überwinden oder Reduzieren nicht schaffen.

Kann Eifersucht ausgehalten werden? Eifersucht kann unerträglich sein, nicht nur für die Eifersüchtigen selbst. Sie kann über längere Zeit am Arbeiten und Schlafen hindern, krank machen, Beziehungen und sogar Leben zerstören. Aber sie muß es nicht. Oft befällt sie uns nur sporadisch und in Momenten, in denen wir keine wichtigen Dinge zu erledigen haben, also nicht so vereinnahmt und so konzentriert auf anderes sind. Manchmal erleben wir sie nur als eine Art Gedanken- und Empfindungsschleier, der sich zwar mehr oder weniger heftig und dicht über unseren Alltag legt und diesen trübt, aber nicht wirklich stört und verändert. Klug praktiziert und geschickt eingesetzt kann sie sich sogar als positiv und nützlich erweisen, etwa wenn sie den Partner zu mehr Rücksichtnahme bewegt, den wechselseitigen Austausch befruchtet oder die Beziehung fördert. Es gibt also durchaus Eifersuchtsformen, die unser Leben kaum verändern und uns so gut wie gar nicht belasten, im Falle konstruktiver Reaktionsweisen vielleicht sogar bereichern.

Doch selbst wenn sie wirklich stört, ist Eifersucht aushaltbar. Menschen unterziehen sich schmerzhaften Operationen, um ihre Gesundheit zu erhalten oder um ihr Aussehen zu verändern. Sie nehmen Niederlagen, Kränkungen und Verluste hin, um beruflich oder politisch voranzukommen. Sie investieren viel Zeit und Geld und Phantasie, um eine geliebte Person von ihrer Zuneigung zu überzeugen und an sich zu binden. Wir haben also gelernt und erlebt, daß es möglich ist und sich sogar lohnen kann, Schmerz zu ertragen und Opfer zu bringen, *wenn das Ergebnis es wert ist*. Diese Einsicht in die Zweckmäßigkeit von Kosten-Nutzen-Analysen und von daraus resultierenden Zugeständnissen wird auch im Bereich Eifersucht genutzt, wie ich bereits gezeigt habe und wie die Alltagserfahrung z.B. "erfolgreicher" Geliebter lehrt. Eifersucht kann nicht nur ausgehalten werden, wenn wirtschaftlicher, psychischer, religiöser, aggressiver oder anderer Druck ausgeübt wird. Sie kann auch freiwillig und bewußt ausgehalten werden, *wenn* der Nutzen des Ertragens der Eifersucht groß genug ist (z.B. Beziehungserhalt oder kein Aufwand für Reduzierungs- oder Überwindungsbemühungen). Was freilich leider im vorhinein oft nicht so ganz eindeutig klärbar ist.

Sollte Eifersucht ausgehalten werden? Vor allem von Frauen wurde und wird häufig, und zum Teil sogar recht akzentuiert, verlangt, ihre Eifersucht nicht nur nicht zu zeigen, sondern auch auszuhalten (was ja immer bedeutet, den Partner nicht von der Außenbeziehung abzubringen!). Auch oder vielleicht gerade in Zeiten sexueller Liberalisierung, in denen eine pauschal verstandene Verklemmtheit durch eine genauso pauschal postulierte Offenheit ersetzt wurde (so wie derzeit von einigen Leuten statt undifferenzierter Fremdenfeindlichkeit eine gleichermaßen unzureichend nuancierte und damit chancenlose Fremdenfreundlichkeit propagiert wird). Weil Eifersucht nicht mehr artikuliert werden durfte, gab es beispielsweise während der Studentenrevolte nach 1968 sogar einen *Aushaltezwang* für diejenigen, denen es nicht gelang, ihre Eifersucht wie gefordert zu überwinden: «'Früher hab ich halt versucht, cool zu sein, wenn mein Typ in der WG mal mit 'ner anderen bumste', erzählt eine 43jährige Lehrerin. 'Morgens hab ich denen sogar noch fröhlich das Frühstück gemacht, obwohl mir eher zum Heulen war'»[324]. Wir werden also auch beim Aushalten in erheblichem Maße von sich rasch wandelnden[325] kulturellen Vorgaben bestimmt, die uns sagen, ob

Eifersucht ertragen werden darf, sollte oder muß. Hier ist es nützlich, wachsam und eigenständig zu bleiben und vor allem jegliche Pauschalisierungen ("Eifersucht darf nicht ausgehalten werden!" bzw. "Eifersucht ist immer auszuhalten!") zurückzuweisen und aufzugeben. Sinnvoller, weil förderlicher ist die *Entwicklung differenzierter Kriterien*, die berücksichtigen, unter welchen Umständen ein Aushalten für einen selbst zweckmäßig und angemessen ist und unter welchen nicht (siehe als Anregung für solche Überlegungen z.B. die Erörterung der Bewältigungskriterien und -aufgaben, S. 94-103).

Die Praxis des Aushaltens ändern

Aushalten ist nur eine von mehreren Arten der Reaktion auf eigene oder fremde Eifersucht. Sie ist strenggenommen nichts anderes als eine bestimmte Form der Wahrnehmung und vor allem Bewertung dieser Eifersucht, die im Prinzip genauso wie die Wahrnehmung und Bewertung von Untreue gehandhabt wird und bewältigt werden kann (s.S. 162-86). Besonders ist nur die Diagnose, die zum Ergebnis "aushaltbar!" und damit zum Ende des Bewältigungsprozesses führt.

Dabei ist es sinnvoll, pauschale Vorurteile durch differenzierte Urteile zu ersetzen. Statt also einfach davon auszugehen, daß die betrachtete Eifersucht belästige, weil Eifersucht halt *immer* und womöglich *immer gleich belaste*, empfiehlt es sich, ganz genau hinzuschauen und die konkreten Störungen in jedem Einzelfall exakt zu prüfen. Und zwar unter ausdrücklichem Bezug auf die eigenen *Wünsche* und Interessen, auf die durch Aushalten erzielbaren *Gewinne* sowie auf die entstehenden *Kosten* und Verluste aller anderen Alternativen. Außerdem ist diese Einsicht dann natürlich auch wirklich konsequent zu realisieren.

Oft freilich wird ein Aushalten zumindest als einzige Bewältigungsstrategie weder sinnvoll noch möglich sein, einfach weil die Eifersucht viel zu belastend ist. Dann muß (auch) die Eifersucht selbst bzw. müssen ihre Voraussetzungen und ihr Kontext geändert werden.

Fazit

Selbst wenn Überwinden oder Reduzieren nicht gelingt, kann Eifersucht auf eine sehr schnelle, effektive und oft einfache Weise bewältigt werden: durch Aushalten. Dieses verlangt weitgehend die gleichen Vorbereitungen und Aktivitäten wie die beiden anderen Bewältigungswege. Nur der Fokus ist für die Eifersüchtigen selbst anders (die eigene Eifersucht statt der Untreue des Partners) und natürlich der Inhalt und das Ziel. Gegenreagierende halten immer schon aus, wenn sie zu dem Ergebnis "diese Eifersucht stört mich nicht!" kommen (und ihre Außenbeziehung fortsetzen). Aushalten können alle von Eifersucht Betroffenen und sich potentiell an ihr Störenden, also vor allem die Eifersüchtigen selbst, ihre Partner und ihre Rivalen. Die Bewältigungswirkung ist bei erfolgreichem Ertragen von Eifersucht immer sicher und direkt (siehe Tabelle 14).

Tabelle 14: Eifersuchtsbewältigung durch Aushalten der Eifersucht

Eher bewältigungshinderlich	*Eher bewältigungsförderlich* (siehe Text!)
***Theorie des Aushaltenkönnens*:**	
Eifersucht ist immer störend	Eifersucht kann stören, muß es aber nicht
Eifersucht belastet immer gleich	Eifersucht belastet ganz unterschiedlich
Eifersucht ist niemals aushaltbar	Eifersucht kann ausgehalten werden
Eifersucht muß ausgehalten werden	Eifersucht darf ausgehalten werden
***Praxis des Aushaltens*:**	
Diese Eifersucht stört mich	Diese Eifersucht stört mich nicht oder stört mich zwar, aber ...
Ich finde diese Eifersucht unerträglich	Diese Eifersucht finde ich aushaltbar
Ich ertrage diese Eifersucht nicht	Diese Eifersucht halte ich aus

Was tun?

Ich habe in diesem Buch gezeigt, was Eifersucht ist, wie sie verläuft, warum wir eifersüchtig werden und in welchen Varianten sie auftritt (im ersten Kapitel). Ich habe erörtert, ob und inwieweit Eifersucht bewältigt werden kann, ob sie überhaupt und wann sie ausgehalten, reduziert oder überwunden werden sollte, welches die Ziele von Eifersuchtsbewältigung sind, was zu tun und mit welchen Schwierigkeiten zu rechnen ist (im zweiten Kapitel). Ich habe besprochen, welche Kenntnisse, Einstellungen, Verhalten und Gewohnheiten der Vorbeugung gegen allzu heftige Eifersucht dienen können (im dritten Kapitel). Und ich habe dargelegt, wie Eifersüchtige und auf Eifersucht Reagierende ihre Wahrnehmungen, Abwägungen, Reaktionen und ihr Aushalten nicht nur der Untreue, sondern auch der Eifersucht verbessern können (im vierten Kapitel). Aber ich habe eine entscheidende Frage noch nicht behandelt: Wie können wir all diese schönen Einsichten und wohlfeilen Empfehlungen im Alltag in die Praxis umsetzen?

Das Problem des Lernenmüssens. Eifersucht hat sich als personales *und* relationales *und* gesellschaftliches Phänomen und Problem erwiesen, welches genetisch *und* kulturell verursacht ist. Ihre Bewältigung kann deshalb keine Privataufgabe einzelner sein. Konsequent betriebene Eifersuchtsbewältigung ist immer auch eine politische, d.h. eine familiäre, nachbarschaftliche und gesellschaftliche Aufgabe. Nicht nur wir selbst, unsere Partner und deren Außenpartner, auch unsere Angehörigen, Bekannten, Freunde, Lehrer, Kollegen, Pfarrer/Priester, Politiker, Journalisten usw. müßten ihre Auffassungen und Umgangsweisen ändern, um uns das Überwinden, Reduzieren oder Aushalten von Eifersucht zu ermöglichen oder zu erleichtern. Dazu aber müssen sie ihre individuellen Einstellungen und Gewohnheiten ändern, d.h. dazulernen oder umlernen - genauso wie wir selbst. So gesehen, bleibt Eifersuchtsbewältigung dann wieder eine persönliche Anforderung, allerdings eine für sehr viel mehr Personen als die direkt Beteiligten und Betroffenen.

Die Bewältigungstheorie klingt so leicht: Auffassungen ändern, Praxen ändern, Wahrnehmungen ändern, Abwägungen ändern ... Wer schon einmal versucht hat, eine Diät erfolgreich durchzustehen und in eine bessere Ernährungspraxis zu überführen, seine oder seines Partners Prüfungs-, Rede-, Auftritts-, Rendezvous-, Beziehungs- oder sonstigen Ängste und Schwierigkeiten zu überwinden bzw. wenigstens zu reduzieren oder sich selbst, den Partner, einen Nachbarn, Politiker, Unternehmer und/oder andere Geschäftsleute von der Zweckmäßigkeit und Realisierbarkeit konsequenter Müllvermeidung und Mülltrennung, eines Autoverzichts oder anderer, auch unbequemer Umweltschutzmaßnahmen zu überzeugen, der weiß, wie schwer solche eigentlich vernünftigen und einfach klingenden Änderungen uns selbst und anderen fallen können und um wieviel schwerer es ist, solche Veränderungen auf breiter gesellschaftlicher Ebene herbeizuführen.

Kenntnis-, Einstellungs-, Empfindungs- und Verhaltensänderungen fallen einem nicht in den Schoß. Wir müssen sie *lernen* und *üben* und wir müssen ggf. andere für unsere neuen Auffassungen und Praxen *gewinnen* und sie *überzeugen*, mitzumachen (siehe die Blockierungskraft eines kompromiß- und rücksichtslosen Partners). Wir können die Änderungen leider auch nicht delegieren, d.h. von anderen einstudieren lassen. Wir haben sie uns immer *selbst zu eigen* zu machen, egal wer und wieviele uns dabei trainieren und helfen. Und das kann uns immense Schwierigkeiten machen. Nicht nur Untreue oder Eifersucht kann also ein Problem sein, sondern genauso beider Bewältigung. Das bedeutet aber, daß wir es wiederum mit dem gleichen Muster aller solcher Prozesse zu tun haben, daß auch das unumgängliche *Erlernen* und *Anwenden* jedes einzelnen Bewältigungsmittels ein ähnlich komplexer und komplizierter Ablauf ist wie der Bewältigungsprozeß selbst. Deshalb gilt alles, was für das Verfahren der Eifersuchtsbewältigung (s.S. 103-14) und ihre Schwierigkeiten (s.S. 120-26) gesagt wurde, entsprechend auch für das Bewältigenlernen.

Zum Glück allerdings ist Eifersuchtsbewältigung für uns kein völliges Neuland. Keiner von uns bringt seinen Partner gleich um, nur weil er mal später nach Hause kommt oder sich mit anderen etwas intensiver unterhält. Viele fühlen sich zwar zunächst hilflos, verletzt, enttäuscht und traurig, wenn ihr Partner ihnen einen Seitensprung beichtet, geben deshalb aber nicht gleich die Beziehung auf und ihre eigene Lebenslust dazu. Sie können nach einer gewissen Zeit ihren Partner auch wieder so lieben wie vorher, vielleicht wird die Beziehung sogar intensiver und bewußter. Wir sollten uns dieses *relativ* erfolgreiche alltägliche Aushalten, Reduzieren und sogar Überwinden von Eifersucht immer wieder vor Augen führen, um uns klar zu machen, daß wir Eifersuchtsbewältigung niemals völlig neu lernen müssen - wie etwa eine exotische Sprache. Wir haben "nur" unsere bisherigen Bewältigungsversuche zu verbessern. Also beispielsweise unser Repertoire an Abwägungs- und Reaktionsweisen zu erweitern oder dafür zu sorgen, daß uns Überwinden, Aushalten oder Reduzieren nicht nur gelegentlich, sondern immer häufiger gelingt, zuletzt dann sogar in besonderen Streßsituationen. Außerdem mag es ganz nützlich sein, sich immer wieder mal zu vergegenwärtigen, daß z.B. ein gelegentlicher Seitensprung oder eine vorübergehende Eifersuchtserfahrung *meist* eher zu den kleineren Sorgen des Alltags zählt - verglichen mit den sehr viel existentielleren Problemen, die ein Großteil der Menschen tagtäglich zu bewältigen hat.

Wie können wir Eifersuchtsbewältigung lernen? Viele der unseren Alltag und damit auch unsere Eifersucht heute bestimmenden Kenntnisse, Einstellungen und Gewohnheiten haben wir in der Kindheit und als Jugendliche gelernt. Diejenigen, die uns das damals beibrachten und vormachten, können wir heute nur noch zum Teil und meist nur ganz pauschal identifizieren, also nicht konkret als Urheber einer bestimmten Einstellung oder Gewohnheit. Noch viel weniger können wir die damaligen Einflußnahmen nachträglich revidieren oder gar zurücknehmen bzw. zurückgeben, etwa indem wir die "Schuld" an der eigenen Eifersucht unserer Mutter, unserem Vater und/oder unseren mit uns rivalisierenden Geschwistern zuschieben. Abgesehen davon, daß die Zusammenhänge z.B. zwischen konkreten frühkindlichen Erfahrungen und "normaler" Eifersucht als Erwachsener nur recht lose und weitgehend offen sind[326]: Es ist nicht so wichtig herauszubekommen, wer uns wann und wie beeinflußt hat. Entscheidender ist, zu wissen, welche Kenntnisse und Einstellungen wir z.B. über Sexualität, Beziehungen, Treue, Untreue und Eifersucht haben (allgemein und im konkreten Fall), wie wir uns in diesen Bereichen verhalten, welche Empfindungen sie in uns auslösen usw. Also eine präzise Kenntnis und Beschreibung unserer *aktuellen* Situation und Befindlichkeit. Dabei helfen sicher auch Betrachtungen der eigenen Lebens- und Beziehungsgeschichten, aber nur innerhalb gewisser Grenzen und nicht allein.

Mit einer verbesserten und bewußteren Kenntnis unserer derzeitigen kulturellen Theorie und Praxis, die sich z.B. gut durch die Beantwortung der in diesem Buch in den Überschriften oder im Text gestellten Fragen erfassen läßt, haben wir aber nur die Basis, auf der wir umlernen können. Um bewältigen zu können, sind die eifersuchtsförderlichen der bisher vertretenen Auffassungen und Gepflogenheiten auch tatsächlich in Frage zu stellen und durch bewältigungsförderliche oder bewältigende zu ersetzen - und zwar bei sich selbst und in der Beziehung sowie in der Familie, Gemeinschaft und Gesellschaft. Dabei helfen genaues Nachdenken, der Zwang zu präziser Selbstbeobachtung ("Bin ich wirklich so eifersüchtig, wie ich immer denke?" "Was mache ich denn eigentlich, wenn ich eifersüchtig bin?" "Wie müßte ich empfinden und mich verhalten, wenn ich nicht mehr eifersüchtig bin?"), Gespräche mit anderen, das Einüben von Selbstinstruktionen, das Testen von Alternativen (z.B. durch Äußern dort ungewohnter Einstellungen in privaten, politischen oder beruflichen Gesprächsrunden oder durch das Ausprobieren von mehr körperlicher Zärtlichkeit im Umgang mit Eltern, Kindern oder Freunden), das gedankliche Durchspielen von Eifersuchtssituationen und ihren Lösungsmöglichkeiten und, nicht zu vergessen, das gesellschaftliche und politische Engagement.

Wer das Gefühl hat, damit allein nicht fertig zu werden, sollte sich um die Mithilfe anderer bemühen. Wer Eifersuchtsbewältigung zur allgemeinen partnerschaftlichen und gesellschaftlichen Konfliktbewältigung rechnet und deshalb auch als politische Aufgabe versteht, der muß es sogar. Dabei ist es anscheinend weniger bedeutend, wer hilft, sondern vor allem wichtig, daß überhaupt einer hilft, z.B. durch Zuhören, Fragen, Beobachten und diese Beobachtungen Mitteilen, oder durch Mitmachen. Wer eine individuelle psychologisch-therapeutische Vertiefung wünscht, kann den hier erörterten Ansatz der Eifersuchtsbewältigung mühelos im Rahmen einer Kognitiven oder Rational-Emotiven Verhaltenstherapie weiterführen.

Glossar

Abwägung: Die Einschätzung/Prüfung/Bewertung von Reizen, ggf. mit der Entscheidung von Reaktionen (s.S. 17 u. 33-37).

adaptiv: Auf Anpassung an die Gegebenheiten basierend bzw. anpassungsfähig.

Affekt: Synonym für Empfindung.

ausgedrückte Eifersucht: Eifersucht, die (im Gegensatz zur erlebten Eifersucht) in ihren Reaktionen auch Verhalten und/oder Handlungen enthält (s.S. 43f.).

Ausgangsbeziehung: Eine Beziehung/Partnerschaft, in der eine Außenbeziehung möglich ist und damit Eifersucht auftreten kann (s.S. 29f.).

Aushalten: Die Bewertung des Störungsgrades eines Sachverhalts/Ereignisses (z.B. von Untreue oder Eifersucht) als "erträglich/zumutbar" (s.S. 81).

Außenbeziehung [Untreue, Fremdgehen]: Eine Beziehung/Partnerschaft außerhalb einer Ausgangsbeziehung, die Eifersucht auslösen kann (s.S. 30ff.).

Bedingungen: Das Netz der direkten internen Ursachen einer Eigenschaft, eines Sachverhalts oder eines Ereignisses (s.S. 53f.).

Bedürfnis: Eines der angeborenen Erfordernisse, die erfüllt sein müssen, um überleben und somatisch wie psychisch gesund sein zu können (s.S. 19).

Begehren: Einer der kulturell geschaffenen Wünsche/Interessen, die erfüllt sein müssen, um zufrieden/glücklich sein zu können (s.S. 19).

begründete Eifersucht: Eifersucht, die durch eine wirklich realisierte Außenbeziehungen ausgelöst wurde (s.S. 66f.).

Bewältigen: Überwinden, Reduzieren und/oder Aushalten eines Problems (s.S. 76-79).

Bewältigungsmittel: Jede Aktivität beliebiger Art, die zum Überwinden, Reduzieren und/oder Aushalten eines Problems führt bzw. führen kann (s.S. 110f.).

Bewältigungsprozeß: Der Gesamtablauf einer Bewältigung (z.B. von Eifersucht) vom Auftreten der Schwierigkeit bis zur Lösung (s.S. 106).

biotische Ursachen: Die Ursachen, die auf genetische Faktoren und Wirkungen zurückzuführen sind (s.S. 57f.).

Effekt: Die durch eine Wirkung hervorgerufene Veränderung, d.h. die Differenz zwischen dem Zustand vor und nach der Wirkung eines Faktors (s.S. 51).

Eifersucht: Die Wahrnehmung einer Außenbeziehung eines Partners und ihre Bewertung als "störend/bedrohlich" für die Erfüllung(squalität) von Eifersuchtsmotiven, inklusive aller Reaktionen (s.S. 48f.).

Eifersuchtsmotiv: Ein Motiv, dessen unzureichende oder Nichterfüllung Eifersucht bewirken kann (s.S. 19f.).

Eifersuchtsoptimierung: Das Bemühen, seltener, klüger und verantwortbarer eifersüchtig zu werden bzw. zu sein (s.S. 93f. u. 162ff.).

Eifersuchtsprävention: Die Vorbeugung gegen nicht optimale Eifersucht (s.S. 127ff.).

Eifersuchtsprozeß: Der Gesamtablauf einer Eifersucht, von der Wahrnehmung der tatsächlichen oder vermeintlichen Außenbeziehung über die Abwägungen, Reaktionen und Gegenreaktionen bis zu seinem Ende (s.S. 17f. u. Tabelle 3, S. 50).

Einstellungen: Die Gesamtheit aller Normen und/oder Bewertungen.

Emotion: Der psychische Anteil einer Empfindung.

Emotionalisierung: Die Auslösung besonderer und intensiver Empfindungen und Verhalten, je nach Erwartung, Kompetenz und Kontrolle (s.S. 37ff.).

Empfindung [Affekt]: Komplexes psychisches und somatisches Erleben, das durch Gemütsbewegungen (Emotionen und Gefühle) und körperliche Aktivitäten (z.B. Drüsen- und Kreislaufveränderungen) gekennzeichnet ist.

Erkenntnisse [Kenntnisse]: Die Gesamtheit allen Wissens (Kenntnisse über Sachverhalte) und/oder Könnens (Kenntnisse über Verfahren/Fertigkeiten).

erlebte Eifersucht: Eifersucht, die nicht ausgedrückt wird, bei der die Reaktionen also nur aus Empfindungen, Einstellungen und/oder Erkenntnissen bestehen (s.S. 43f.).

Ethnie: Ein System aus einer Gesellschaft/Gruppe/Gemeinschaft und den in ihr vertretenen und praktizierten Kulturen, unabhängig von deren Größe und Homogenität.

Faktor: Etwas, was Wirkungen ausübt bzw. ausgeübt hat (s.S. 51).

Folgen: Die Gesamtheit der Wirkungen und Effekte eines Sachverhalts/Ereignisses (z.B. eines Gedankens oder Verhaltens).

Gefühl: Eine subjektiv erlebte und als solche wahrgenommene Emotion.

genetisch: In Vererbung bedingt, die Erbinformationen meinend/betreffend.

Genotyp: Die Gesamtheit der genetischen Informationen eines Organismus.

Handeln: Zielgerichtetes, zweckhaftes und bewußtes, d.h. kognitiv gesteuertes Verhalten.

Kognitionen: Die Gesamtheit aller Einstellungen und Erkenntnisse inklusive ihrer Entstehungsprozesse.

Kompetenz: Die Fähigkeit, eine Anforderung/Aufgabe lösen zu können (s.S. 37f.).

Kontext: Das Netz der indirekteren externen Ursachen einer Eigenschaft, eines Sachverhalts oder eines Ereignisses (s.S. 53ff.).

Kontrolle$_1$: Die Beherrschung einer Aufgabe/Anforderung (s.S. 37f.).

Kontrolle$_2$: Aufsicht/Überwachung/Prüfung.

Kultur: Die Gesamtheit aller nicht genetisch vermittelten, sondern erlernten oder erfundenen Kognitionen, Empfindungen, Verhalten und Handlungen und ihrer (z.B. materiellen) Folgen.

Kulturanthropologie: Der Teil einer umfassenden Wissenschaft des Menschen (Anthropologie), der sich vor allem mit der kulturellen Seite menschlicher Existenz befaßt.

kulturelle Praxis: Eine auf Lernen und/oder Erfinden basierende (also nicht ererbte) Praxis (s.S. 60).

kulturelle Theorie: Eine von anderen erlernte bzw. selber erfundene Theorie (s.S. 60).

kulturelle Ursachen: Die Ursachen, die auf kulturelle Faktoren und Wirkungen zurückzuführen sind.

Matriarchat: Synonym für Mutterrecht.

Monogamie [Einehe]: Eine Ehe zwischen zwei Personen.

Moral: Die Gesamtheit der Normen, die Kognitionen, Empfindungen und/oder Verhalten für den Schutz grundlegender Werte (und damit der diese bestimmenden Bedürfnisse und/oder Begehren) als "geeignet" oder "ungeeignet" erklären (s.S. 90).

Motiv: Ein kognitiv, affektiv und/oder verhaltenswirksames (-steuerndes) Bedürfnis und/oder Begehren (s.S. 19f.).

Motivation: Die situationsspezifische Auswahl und Wirksammachung von Motiven (s.S. 19f.).

Mutterrecht: Eine (in ihrer Existenz umstrittene) Gesellschaftsordnung, in der offiziell die Frau die bevorzugte politische und rechtliche Stellung innehat und in der die Erbfolge und die gesellschaftliche Stellung der weiblichen Linie folgen.

negative Emotionalisierung: Die Auslösung negativ erlebter Empfindungen und Verhalten sowie von Streß aufgrund nicht erfüllter Erwartungen und besonders niedriger Kompetenz und Kontrolle (s.S. 37ff.).

Norm: Regel/Vorschrift/Soll-Anweisung.

Ontogenese: Die Entwicklung/Geschichte eines Individums, z.B. einer Person.

personal: Auf eine Person bezogen, diese meinend/betreffend.

personale Kultur: Die Gesamtheit der kulturellen Theorien und Praxen einer Person.

Phylogenese [Stammesgeschichte]: Die Entwicklung/Geschichte einer Art/Spezies, z.B. des Menschen.

Polyandrie: Eine Ehe zwischen einer Frau und mehreren Männern.

Polygamie [Mehrehe, Vielehe]: Eine Ehe zwischen mehr als zwei Personen.

Polygynie: Eine Ehe zwischen einem Mann und mehreren Frauen.

positive Emotionalisierung: Die Auslösung positiv erlebter ("beflügelnder") Empfindungen und Verhalten aufgrund übertroffener Erwartungen und besonders hoher Kompetenz und Kontrolle (s.S. 37ff.).

präventive Eifersucht: Eifersucht, bevor es überhaupt zu einer Außenbeziehungen kam oder kommen konnte (s.S. 67).

Praxis: Die (immer theoriegesteuerte) Durchführung/Realisierung von Kognitionen, Empfindungen, Einstellungen, Verhalten und/oder Handlungen.

Problem [Schwierigkeit]: Störende Differenz zwischen einem erwünschten und dem momentan gegebenen Zustand (s.S. 106).

Problemlösungsprozeß: Der Gesamtablauf einer Problemlösung vom Auftreten der Schwierigkeit bis zu ihrer Lösung (s.S. 106 u. Tabelle 7, S. 108).

Psyche: Die Gesamtheit aller Aktivitäten des Gehirns, d.h. aller Erkenntnisse, Einstellungen und Emotionen.

Reaktion: Die immer durch Wahrnehmungen und Abwägungen vermittelte kognitive, affektive, somatische und/oder Verhaltensantwort auf einen Reiz.

Reduzieren: Das Verändern einer Reaktion, so daß diese einen selbst und/oder andere nicht mehr (so sehr) stört (s.S. 80f.).

Reiz-Wahrnehmungs-Abwägungs-Reaktions-Schema: Das Grundmuster aller psychisch gesteuerten Prozesse, die durch die Wahrnehmung von Reizen ausgelöst werden und über Abwägungen zu Reaktionen führen (s.S. 17f.).

Reiz: Etwas, was wahrgenommen wird und ggf. Abwägungen und Reaktionen auslöst (s.S. 17).

relational: Auf eine Beziehung/Partnerschaft bezogen, diese meinend/betreffend.

relationale Kultur: Die Gesamtheit der kulturellen Theorien und Praxen eines Paares, einer Beziehung/Partnerschaft.

SCCS [Standard Cross-Cultural Sample]: Eine laufend erweiterte Sammlung verkodeter Informationen zu über 1100 Merkmalen für 186 global ausgewählte Ethnien.

Sexualität: Die Gesamtheit aller mit Geschlechtsverkehr [Sex] und/oder Liebe zusammenhängenden oder auf diese bezogenen Erkenntnisse, Einstellungen, Empfindungen, somatischen Aktivitäten, Verhalten und Handlungen (s.S. 32).

sexuelle Eifersucht: Die Wahrnehmung einer sexuellen Außenbeziehung eines Partners und ihre Bewertung als "störend/bedrohlich" für die Erfüllung(squalität) von Eifersuchtsmotiven, inklusive möglicher Reaktionen (s.S. 68ff.).

situative Ursachen: Die Ursachen, die auf Merkmale der jeweiligen Situation zurückzuführen sind.

somatische Aktivitäten: Alle internen körperlichen Aktivitäten, die keine psychischen sind oder über diese hinausgehen.

sozial: Auf eine Gesellschaft/Gruppe/Gemeinschaft bezogen, diese meinend/betreffend.

soziale Kultur: Die Gesamtheit der kulturellen Theorien und Praxen einer Gruppe/ Gesellschaft/Gemeinschaft.

Soziogenese: Die Entwicklung/Geschichte einer Gruppe/Gesellschaft/Gemeinschaft.

soziokulturell: Adjektivisches Synoym für soziale Kultur.

Theorie: Eine die Wirklichkeit kognitiv erfassende, systematisierende und hantierbar machende Kombination von Erkenntnissen und/oder Einstellungen.

Überwinden: Die Bewertung eines in anderen Zusammenhängen oder früher störenden Sachverhalts/Ereignisses (z.B. von Untreue oder Eifersucht) als "nicht (mehr) störend" (s.S. 79f.).

unbegründete Eifersucht: Eifersucht, die durch zwar unterstellte, tatsächlich aber gar nicht existierende Außenbeziehungen ausgelöst wurde (s.S. 66f.).

universal: Weltweit, allgemein.

Ursache: Die Gesamtheit aller Faktoren und Wirkungen, die zu einem bestimmten Zustand/Sachverhalt/Ereignis führ(t)en (s.S. 51ff.).

Verhalten: Alle außenbezogenen körperlichen Aktivitäten eines Menschen, die keine psychischen Aktivitäten sind oder über diese hinausgehen.

Voraussetzungen: Das Netz der direkteren externen Ursachen einer Eigenschaft, eines Sachverhalts oder eines Ereignisses (s.S. 53f.).

Wirkung: Eine beliebige Verknüpfung zwischen Eigenschaften, Sachverhalten oder Ereignissen, die bei mindestens einer/einem zu einer Veränderung führt (s.S. 51).

Anmerkungen

(Alle Übersetzungen sind vom Autor.)

1 © Punch; hier nach Süddeutsche Zeitung #156, S. VIII (Jahrgang unbekannt).
2 Tiel & Baumann 1982:365.
3 Borneman 1978, Band I:267.
4 Lauster 1980:145.
5 Dies leistet das ausgezeichnete Buch von White und Mullen (1989); s.a. Clanton & Smith (Hg.) 1977 und Salovey (Hg.) 1991.
6 Siehe z.B. Ember & Ember 1985, Greenwood & Stini 1977, Keesing 1981, Miller & Weitz 1979 oder Vivelo 1978.
7 Die dabei zugrundegelegte allgemeine "Theorie der Welt" ist *naturalistisch* (siehe Bunge 1977 und 1979, Rudolph & Tschohl 1977 oder zusammenfassend Bruck 1990:33-37), die verwendete allgemeine Erkenntnistheorie *realistisch* (siehe Bunge 1983*a*, 1983*b*, 1983*c* und 1985 oder zusammenfassend Bruck 1990:37ff.).
8 Bruck 1990.
9 Zum Verfahren: Bruck 1990:72-104 und Bruck 1987.
10 Siehe dazu Bruck 1990:87-93.
11 Parrott 1991:15.
12 Baumgart 1985:36.
13 Brooks & Hofer 1976:137.
14 Freud 1940:195.
15 Fromm 1980:32f.
16 Framo 1975:85.
17 Bernardez-Bonesatti 1975:67.
18 Grold 1972:118.
19 Zschocke & Clasen-Holzberg 1988:110.
20 Bringle & Evenbeck 1979:201.
21 Hupka 1981:313.
22 White 1980:222.
23 Hoaken 1976:47.
24 Ruthe 1976:9ff.
25 Daly *u.a.* 1982:11f.
26 Bernard 1977:145.
27 Constantine 1976:385,391; White & Mullen 1989:1; Bringle 1991:126.
28 Ammon 1984; Margolin 1981.
29 Borneman 1978, Band I:267.
30 Ard 1989:170,173.
31 Shostak 1982:130f.
32 Siehe z.B. Bernardez-Bonesatti 1975:67, Pao 1982:128, Clanton 1981:260, Bringle & Evenbeck 1979:201, Bringle & Buunk 1985:242.
33 Siehe z.B. Bringle & Evenbeck 1979:201, Buunk *u.a.* 1984:2 oder Hupka 1981:313.
34 Die allgemeine Theorie basiert auf Bruck 1985:90, Bunge 1989:34f., Dörner 1985*a*, 1985*b* und Stäudel 1985; siehe auch Schneider & Scherer 1987.
35 Siehe Blothner 1986.
36 Siehe White 1991:244f.
37 Gesell 1906:462.
38 Hanks & Richardson 1966:26.
39 Goldfrank 1966:49.
40 Blackwood 1935:97f.
41 Hupka 1981:333; für Frauen keine ausreichenden Daten vorhanden.
42 Schlegel 1972:23.
43 Matthäus 5,28.
44 Baumgart 1985:157.
45 Siehe z.B. Mazur 1977:187.
46 Benard & Schlaffer 1985:25.
47 Bergler 1939:389f.; im Original gesperrt.
48 Fisch 1971:7.
49 Siehe z.B. White & Mullen 1989:66-99 oder Clanton 1989:189-191.
50 Parrott 1991:17.
51 Hayes 1975.
52 Denfeld 1974.
53 Mummendey & Schreiber 1983:196.
54 Clanton & Smith (Hg.) 1977:212.
55 Grold 1972:118.
56 Ottenberg 1971:14f.
57 Goldman 1963:169.
58 Siehe z.B. Messenger 1969:110f. zur Situation in Inis Beag, Irland.
59 Siehe z.B. Holmberg 1950:49f. zu den Sirionó [Mbia] in Ost-Bolivien.
60 Siehe z.B. Dillier 1983:260 oder Mazur 1977:187.
61 Daly *u.a.* 1982:11f.
62 Plack 1979:111.
63 Siehe z.B. Hoaken 1976:47, Mazur 1977:187 oder Ruthe 1976:73.
64 Siehe Hupka 1981:339, Clanton & Smith (Hg.) 1977:214f.
65 Baumgart 1985:48.
66 Hupka 1981:324.
67 Hupka & Ryan 1981:24.
68 Baumgart 1985:287.

69 So in einem Fall bei den Blackfoot, Nordamerika (Schultz 1980:231).
70 Siehe Grold 1972:122.
71 Siehe z.B. Gilmartin 1977:155.
72 Watson 1973:154.
73 Baumgart 1985:75.
74 Siehe z.B. Hupka 1981:321, Walster & Walster 1977:99, Mathes 1991.
75 Vgl. Fisher *u.a.* 1990.
76 Nach Lazarus; siehe z.B. Mathes 1991.
77 Körner 1979:32; Kommentar von mir.
78 Buddeberg 1986:127.
79 Buddeberg 1986:122; Hervorh. von mir.
80 Siehe Brandtstädter 1985, Dörner 1985*a*, 1985*b*, Fuchs 1985 und Stäudel 1985.
81 Siehe z.B. Hupka 1991:255, Meade 1975:39, Walster & Walster 1977:92 oder Bringle & Williams 1979:266.
82 Hupka 1981:342.
83 Bringle & Williams 1979:266.
84 Lewicki 1989:147f.
85 Siehe Hupka 1981:319.
86 White & Mullen 1989:40.
87 Eichner & Steffenhagen 1978:32; hier ohne die Hervorhebungen.
88 Gilmartin 1977:153.
89 Boyer & Boyer 1972:49.
90 Goldfrank 1966:49.
91 Hulstaert 1938:322f.
92 Karsten 1932/IV:63.
93 Neue Westfälische #34, 10.2.1992.
94 Süddeutsche Zeitung #133, 11.6.1988:25.
95 Neue Revue #33, 19.9.1986.
96 Siehe White & Mullen 1989:218-246.
97 Masumara 1979:57.
98 Stearns 1989:161.
99 Mullen & Maack 1985:120-23.
100 Ottenberg 1980:149f.
101 Eichner & Steffenhagen 1978:33.
102 Siehe Buunk 1986:99.
103 Bundesminister der Justiz 1979:27f.
104 Spiegel #47/1991:74.
105 Frayser 1985; *World Cultures*, Code 965.
106 Siehe White & Mullen 1989:218f.
107 Siehe Baumgart 1985:325.
108 Willi 1975:129[-133].
109 Hammerstein & Bierhoff 1987:49.
110 White & Mullen 1989:45-54 und 151-160.
111 Vgl. Vester 1991:186ff.
112 Fallbericht G. Winterhalder.
113 Fallbericht G. Winterhalder.
114 Müller-Luckmann 1985:448.
115 Field 1970:126.
116 Chagnon 1967:8.
117 Siehe z.B. Gilmartin 1977:153-57 oder Müller-Luckmann 1985:448.
118 Stycos 1955:215.
119 Fuchs 1989:270.
120 Buddeberg 1986:122.
121 Siehe Schlesier 1983:77f.
122 Z.B. Krüger 1987:9.
123 Kabbadias 1965:142.
124 Long 1904[II]:130.
125 Karsten 1935:222.
126 Baumgart 1985:191; s.a. Freud 1940.
127 Shrestha *u.a.* 1985.
128 Stewart & Beatty 1985.
129 Hansen 1982.
130 Borneman 1979:22.
131 Freud 1940:196.
132 De Moja 1988.
133 Elwin 1968:217.
134 Bernard 1971:209.
135 Adams 1980:72.
136 Gilmartin 1977:158.
137 Symons 1979:226.
138 Vgl. auch Rudolph & Tschohl 1977.
139 Nimuendajú 1946:119.
140 Safilios-Rothschild 1969:78f.
141 Siehe Daly *u.a.* 1982 oder Symons 1979:223-46.
142 Symons 1979:306f.; siehe z.B. auch Hupka 1991:256-61.
143 Siehe z.B. Rudolph & Tschohl 1977.
144 Vogel & Voland 1986:74.
145 Voland & Winkler 1990:37.
146 Siehe White & Mullen 1989:58-75.
147 Rudolph & Tschohl 1977:236; siehe z.B. auch Ford & Beach 1951, Frayser 1985 oder Symons 1979.
148 Rudolph & Tschohl 1977:236.
149 Siehe Tschohl 1987.
150 Goldfrank 1966:50.
151 Siehe z.B. Hulstaert 1938:322f.
152 Siehe z.B. Rudolph & Tschohl 1977:222ff.
153 So z.B. Hupka 1981:329ff.
154 Goodwin 1942:341.
155 Siehe Ford & Beach 1968:133.
156 Institut für Demoskopie Allensbach 1986, Tabelle T5; BRD mit West-Berlin.
157 Buddeberg 1986:127.
158 Parrott 1991:17.
159 Siehe Pogorzelski-Örtli 1988.
160 Vgl. Vester 1991:42.

161 Baumgart 1985:36.
162 Siehe z.B. Betzig 1989 (Scheidungen), Levinson 1989 (Gewalt) oder Hupka 1991:258f. (Tötungen).
163 Holmberg 1950:49f.
164 Siehe z.B. Coen 1987, Freud 1940, Pao 1982, Pierloot 1988, Schneemann 1983 und 1989, Schurrmann 1983, Turbott 1981 oder White & Mullen 1989:173-217.
165 Nach White & Mullen 1989:205-217.
166 Nach White & Mullen 1989:187-194.
167 Tölle 1991.
168 Nach White & Mullen 1989:197-204, vor allem 200.
169 Chapelle 1957:285.
170 Albert 1963:193.
171 Karsten 1935:222.
172 Kroeber 1902-07:13.
173 O'Nell & Selby 1968:99.
174 Hupka 1981:344ff.
175 Siehe White & Mullen 1989:126-133.
176 Siehe z.B. Baumgart 1985, Beecher & Beecher 1972, Beer 1987, Borneman 1986, Clanton & Smith (Hg.) 1977, Körner (Hg.) 1979, Krüger 1987, Merkle 1989, Pflüger (Hg.) 1982, Ruthe 1984, Rush 1973:210-25 oder Wolf 1985.
177 Mainzer 1981:209.
178 Borneman 1979:23f.
179 Borneman 1986:8.
180 Lewicki 1989:150.
181 W. Krüger, zitiert in Neue Westfälische #3, 4.1.1992.
182 Harris 1991:217f.
183 Harris 1991:159f.
184 Harris 1991:170; nach Shanor 1978.
185 Rush 1973:212.
186 Siehe Baumgart 1985:218.
187 Symons 1979:228.
188 Bancroft 1985:143.
189 Corzine 1974:121ff.
190 Clanton 1981:267.
191 Spielman 1971:74.
192 Seeman 1979:357f.
193 Constantine 1977:191f.
194 Wagner 1976:269, zitiert in Pines & Aronson 1983:133.
195 Bernard 1971:209.
196 Clanton & Smith (Hg.) 1977:113.
197 Kabbadias 1965:142.
198 Ember & Ember 1985:308f.
199 Nach Bunge 1989 und Bruck 1985.
200 Nach Bunge 1989; siehe auch die div. Menschen- und Grundrechtsdeklarationen.
201 «Enjoy life and help live»; Bunge 1989:104f.
202 Ford & Beach 1968:133.
203 Siehe die Beiträge Nr. 87, 91, 92 in Völger (Hg.) 1981 oder Douglas (Hg.) 1987.
204 Ford & Beach 1968:133.
205 Hammerstein & Bierhoff 1987:49f.
206 SCCS, *World Cultures* Code 621; siehe Whyte 1978.
207 SCCS, *World Cultures* Codes 170 und 171; siehe Broude & Greene 1976.
208 SCCS, *World Cultures* Code 169; siehe Broude & Greene 1976.
209 SCCS, *World Cultures* Code 597; siehe Whyte 1978.
210 Kennedy 1955:T.
211 © Erich Rauschenbach (Original vom Autor).
212 Siehe White 1991:246f.
213 Hammerstein & Bierhoff 1987:44.
214 Clanton 1989:187; siehe ausführlich Stearns 1989.
215 Siehe Bruck 1988*a*, 1988*b*.
216 Clanton 1981:269.
217 Siehe z.B. Brander *u.a.* 1989, Dörner 1976, Hawton & Kirk 1989.
218 Wehowsky 1991:145.
219 Plack 1979:106.
220 Borneman 1979:17; Hervorh. von mir.
221 Lauster 1980:145.
222 Mainzer 1981:208f.; Hervorh. von mir.
223 Ammon 1984:461; Hervorhebung von mir.
224 O'Neill & O'Neill 1975:132; Hervorhebungen von mir.
225 Siehe z.B. Ford & Beach 1968:120f. oder Frayser 1985:102ff.
226 Siehe Malinowski 1983:271.
227 Siehe Daly *u.a.* 1982:20ff.
228 Siehe Rivers 1906:529f. (Anmerkung 1!).
229 Siehe z.B. Mirsky 1937.
230 Siehe Knauft 1987:477.
231 Powdermaker 1933:248,251.
232 Maquet 1961:86.
233 Levine 1962:39ff.
234 Pinta 1978.
235 SCCS, *World Cultures* Code 1136; siehe Betzig 1989.
236 Siehe z.B. Cosmopolitan 1989.
237 Hupka & Ryan 1981:8.
238 Lindholm & Lindholm 1985:233.

239 Lowie 1917:47.
240 Gorer 1938:170.
241 Silva 1962:380.
242 Jenks 1985:520.
243 Marshall 1971:159.
244 Gilmartin 1977:152-5.
245 Der Spiegel #42/1991:95-99.
246 Kommission der Evangelischen Kirche in Deutschland 1971:152.
247 Clanton 1989:189; Anmerkung von mir.
248 Siehe zusammenfassend White & Mullen 1989:96-99 und Clanton 1989:189-91.
249 Baumgart 1985:53.
250 Freud 1940:197f. für besonders schwere Fälle sexueller Eifersucht von Männern; Fenichel 1983:91, Jones 1930:186ff. oder Spielman 1971:73 auch verallgemeinernd.
251 Borneman 1978, Band I:269.
252 Baumgart 1985:339.
253 Siehe Baumgart 1985:53.
254 Hagen 1986:119.
255 H. Zuber, zitiert in Buddeberg 1986:121.
256 Siehe z.B. Lee 1977.
257 Siehe z.B. Becker-Kolle 1990.
258 Gorer 1938:169.
259 Willy 1968:84.
260 U. Beck in Spiegel #47/1991:80.
261 Siehe Schelp *u.a.* 1990:87.
262 Schelp *u.a.* 1990:88.
263 T. Winkler für Kirchenamt der EKD in Schreiben an mich vom 7.12.1988.
264 Nach M. Buß; Spiegel #50/1991:262.
265 Schneemann 1983:45.
266 ARD-Talkshow "Veranda", Juni 1991.
267 Albert 1963:193.
268 Baumgart 1985:79.
269 Steward *u.a.* 1956:293.
270 Little 1951:154 & 166.
271 Siehe z.B. Willi 1975:133f.
272 Powdermaker 1933:251.
273 Safilios-Rothschild 1969:78f.
274 Safilios-Rothschild 1969:78f.
275 W. Krüger (siehe Krüger 1987), zitiert in: Neue Westfälische #3, 4.1.1992.
276 Freilich 1961:962.
277 Schapera 1941:201.
278 Schapera 1941:206f.
279 © Erich Rauschenbach (Original vom Autor).
280 Kröger 1978:285.
281 Zusammengestellt nach Rattray 1929:305-308 & 317-323.
282 Siehe ausführlicher Bruck 1990:216-224.
283 Bennett & Zingg 1935:230 und 361.
284 Willy 1968:78.
285 Gilmartin 1977:153-57.
286 Henry 1941:36.
287 Siehe Jochelson 1908:755.
288 Siehe Mirsky 1937:62.
289 Schapera 1930:252.
290 Siehe Carneiro 1956/58.
291 Siehe Pines & Aronson 1981:374ff.
292 Freilich 1961:962.
293 Bernard 1974:156.
294 Henry 1941:22-33.
295 Siehe z.B. White & Mullen 1989:112f.,120.
296 Buddeberg 1986:124.
297 Siehe Hansen 1985:266.
298 Wegener 1989:458.
299 Institut für Demoskopie Allensbach 1986, Tabelle T5.
300 Danielsson 1956:138.
301 SCCS, *World Cultures* Code 864; D.R. White.
302 Institut für Demoskopie Allensbach 1987/88: Tabelle A 10.
303 Haug-Schnabel & Bensel 1990:34.
304 Siehe Bruck 1990:226-29.
305 Messer 1979:260f.
306 Gregor 1974:336f.
307 Watson 1973:160.
308 Siehe z.B. Blood & Blood 1977 oder Constantine 1976.
309 Denfeld 1974:263f.
310 Safilios-Rothschild 1969:78f.
311 Albert 1963:193.
312 Schlesier 1983:77f.
313 Fawcett 1886-89:231.
314 Kroeber 1902/07:13.
315 Hogbin 1945:344.
316 Forde & Jones (Hg.) 1962:18.
317 Siehe z.B. Salovey & Rodin 1988:27-31.
318 Berndt 1976:33.
319 Fuchs 1989:321.
320 Siehe Hawton *u.a.* 1989, darin z.B. Fennell 1989:210-234.
321 Siehe z.B. Gordon 1980, Gordon 1989, Schwäbisch & Siems 1974.
322 Siehe Hammerstein & Bierhoff 1987:50.
323 Siehe z.B. Holst & Scherer 1987:129.
324 Zschocke & Clasen-Holzberg 1988:112.
325 Siehe z.B. Clanton 1989 oder Stearns 1989.
326 Siehe z.B. White & Mullen 1989: 76-95 oder Clanton & Kosins 1991.

Literatur

Adams, V. (1980). Eifersucht: Das angekratzte Selbstbild. *Psychologie heute*, *7*(12), 62-72.

Albert, E.M. (1963). Women of Burundi: A study of social values. In D. Paulme (Hg.), *Women in tropical Africa* (S. 179-215). London: Routledge and Kegan Paul.

Ammon, G. (1984). Eifersucht. *Dynamische Psychiatrie*, *17*(5-6), 456-467.

Ard, B.N., Jr. (1989). *Solving sexual problems in the 1990s*. New York: Peter Lang.

Bancroft, J. (1985 [1983]). *Grundlagen und Probleme menschlicher Sexualität*. Stuttgart: Enke.

Baumgart, H. (1985). *Eifersucht*. Reinbek: Rowohlt.

Becker-Kolle, C. (1990). Warum denn nur einen lieben? *Psychologie heute special: Frauen*, *3*, 62-65.

Beecher, M. & Beecher, W. (1972 [1971]). *Besser leben ohne Neid und Eifersucht*. Genf: Ariston.

Beer, U. (1987 [1986]). *Achtung Eifersucht!* München: Heyne.

Benard, C. & Schlaffer, E. (1985). Eifersucht: Das Leiden, das uns schafft. *Psychologie heute*, *3*(12), 20f.

Bennett, W.C. & Zingg, R.M. (1935). *The Tarahumara*. Chicago: University.

Bergler, E. (1939). Beiträge zur Psychologie der Eifersucht. *Intern. Z. für Psychoanalyse*, *15*, 384-397.

Bernard, J. (1971). Jealousy in marriage. *Medical Aspects of Human Sexuality*, *5*, 200-215.

— (1977 [1971]). Jealousy and marriage. In Clanton & Smith (Hg.), S. 141-150.

Bernardez-Bonesatti, T. (1975). Brief guide to office counseling: Jealousy. *Medical Aspects of Human Sexuality*, *9*, 67-68.

Berndt, R.M. (1976). *Love songs of Arnhem land*. Chicago: University.

Betzig, L. (1989). Causes of conjugal dissolution. *Current Anthropology*, *30*(5), 654-676.

Blackwood, B. (1935). *Both sides of Buka passage*. Oxford: Clarendon.

Blood, R. & Blood, M. (1977). Jealousy workshops. In Clanton & Smith (Hg.), S. 199-207.

Blothner, D. (1986). Über das Flirtspiel. *Zwischenschritte*, *2*, 59-71.

Borneman, E. (1979). Zur Genealogie der Eifersucht. In Körner (Hg.), S. 15-24.

— (1986). *Die neue Eifersucht*. München: Heyne.

— (Hg.) (1978). *Lexikon der Liebe*. Frankfurt/Main: Ullstein.

Boyer, L.B. & Boyer, R.M. (1972). Effects of acculturation on the vicissitudes of the aggressive drive among the Apaches of the Mescalero Indian reserv. In W. Muensterberger & A. Esman (Hg.), *The psychoanalytic study of society* (S. 40-82). New York: International Universities.

Brander, S., Kompa, A. & Peltzer, U. (1989 [1985]). *Denken und Problemlösen: Einführung in die kognitive Psychologie*. Opladen: Westdeutscher Verlag.

Brandtstädter, J. (1985). Emotion, Kognition, Handlung. In L.H. Eckensberger & E.-D. Lantermann (Hg.), *Emotion und Reflexivität* (S. 252-264). München: Urban und Schwarzenberg.

Bringle, R.G. (1991). Psychosocial aspects of jealousy. In Salovey (Hg.), S. 103-131.

— & Buunk, B. (1985). Jealousy and social behavior. In P. Shaver, *Review of personality and social psychology* (S. 241-264). Beverly Hills: SAGE.

— & Evenbeck, S. (1979). The study of jealousy as a dispositional characteristic. In M. Cook & G. Wilson (Hg.), *Love and attraction* (S. 201-204). Oxford: Pergamon.

— & Williams, L.J. (1979). Parental-Offspring similarity on jealousy and related personality dimensions. *Motivation and Emotion*, *3*, 265-286.

Brooks, J. & Hofer, H.C. (1976). *Sexual nomenclature: A thesaurus*. Boston.

Broude, G.J. & Greene, S.J. (1976). Cross-Cultural codes on twenty sexual attitudes and practices. *Ethnology*, *15*, 409-429.

Bruck, A. (1985). *Funktionalität beim Menschen*. Frankfurt/Main: Peter Lang.

— (1987). Theorien und Theoriebilden in der Kulturanthropologie. In S. Künsting, A. Bruck & P. Tschohl (Hg.), *Mit Theorien arbeiten* (S. 11-59). Münster: Lit.

— (1988*a*). Kulturenvergleich zur Kulturkritik. In I.-M. Greverus *u.a.* (Hg.), *Kulturkontakt - Kulturkonflikt* (Band 2, S. 411-420). Frankfurt/Main: Institut für Kulturanthropologie.

— (1988*b*). Pragmatischer Kulturenvergleich. In P.E. Stüben (Hg.), *Die neuen "Wilden"* (S. 191-197). Gießen: Focus.

Bruck, A. (1990). *Sexuelle Eifersucht*. Opladen: Westdeutscher Verlag.

Buddeberg, C. (1986). Paardynamik der Eifersucht. *Sexualmedizin, 15*, 121-127.

Bundesminister der Justiz (1979). *Ehe- und Familienrecht*. Bonn: Bundesministerium der Justiz.

Bunge, M. (1977). *Treatise on basic philosophy*: Band 3. *Ontology 1: The furniture of the world*. Dordrecht: Reidel.

— (1979). *Treatise on Basic Philosophy*: Band 4. *Ontology 2: A world of systems*. Dordrecht: Reidel.

— (1983*a* [1980]). *Epistemologie: Aktuelle Fragen der Wissenschaftstheorie*. Mannheim: Bibliographisches Institut.

— (1983*b*). *Treatise on basic philosophy*: Band 5. *Epistemology and methodology 1: Exploring the world*. Dordrecht: Reidel.

— (1983*c*). *Treatise on basic philosophy*: Band 6. *Epistemology and methodology 2: Understanding the world*. Dordrecht: Reidel.

— (1985). *Treatise on basic philosophy*: Band 7.2. *Epistemology and methodology 3.2: Philosophy of the life and social sciences and of technology*. Dordrecht: Reidel.

— (1989). *Treatise on Basic Philosophy*: Band 8. *Ethics: The good and the right*. Dordrecht: Reidel.

Buunk, B. (1986). Husbands' jealousy. In R.A. Lewis & R.E. Salt (Hg.), *Men in families* (S. 97-114). Beverly Hills: Sage.

—, Bringle, B. & Arends, H. (1984). Jealousy: A response to threatened self concept? [Beitrag zur Conference on Self and Identity]. Cardiff.

Carneiro, R.L. (1956/58). Extra-marital sex freedom among the Kuikuru Indians of Mato Grosso. *Revista do Museu Paulista (NS), 10*, 135-142.

Chagnon, N.A. (1967 [1966]). *Yanomamö warfare, social organization and marriage alliances*. Dissertation, University of Michigan.

Chapelle, J. (1957). *Nomades noirs du Sahara*. Paris.

Clanton, G. (1981). Frontiers of jealousy research. *Alternative Lifestyles, 4*, 259-273.

— (1989). Jealousy in American culture 1945-1985: Reflections from popular literature. In D.D. Franks & E.D. McCarthy (Hg.), *The sociology of emotions* (S. 179-193). Greenwich: JAI Press.

— & Kosins, D.J. (1991). Developmental correlates of jealousy. In Salovey (Hg.), S. 132-147.

— & Smith, L.G. (1977). Eifersucht. *Psychologie heute, 4*(11), 14-19.

— & Smith, L.G. (Hg.) (1977). *Jealousy*. Englewood Cliffs: Spectrum. (Neuausgabe 1986, Lanham: University Press of America.)

Coen, S.J. (1987). Pathological jealousy. *International Journal of Psycho-Analysis, 68*(1), 99-108.

Constantine, L.L. (1976). Jealousy: From theory to intervention. In D.H. Olson (Hg.), *Treating relationships* (S. 383-398). Lakeview: Graphics.

— (1977 [1976]). Jealousy: Techniques for intervention. In Clanton & Smith (Hg.), S. 190-198.

Corzine, L.W. (1974). *The phenomenon of jealousy: A theoretical and empirical analysis*. Dissertation, United States International University.

[Cosmopolitan] (1989). Cosmo-Special: So macht Seitensprung Spaß. *Cosmopolitan, 5*, 75-102, 192.

Daly, M., Wilson, M. & Weghorst, S. (1982). Male sexual jealousy. *Ethology and Sociobiology, 3*, 11-27.

Danielsson, B. (1956 [1954]). *Love in the South Seas*. London.

De Moja, C.A. (1988). Jealousy in South-Italian married couples. *Psychological Reports, 62*(2), 677-678.

Denfeld, D. (1974). Dropouts from swinging: The marriage counselor as informant. In J.R. Smith & L.S. Smith (Hg.), *Beyond monogamy* (S. 260-267). Baltimore: John Hopkins University.

Dillier, S. (1983). Eifersucht und Persönlichkeitsentwicklung. *Psychol. Menschenkenntnis, 19*, 257-263.

Dörner, D. (1976). *Problemlösen als Informationsverarbeitung*. Stuttgart: Kohlhammer.

— (1985*a*). Verhalten und Handeln. In D. Dörner & H. Selg (Hg.), *Psychologie* (S. 73-86). Stuttgart: Kohlhammer.

— (1985*b*). Verhalten, Denken und Emotionen. In L.H. Eckensberger & H.-D. Lantermann (Hg.), *Emotion und Reflexivität* (S. 157-181). München: Urban und Schwarzenberg.

Douglas, M. (Hg.) (1987). *Constructive drinking*. Cambridge: University.

[Eichner, K. & Steffenhagen, K.] (1978). Eifersucht. *Warum!* (Sonderteil 31, April), S. 27-34.

Elwin, V. (1968). *The kingdom of the young*. London: Oxford University.

Ember, C.R. & Ember, M. (1985). *Anthropology* (4. Auflage). Englewood Cliffs: Prentice-Hall.
Fawcett, F. (1886-89). On the Saoras. *Journal of the Anthropological Society of Bombay, 1*, 206-272.
Fenichel, O. (1983). *Psychoanalytische Neurosenlehre.* Berlin: Ullstein.
Fennell, M. (1989). Depression. In Hawton *u.a.*, S. 169-234.
Field, M.J. (1970). *Search for security: An ethnopsychiatric study of rural Ghana.* New York: Norton.
Fisch, M. (1971). *Sexualität und Eifersucht.* Frankfurt/Main: Gemini.
Fisher, K.W., Shaver, P.R. & Carnochan, P. (1990). How emotions develop and how they organise development. *Cognition and Emotion, 4*(2), 81-127.
Ford, C.S. & Beach, F.A. (1968 [1951]). *Formen der Sexualität: Das Sexualverhalten bei Mensch und Tier.* Reinbek: Rowohlt.
Forde, D. & Jones, G.I. (Hg.) (1962). *The Ibo and Ibibio-speaking peoples of south-eastern Nigeria.* In *Ethnographic Survey of Africa, Western Africa.* London: International African Institute.
Framo, J.L. (1975). Husband's reactions to wives infidelity. *Medical Aspects of Human Sexuality, 9*(5), 78-104.
Frayser, S.G. (1985). *Varieties of sexual experience.* New Haven: HRAF.
Freilich, M. (1961). Serial polygyny, negro peasants, and model analysis. *American Anthropologist, 63*, 955-975.
Freud, S. (1940 [1922]). Über einige neurotische Mechanismen bei Eifersucht, Paranoia und Homosexualität. In *Gesammelte Werke* (Band 13, S. 195-207). London.
Fromm, E. (1980 [1956]). *Die Kunst des Liebens.* Frankfurt/Main: Ullstein.
Fuchs, P. (1989). *Fachi: Sahara-Stadt der Kanuri.* Stuttgart: Steiner.
Fuchs, R. (1985). Die Emotionen im Wechselspiel mit dem Handeln und Lernen. In L.H. Eckensberger & E.-D. Lantermann (Hg.), *Emotion und Reflexivität* (S. 209-251). München: Urban & Schwarzenberg.
Gesell, A.L. (1906). Jealousy. *American Journal of Psychology, 17*, 437-496.
Gilmartin, B.G. (1977). Jealousy among the swingers. In Clanton & Smith (Hg.), S. 152-158.
Goldfrank, E.S. (1966). *Changing configurations in the social organization of a Blackfoot tribe during the reserve period.* Seattle: University of Washington.
Goldman, I. (1963). *The Cubeo: Indians of the northwest Amazon.* Urbana: University of Illinois.
Goodwin, G. (1942). *The social organization of the western Apache.* Chicago: University.
Gordon, T. (1980). *Familienkonferenz.* Reinbek: Rowohlt.
— (1989 [1974]). *Lehrer-Schüler-Konferenz.* München: Heyne.
Gorer, G. (1938). *Himalayan village.* London: Michael Joseph.
Greenwood, D.J. & Stini, W.A. (1977). *Nature, culture, and human history.* New York: Harper & Row.
Gregor, T.A. (1974). Publicity, privacy, and Mehinacu marriage. *Ethnology, 13*, 333-349.
Grold, L.J. (1972). Patterns of jealousy. *Medical Aspects of Human Sexuality, 6*, 118-126.
Hagen, L. (1986). Die neue Treue. *Hörzu, 1986,#42*, 118-120.
Hammerstein, P. & Bierhoff, H.W. (1987). Kooperation und Konflikt. In *Funkkolleg Psychobiologie: Verhalten bei Mensch und Tier* (Studienbegleitbrief 9, S. 11-56). Weinheim: Beltz.
Hanks, L.M., Jr. & Richardson, J. (1966). *Observations on northern Blackfoot kinship.* Seattle: University of Washington.
Hansen, G.L. (1982). Reactions to hypothetical, jealousy-producing events. *Family Relations, 31*, 513ff.
— (1985). Perceived threats and marital jealousy. *Social Psychology Quarterly, 48*, 262-228.
Harris, M. (1991 [1989]). *Menschen: Wie wir wurden, was wir sind.* Stuttgart: Klett-Cotta.
Haug-Schnabel, G. & Bensel, J. (1990). Wie die Tiere? *Psychologie heute special: Frauen, 3*, 30-35.
Hawton, K. & Kirk, J. (1989). Problem-solving. In Hawton *u.a.*, S. 406-426.
—, Salkoviskis, P.M., Kirk, J. & Clark, D.M. (1989). *Cognitive behaviour therapy for psychiatric problems: A practical guide.* Oxford: Oxford University Press.
Hayes, R.O. (1975). Female genital mutilation, fertility control, women's roles, and patrilineage in modern Sudan: A functional analysis. *American Ethnologist, 2*, 617-633.
Henry, J. (1941). *Jungle people: A Kaingáng tribe of the highlands of Brazil.* New York: Random House.
Hoaken, P.C.S. (1976). Jealousy as a symptom of psychiatric disorder. *Australian and New Zealand Journal of Psychiatry, 10*, 47-51.

Hogbin, H.I. (1945). Marriage in Wogeo, New Guinea. *Oceania, 15*, 324-352.
Holmberg, A.R. (1950). Nomads of the Long Bow. *Institute of Social Anthropology, Smithonian Institution, 10*, 1-104.
Holst, D.V. & Scherer, K. (1987). Streß. In *Funkkolleg Psychobiologie: Verhalten bei Mensch und Tier* (Studienbegleitbrief 6, S. 95-139). Weinheim: Beltz.
Hulstaert, G. -E. (1938). *Le mariage des Nkundó*. Bruxelles: G. Van Campenhout.
Hupka, R.B. (1981). Cultural determinants of jealousy. *Alternative Lifestyles, 4*, 310-356.
— (1991). The motive for the arousal of romantic jealousy: Its cultural origin. In Salovey (Hg.), S. 252ff.
— & Ryan, J.M. (1981). The cultural contribution to emotion: Cross-cultural aggression in sexual jealousy situations [Beitrag zum Meeting der Western Psychological Association]. Los Angeles.
Institut für Demoskopie Allensbach (1986). *Das sexuelle Experiment*. Allensbach: Inst. für Demoskopie.
— (1987-88). Aktualisierte Trenddarstellungen. Allensbach: Institut für Demoskopie.
Jenks, R.J. (1985). Swinging. *Archives of Sexual Behavior, 14*, 517-527.
Jochelson, W. (1908). *The Koryak*. Jesup North Pacific Expedition Publications. Leiden: E.J.Brill.
Jones, E. (1930). Die Eifersucht. *Die Psychoanalytische Bewegung, 2*, 154-167.
Kabbadias, G.B. (1965). *Pasteurs-nomades méditerranéens: Les Saracatsans de Grèce*. Paris: Gauthier.
Karsten, R. (1932). *Indian tribes of the Argentine and Bolivian Chaco*. Helsingfors: Akad. Buchhandlung.
— (1935). *The head-hunters of western Amazonas*. Helsingfors: Centraltrycheriet.
Keesing, R.M. (1981). *Cultural anthropology* (2. Auflage). New York: Hole, Rinehart and Winston.
Kennedy, R. (1955). Field notes on Indonesia: Ambon and Ceras, 1949-50 [Unveröffentlichter Aufsatz]. New Haven: HRAF.
Knauft, B.M. (1987). Reconsidering violence in simple human societies: Homicide among the Gebusi of New Guinea. *Current Anthropology, 28*(4), 457-500.
Kommission der Evangelischen Kirche in Deutschland (1971). *Denkschrift zu Fragen der Sexualethik*. Gütersloh: Gerd Mohn.
Körner, H. (Hg.) (1979). *Eifersucht: Ein Lesebuch für Erwachsene*. Fellbach: Lucy Körner.
— (1979). Die Liebe ist ein Kind der Freiheit. In Körner (Hg.), S. 29-51.
Kroeber, A.L. (1902/07). The Arapaho. *Bulletin of the American Museum of National History, 18*, I-XIV,1-229,279-466.
Kröger, F. (1978). *Übergangsriten im Wandel: Kindheit, Reife und Heirat bei den Bulsa in Nord-Ghana*. Hohenschäftlarn: Renner.
Krüger, W. (1987). *Eifersucht - die kreative Kraft*. Hamburg: Hoffman & Campe.
Lauster, P. (1980). *Die Liebe: Psychologie eines Phänomens*. Düsseldorf.
Lee, J.A. (1977). A typology of styles of loving. *Personality and Social Psychology Bulletin, 3*, 173-182.
Levine, R.A. (1962). Witchcraft and co-wife proximity in southwestern Kenya. *Ethnology, 1*, 39-45.
Levinson, D. (1989). *Family violence in cross-cultural perspective*. Newbury Park: Sage.
Lewicki, M.-L. (1989). Eifersüchtig? Ich doch nicht! *Eltern, 5*, 147-150.
Lindholm, C. & Lindholm, C. (1985 [1980]). Life behind the veil. In D.E.K. Hunter & P. Whitten (Hg.), *Anthropology* (4. Auflage, S. 233-236). Boston: Little, Brown.
Little, K.L. (1951). *The Mende of Sierra Leone*. London: Routledge & Kegan Paul.
Long, J. (1904). *Voyages and travels of an Indian interpreter and trader*. Cleveland: Arthur H. Clark.
Lowie, R.H. (1917). Notes on the social organization and customs of the Mandan, Hidatsa, and Crow Indians. *Anthropological Papers of the American Museum of Natural History, 21*, 1-99.
Mainzer, O. (1981). *Die sexuelle Zwangswirtschaft: Ein erotisches Manifest*. München.
Malinowski, B. (1983 [1929]). *Das Geschlechtsleben der Wilden in Nordwest-Melanesien: Liebe, Ehe und Familienleben bei den Eingeborenen der Trobriand-Inseln*. Frankfurt/Main: Syndikat.
Maquet, J.J.P. (1961). *The premise of inequality in Ruanda: A study of political relations in a central African kingdom*. London: Oxford University for the International African Institute.
Margolin, G. (1981). A behavioral-systems approach to the treatment of marital jealousy. *Clinical Psychology Review, 1*(4), 469-487.
Marshall, D.S. (1971). Sexual behavior on Mangaia. In D.S. Marshall & R.C. Suggs (Hg.), *Human sexual behavior* (S. 103-162). New York: Basic Books.

Masumara, W.T. (1979). Wife abuse and other forms of aggression. *Victimology: An International Journal, 4*, 46-59.
Mathes, E.W. (1991). A cognitive theory of jealousy. In Salovey (Hg.), S. 52-78.
Mazur, R.M. (1977 [1973]). Beyond jealousy and possessiveness. In Clanton & Smith (Hg.), S. 181-187.
Meade, M. (1975). Sexual jealousy: Beating the green-eyed monster. *Sexology, 42*(3), 39-42.
Merkle, R. (1989). *Eifersucht* [3. Auflage]. Mannheim: PAL.
Messenger, J.C. (1969). *Inis Beag: Isle of Ireland.* New York: Holt, Rinehart & Winston.
Messer, E. (1979 [1975]). *Zapotec plant knowledge*. Dissertation, University of Michigan.
Miller, E.S. & Weitz, C.A. (1979). *Introduction to anthropology*. Englewood Cliffs: Prentice-Hall.
Mirsky, J. (1937). The Eskimo of Greenland. In M. Mead (Hg.), *Cooperation and competition among primitive peoples* (S. 51-86). New York: McGraw-Hill.
Mullen, P.E. & Maack, L.H. (1985). Jealousy, pathological jealousy, and aggression. In D.P. Farrington & J. Gunn (Hg.), *Aggression and dangerousness* (S. 103-126). Chichester: Wiley.
Müller-Luckmann, E. (1985). Programmiert auf Eifersucht: Sind sexuelle Verhaltensstörungen zwangsläufig? *Sexualmedizin, 15*, 447.
Mummendey, A. & Schreiber, H.-J. (1983). Neid und Eifersucht. In H.A. Euler & H. Mandl (Hg.), *Emotionspsychologie* (S. 5-11). München: Urban und Schwarzenberg.
Nimuendajú, C. (1946). *The eastern Timbira*. Berkeley: University of California.
O'Neill, N. & O'Neill, G. (1975 [1972]). *Die offene Ehe*. Reinbek: Rowohlt.
O'Nell, C.N. & Selby, H.A. (1968). Sex differences in the incidence of susto in two Zapotec pueblos. *Ethnology, 7*, 63-95.
Ottenberg, P.V. (1971). *Leadership and authority in an African society*. Seattle: Univ. of Washington.
— (1980 [1958]). *Marriage relationships in the double descent system of the Afikpo Ibo of southeastern Nigeria*. Dissertation, Northwestern University.
Pao, P.-N. (1982). Pathological jealousy. *Medical Aspects of Human Sexuality, 16*, 126-132.
Parrott, W.G. (1991). The emotional experiences of envy and jealousy. In Salovey (Hg.), S. 3-30.
Pflüger, P.-M. (Hg.) (1982). *Neid - Eifersucht - Rivalität*. Fellbach-Oeffingen: Bonz.
Pierloot, R.A. (1988). Impersonal objects in morbid jealousy. *International Review of Psycho-Analysis, 15*(3), 293-306.
Pines, A. & Aronson, E. (1981). Polyfidelity. *Alternative Lifestyles, 4*, 373-392.
— (1983). Antecedents, correlates, and consequences of sexual jealousy. *J. of Personality, 51*, 108-136.
Pinta, E.R. (1978). Pathological tolerance. *American Journal of Psychiatry, 135*(6), 698-701.
Plack, A. (1979 [1976]). Scheitert die sexuelle Befreiung an der Eifersucht? In Körner (Hg.), S. 101-120.
Pogorzelski-Örtli, C. (1988). *Der Wandel im Verständnis des Ödipuskomplexes: Mit besonderer Berücksichtigung von Rivalität und Eifersucht*. Zürich: Universität, Philosophische Fakultät I.
Powdermaker, H. (1933). *Life in Lesu*. New York: Norton.
Rattray, R.S. (1929). *Ashanti law and constitution*. Oxford: Clarendon.
Rivers, W.H.R. (1906). *The Todas*. London: MacMillan.
Rudolph, W. & Tschohl, P. (1977). *Systematische Anthropologie*. München: Wilhelm Fink.
Rush, A.K. (Hg.) (1973). *Getting clear*. New York: Random House.
Ruthe, R. (1976). *Zum Teufel mit der Eifersucht*. Freiburg: Herder.
— (1984). *Eifersucht ist eine Leidenschaft* .... Wiesbaden: Brockhaus.
Safilios-Rothschild, C. (1969). Attitudes of Greek spouses toward marital infidelity. In G. Neubeck (Hg.), *Extramarital relations* (S. 77-93). Englewood Cliffs: Prentice-Hall.
Salovey, P. (Hg.) (1991). *The psychology of jealousy and envy*. New York: Guilford.
— & Rodin, J. (1988). Coping with envy and jealousy. *J. of Social and Clinical Psychology, 7*(1), 15-33.
Schapera, I. (1930). *The Khoisan peoples of south Africa*. London: George Routledge.
— (1941). *Married life in an African tribe*. New York: Sheridan House.
Schelp, T., Maluck, D., Gravemeier, R. & Meusling, U. (1990). *Rational-Emotive Therapie als Gruppentraining gegen Streß*. Bern: Hans Huber.
Schlegel, A. (1972). *Male dominance and female autonomy*. New Haven: HRAF.
Schlesier, E. (1983). *Me'udana (Südost-Neuginea)*: Band 2. *Das soziale Leben*. Berlin: Reimer.

Schneemann, K. (1983). *Über Eifersucht und Eifersuchtswahn*. Gießen: Universität, FB Humanmedizin.
— (1989). *Eifersucht und Eifersuchtswahn*. Stuttgart: Enke.
Schneider, K. & Scherer, K.R. (1987). Motivation und Emotion. In *Funkkolleg Psychobiologie: Verhalten bei Mensch und Tier* (Studienbegleitbrief 6, S. 57-94). Weinheim: Beltz.
Schultz, J.W. (1980). *Blackfeet and Buffalo*. Norman: University of Oklahoma.
Schurrmann, U. (1983). Eifersex, Paranoia und Gewalt. *Z. für humanistische Psychologie, 1/2*, 57-60.
Schwäbisch, L. & Siems, M. (1974). *Anleitung zum sozialen Lernen für Paare, Gruppen und Erzieher: Kommunikations- und Verhaltenstraining*. Reinbek: Rowohlt.
Seeman, M.V. (1979). Pathological jealousy. *Psychiatry, 42*, 351-361.
Shanor, K. (1978). *The Shanor study: The sexual sensitivity of the American male*. New York.
Shostak, M. (1982 [1981]). *Nisa erzählt: Das Leben einer Nomadenfrau in Afrika*. Reinbek: Rowohlt.
Shrestha, K. *u.a.* (1985). Sexual jealousy in alcoholics. *Acta Psychiatrica Scandinavica, 72*(3), 283-290.
Silva, A.B.A. de (1962). *A Civilizaçao indigena do Uaupés*. Sao Paulo: Centro de Pesquisas de Ianareté.
Spielman, P.M. (1971). Envy and jealousy. *Psychoanalytical Quarterly, 40*, 59-82.
Stäudel, T. (1985). Emotion und Motivation. In D. Dörner & H. Selg (Hg.), *Psychologie* (S. 86-101). Stuttgart: Kohlhammer.
Stearns, P.N. (1989). *Jealousy: The evolution of an emotion in american history*. New York: Univ. Press.
Steward, J.H. *u.a.* (1956). *The people of Puerto Rico*. Urbana: University of Illinois.
Steward, R.A. & Beatty, M. (1985). Jealousy and self-esteem. *Perceptual and Motor Skills, 60*, 153-154.
Stycos, J.M. (1955). *Family and fertility in Puerto Rico*. New York: Columbia University.
Symons, D. (1979). *The evolution of human sexuality*. New York: Oxford University.
Tiel, U. & Baumann, B. (1982). Eifersucht und Weltanschauung. *Psychol. Menschenkenntnis, 18*, 360-66.
Tölle, R. (1991). *Lehrbuch der Psychiatrie*. Berlin: Springer.
Tschohl, P. (1987). Implizite Theorien: Ein nicht nur wissenschaftlicher Untergrund. In S. Künsting, A. Bruck & P. Tschohl (Hg.), *Mit Theorien arbeiten* (S. 139-162). Münster: Lit.
Turbott, J. (1981). Morbid jealousy. *Australian and New Zealand Journal of Psychiatry, 15*(2), 164-167.
Vester, H.-G. (1991). *Emotion, Gesellschaft und Kultur*. Opladen: Westdeutscher Verlag.
Vivelo, F.R. (1978). *Cultural anthropology handbook*. New York: McGraw-Hill.
Vogel, C. & Voland, E. (1986). Evolution und Kultur. In *Funkkolleg Psychobiologie: Verhalten bei Mensch und Tier* (Studienbegleitbrief 2, S. 42-76). Weinheim: Beltz.
Voland, E. & Winkler, P. (1990). Aspekte der Hominisation aus der Sicht der Soziobiologie. In Deutsches Institut für Fernstudien (Hg.), *Evolution des Menschen* (Band 4, S. 9-51). Tübingen.
Völger, G. (Hg.). (1981). *Rausch und Realität*. Köln: Rautenstrauch-Joest-Museum.
Wagner, J. (1976). Jealousy, extended intimacies and sexual affirmation. *ETC, 33*, 269-288.
Walster, E. & Walster, G. (1977). The social psychology of jealousy. In Clanton & Smith (Hg.), S. 91-99.
Watson, L.C. (1973). Marriage and sexual adjustment in Guajiro society. *Ethnology, 12*, 153-161.
Wegener, H. (1989). Leben Naturvölker glücklich? *GwG-Zeitschrift, 77* (Dezember), 455-459.
Wehowsky, S. (1991). Paare, Partner: Neue Ansätze der Familientherapie. *Südd. Zeitung, 201*, 145.
White, G.L. (1980). Inducing jealousy. *Personality and Social Psychology Bulletin, 6*, 222-227.
— (1991). Self, relationship, friends, and family. In Salovey (Hg.), S. 231-251.
— & Mullen, P.E. (1989). *Jealousy: Theory, research, and clinical strategies*. New York: Guilford Press.
Whyte, M.K. (1978). The relative status of women. *Ethnology, 17*, 211-237.
Willi, J. (1975). *Die Zweierbeziehung*. Reinbek: Rowohlt.
Willy, A. (1968). Eifersucht. In H. Giese (Hg.), *Mensch, Geschlecht, Gesellschaft* (S. 76-85). München.
Wolf, D. (1985). *Gefühle verstehen, Probleme bewältigen* [4. Auflage]. Mannheim.
Zschocke, F. & Clasen-Holzberg, C. (1988). Eifersucht. *Brigitte, 13*, 110-116.

Register

Eifersucht

Eifersucht (Fortsetzung)

Eifersuchtsbewältigung

Bewältigungsmittel

Abbildungen

Tabellen